教育部人文社会科学研究规划基金项目(17YJAZH031)研究成果
江苏现代粮食流通与安全协同创新中心阶段性研究成果
江苏高校优势学科建设工程资助项目(PAPD)
江苏省研究生科研与实践创新项目(KYCX19_1448)研究成果

# 供给侧结构性改革与粮食流通转型升级

侯立军　等著

·南京·

**内容提要**

本书将供给侧结构性改革与加强粮食流通管理结合起来,采用理论探讨和实证研究相结合的方法,在系统分析当前影响粮食流通转型升级的主客观因素的基础上,通过完善粮食购销政策、加强粮食仓储管理、打造现代粮食物流体系、创新粮食加工技术和产品、矫正粮食价格机制、推进粮食行业信息化建设、增强粮食流通社会化服务能力、振兴国有粮食企业、优化粮食行业组织结构和提升粮食系统人员素质等举措,实现粮食行业供给侧结构性改革的目标,有效提升粮食流通效率和效益,进而保障国家粮食安全。本书提出的措施、建议可为政府有关部门制定相关政策和粮食行业有效组织生产流通活动提供一定的参考和借鉴。

本书可作为高等院校经济、管理类专业硕士、博士研究生教学参考用书,也可作为粮食行业干部职工和粮食企业经营管理人员的培训用书。

**图书在版编目(CIP)数据**

供给侧结构性改革与粮食流通转型升级/侯立军等著. —南京:东南大学出版社,2019.12
 ISBN 978-7-5641-8723-1

Ⅰ. ①供… Ⅱ. ①侯… Ⅲ. ①中国经济—经济改革—研究 ②粮食流通—流通体制改革—研究—中国 Ⅳ. ①F12 ②F724.721

中国版本图书馆 CIP 数据核字(2019)第 286945 号

**供给侧结构性改革与粮食流通转型升级**
Gongjice Jiegouxing Gaige yu Liangshi Liutong Zhuanxing Shengji

| | |
|---|---|
| 著　　者: | 侯立军　等 |
| 出版发行: | 东南大学出版社 |
| 出 版 人: | 江建中 |
| 社　　址: | 南京市四牌楼 2 号(邮编:210096) |
| 责任编辑: | 姜晓乐 |
| 经　　销: | 全国各地新华书店 |
| 印　　刷: | 江苏凤凰数码印务有限公司 |
| 开　　本: | 787 mm×1092 mm　1/16 |
| 印　　张: | 12.25 |
| 字　　数: | 290 千字 |
| 版　　次: | 2019 年 12 月第 1 版 |
| 印　　次: | 2019 年 12 月第 1 次印刷 |
| 书　　号: | ISBN 978-7-5641-8723-1 |
| 定　　价: | 56.00 元 |

本社图书若有印装质量问题,请直接与营销部联系。电话(传真):025-83791830

# 前　言

　　2017年的全国粮食流通工作会议指出,本年度是实施"十三五"规划的重要一年,是供给侧结构性改革的深化之年,是粮食流通改革发展、转型升级的关键之年。会议强调,全国粮食行业要以供给侧结构性改革为主线,完善粮食宏观调控体系,以科技创新为动力提升粮食流通现代化水平,加快粮食行业转型升级,增强国家粮食安全保障能力。国务院新闻办公室2019年10月发布的《中国的粮食安全》白皮书又进一步强调,建设现代粮食流通体系,积极稳妥推进粮食收储制度和价格形成机制改革,持续推进粮库智能化升级,发展粮食精深加工与转化,不断增加绿色优质和特色粮油产品供给,加快形成统一开放、竞争有序的现代粮食市场体系。

　　粮食流通连接粮食一二三产业,加快推进粮食流通转型升级,既是贯彻中央"供给侧结构性改革"、国家粮食和物质储备局"智慧粮食"建设的总体要求,也是提高粮食市场调控能力、提升为农服务水平、推进粮食产业转型升级的重要抓手,更是实现粮食流通业基本现代化的关键。因此,粮食流通作为连接粮食生产、稳定市场供求平衡的重要因素,在整个粮食产业发展甚至国民经济发展中起着重要作用。本书将供给侧结构性改革与加强粮食流通管理结合起来,深入探讨两者之间的内在联系,采用理论探讨和实证研究相结合的方法,系统分析当前影响粮食流通转型升级的主要因素,并从供给侧结构性改革视角探索构建评价粮食流通转型升级的指标体系,建立多目标路径优化模型等重要理论问题,从而丰富粮食经济和粮食流通管理的相关理论知识。

　　探讨我国粮食流通转型升级问题具有一定的紧迫性和重要的现实意义。虽然我国粮食生产连年丰收、流通能力显著提升,但国内粮食市场运行仍然面临严峻挑战,具体表现为多重矛盾交织、新老问题叠加,粮食流通服务和加工转化产品有效供给不足,粮食"去库存"任务艰巨,现行收储制度需加快改革完善,等等。这些充分说明我国粮食流通领域的主要矛盾已经由总量矛盾转变为结构性矛盾,矛盾的主要方面在供给侧。此外,我国目前粮食流通方式较为粗放,"千人一面""万人一米"与柔性精准流通方式距离甚远;信息化水平较低,现代物流发展相对滞后,粮食加工产能利用率低;粮食质量安全体系不健全,粮食产后服务和农民售粮交易方式落后,损失浪费较为严重。推进粮食行业供给侧结构性改革,是破解当前粮食流通领域结构性、体制性矛盾,促进粮食流通转型发展、提质增效,构筑高层次国家粮食安全保障体系的迫切要求和必然选择。加快粮食流通转型升级,提高粮食流通效率,降低流通成本费用,对于稳定粮食市场供给,提升粮食供给质量,保障国民经济平稳运行有着举足轻重的作用和极为重要的现实意义。

　　本书是教育部人文社会科学研究规划基金项目"供给侧结构性改革中粮食流通转型升

级路径及对策研究"(17YJAZH031)研究成果的主要内容构成,也是江苏现代粮食流通与安全协同创新中心、江苏高校优势学科建设工程资助项目(PAPD)阶段性研究成果,以及江苏省研究生科研创新计划课题"提升粮食行业信息化水平的路径及策略研究"(103)研究成果的部分内容。本书写作从2018年3月开始构思,到2019年10月完稿,历经了一年半的时间。这期间,正是我国粮食行业供给侧结构性改革的攻坚阶段,国家对于粮食生产、流通方面的政策进行了较大程度的调整和完善,并出台了一系列新的政策措施。因此,本书的写作提纲和内容结构在广泛征求意见的基础上进行了多次修改,一些数据资料经过反复核实、认真测算和补充才得以最终确定下来。

本书是在充分讨论确定写作提纲的基础上,由课题组成员分工执笔完成。撰写分工如下:侯立军(第一、四、八章),钱煜昊(第二、六章),万忠民(第三、五章),朱强、李冬梅(第七章),朱强(第九章),吴国英(第十章),秦伟平(第十一章)。课题负责人侯立军负责全书写作提纲的拟定、总纂定稿和写作过程中的组织工作。

在课题组成员调研和本书写作过程中,得到了国家粮食和物资储备局、中国储备粮管理集团有限公司、中粮集团有限公司、江苏省粮食和物资储备局、江苏省粮食集团有限责任公司、辽宁省粮食集团有限公司、中国华粮物流集团北良有限公司、江苏省人民政府参事室、中国铁路沈阳局集团有限公司等有关部门、企业的大力支持,也得到了课题负责人所在单位——南京财经大学领导和同事们的关心和帮助。本书写作过程中借鉴和参考了国内外一些相关的研究资料,引用了部分专家学者的观点和看法,谨此一并表示诚挚的谢意!

由于我们的研究水平有限,加之国内粮食流通体制和粮食管理体制尚处于变革和完善阶段,粮食行业、粮食企业的许多改革和发展举措还在不断探索之中,本书的许多观点和阐述也是带有探索性的,疏漏和不当之处在所难免,敬请同行专家和读者批评指正。

侯立军<br>2019年10月于南京

# 目 录

**第一章 供给侧结构性改革中粮食流通转型升级概述** ……………………… 1
    第一节 供给侧结构性改革、粮食流通转型升级与粮食安全保障 ………… 1
    第二节 我国粮食流通的现实状况 ……………………………………………… 3
    第三节 当前粮食流通运行中存在的主要问题 ……………………………… 6
    第四节 适应供给侧结构性改革，粮食流通转型升级的实现路径 ………… 8

**第二章 完善粮食购销政策** ……………………………………………………… 12
    第一节 供给侧结构性改革与粮食购销政策 ………………………………… 12
    第二节 粮食购销政策的演进与现实状况 …………………………………… 13
    第三节 我国现行粮食购销政策存在的主要问题 …………………………… 22
    第四节 进一步完善粮食购销政策的对策建议 ……………………………… 26

**第三章 加强粮食仓储管理** ……………………………………………………… 28
    第一节 供给侧结构性改革与粮食仓储管理 ………………………………… 28
    第二节 仓储技术创新与粮食安全 …………………………………………… 30
    第三节 我国粮食仓储技术和管理现状分析 ………………………………… 35
    第四节 世界粮食仓储技术基本格局 ………………………………………… 38
    第五节 提升储粮技术水平、强化粮食仓储管理的思路 …………………… 42

**第四章 打造现代粮食物流体系** ………………………………………………… 45
    第一节 粮食物流体系与粮食安全 …………………………………………… 45
    第二节 我国粮食物流体系建设现状 ………………………………………… 47
    第三节 当前粮食物流体系建设中存在的主要问题 ………………………… 50
    第四节 打造现代粮食物流体系，提高粮食物流效率的举措建议 ………… 53

## 第五章　创新粮食加工技术和产品·················································59
### 第一节　供给侧结构性改革与粮食加工···········································60
### 第二节　粮食加工技术和产品结构的现状分析·····································65
### 第三节　世界粮食加工业的发展概况·············································69
### 第四节　创新粮食加工技术和产品的思路·········································73

## 第六章　矫正粮食价格机制·······················································86
### 第一节　供给侧结构性改革与粮食价格机制·······································86
### 第二节　我国粮食价格机制的演进与现实状况·····································86
### 第三节　我国现行粮食价格机制存在的主要问题···································97
### 第四节　矫正我国粮食价格机制的对策建议······································103

## 第七章　推进粮食行业信息化建设················································107
### 第一节　供给侧结构性改革与粮食行业信息化····································107
### 第二节　我国粮食行业信息化建设现状与新要求··································109
### 第三节　粮食行业信息化建设中存在的问题······································115
### 第四节　推进粮食行业信息化建设的措施构想····································117

## 第八章　增强粮食流通社会化服务能力············································123
### 第一节　供给侧结构性改革与粮食流通社会化服务································123
### 第二节　我国粮食流通社会化服务现状和存在的问题······························123
### 第三节　发达国家粮食流通社会化服务方面的经验································126
### 第四节　增强粮食流通社会化服务能力的措施建议································128

## 第九章　振兴国有粮食企业······················································132
### 第一节　供给侧结构性改革与国有粮食企业运营··································132
### 第二节　国有粮食企业改革历程与改革发展成效··································134
### 第三节　国有粮食企业面临的形势和改革中存在的问题····························142
### 第四节　深化国有粮食企业改革的路径··········································147

## 第十章　优化粮食行业组织结构··················································151
### 第一节　供给侧结构性改革与粮食行业组织结构··································151
### 第二节　粮食行业组织结构的现状及存在问题····································153

第三节　调整和优化粮食行业组织结构的构思 ······ 156

# 第十一章　提升粮食行业人员素质 ······ 166
　　第一节　供给侧结构性改革与粮食行业人员素质 ······ 166
　　第二节　粮食行业人员素质结构及存在问题 ······ 168
　　第三节　粮食行业人员素质提升策略 ······ 175

# 参考文献 ······ 180

# 第一章 供给侧结构性改革中粮食流通转型升级概述

粮食供给侧结构性改革是指从提高粮食供给质量出发,用改革的办法推进粮食种植结构和品种结构的调整,矫正要素配置扭曲,扩大有效供给,提高粮食供给结构对需求变化的适应性和灵活性,保证粮食供应的数量和品质质量安全。粮食流通是粮食商品价值和使用价值的实现路径,对促进社会再生产和实现国家粮食安全发挥着重要的作用。供给侧结构性改革的必要性和紧迫性不仅体现在粮食生产领域,在粮食流通领域同样不容忽视,而且在某些时候体现得更为明显。因此,从保障粮食安全的视角,探索粮食流通领域供给侧结构性改革,研究粮食流通转型升级问题具有很强的现实意义和深远的战略意义。

## 第一节 供给侧结构性改革、粮食流通转型升级与粮食安全保障

### 一、粮食供给侧结构性改革的指导思想和目标

#### (一) 粮食供给侧结构性改革的指导思想

《国家粮食局关于加快推进粮食行业供给侧结构性改革的指导意见》中,明确了粮食领域供给侧结构性改革的指导思想,即全面贯彻落实党的十八大和十八届三中、四中、五中全会精神,深入学习贯彻习近平总书记系列重要讲话精神,牢固树立并认真贯彻"五大发展理念",深入贯彻国家粮食安全战略,紧紧围绕中央关于推进供给侧结构性改革的决策部署,以推动粮食流通领域转方式、调结构、去库存、降成本、强产业、补短板为方向,以全面落实粮食安全省长责任制、改革完善粮食流通体制和收储制度、发展粮食产业经济、加快粮食流通能力现代化为重点,促进粮食产品和服务供给质量、效率的大力提升,促进粮食行业向现代发展模式的积极转变,促进粮食供需平衡向高水平的快速跃升,着力构建动态开放、稳健可靠、运转高效、调控有力的粮食安全保障体系。

#### (二) 粮食供给侧结构性改革的目标

粮食供给侧结构性改的目标,就是通过供给方面的改革,化解供给侧与需求侧不对称的矛盾,进一步改善供求关系,实现粮食供求的平衡,保障国家粮食安全。具体表示为:

一是进一步增强粮食安全保障能力。加快推进粮食收储制度改革,充分发挥流通对生产的引导和促进作用,从满足消费需要的角度推动粮食种植结构的调整;健全和完善相关

制度保障体系,调动粮食生产者的积极性,促进粮食生产的稳定发展;着力提升粮食流通社会化服务水平,加快构建更高层次、更高质量、更高效率的国家粮食安全保障体系。

二是显著提升粮食流通能力现代化水平。以加快实施"粮安工程"为主线,加大现代粮食流通基础设施建设,进一步打造现代化的粮食物流体系,实现粮食物流各环节无缝化连接,提高粮食物流效率。加快粮食行业信息化建设,增强全国范围内的粮情掌控能力,更好地满足粮食资源快速集散、顺畅流通、高效配送的需要。

三是促进粮食行业可持续发展。以提升粮食行业运营效率为突破口,促进购销存运加整个流通环节链的融合、优化,进一步提高粮食流通效率,激发粮食产业经济发展活力,推动粮食行业转型升级、提质增效,促进粮食企业乃至粮食行业的良性运作和健康发展。

四是进一步优化粮食供给结构。以消费需求为导向,加快粮食产品供给结构调整,强化生态、有机等中高端粮食产品和精深加工产品等的有效供给,提供适销对路、品种丰富、质量安全、营养健康的粮油产品,满足消费者对优质粮油产品的多元化消费需求。

## 二、供给侧结构性改革与粮食流通转型升级、粮食安全保障的关系

粮食流通转型升级有利于粮食供给侧结构性改革目标的实现。粮食供给侧结构性改革的目标,就是通过供给方面的改革,化解供给侧与需求侧不对称的矛盾,增加有效供给,进一步改善供求关系,实现粮食供求新的平衡,保障国家粮食安全。这就需要通过加快粮食流通的转型升级为其提供保证。粮食流通转型升级就是由主要满足"量"的需要,向更加注重满足"质"的需求转变,从过去单一的"数量保障型"向"质量效益型"转变。通过制度的不断完善、机制的矫正、设施设备的现代化、技术和产品的创新、行业结构的优化和人员素质的提升来补齐政策和制度、技术和产品、流通设施和设备、员工知识和能力等方面的"短板",降低粮食流通成本特别是粮食物流成本,提高粮食流通效率和流通服务水平,更好地适应需求侧对于粮食品种数量和品质质量的需要,切实保障粮食安全。

具体讲就是:(1)加快推进粮食收储制度改革,理顺粮食价格形成机制,充分发挥流通对生产的引导和促进作用,从满足消费需要的角度推动粮食生产布局和种植结构的调整,进一步增强粮食安全保障能力;健全和完善相关制度保障体系,立足比较优势,通过政策导向,在生产环节把提高粮食品质质量放在更加突出位置,保证流通环节的优质粮源;着力提升粮食流通社会化服务水平,加快构建更高层次、更高质量、更高效率的国家粮食安全保障体系。(2)以加快实施"粮安工程"为主线,加大粮食流通基础设施建设力度,进一步打造现代化的粮食物流体系,实现粮食物流各环节无缝化连接,提高粮食物流效率,显著提升粮食流通能力现代化水平。加快粮食行业信息化建设,增强全国范围内的粮情掌控能力,更好地满足粮食资源快速集散、顺畅流通、高效配送的需要。(3)以提升粮食行业运营效率为突破口,促进购销存运加整个流通环节链的融合、优化,促进粮食流通顺畅、高质量运行。激发粮食企业发展活力,推动粮食行业提质增效,促进粮食企业乃至整个粮食行业的良性运作和健康发展。(4)以消费需求为导向,加快粮食产品供给结构调整,进一步优化供给结构。强化生态、有机等中高端粮食产品和精深加工产品等的有效供给,提供适销对路、品种丰富、质量安全、营养健康的粮油产品,满足消费者对优质粮油产品的多元化需求。

## 第二节　我国粮食流通的现实状况

随着粮食生产的发展,商品粮源的不断增多,我国粮食形势出现了明显的阶段性变化,已由总量不足转变为结构性矛盾。粮食市场总体趋于平稳,流通能力进一步提升,粮食行业结构逐步得到优化,粮食企业活力明显增强。流通体制机制不断完善,"三去一降一补"的粮食供给侧结构性改革的效果已开始显现。主要体现在以下几个方面:

(1) 粮食商品资源充足,粮食购销运行平稳。粮食收购方面:收购是粮食流通的起点,为流通其他环节的运行提供了物质保证。我国粮食产量已连续四年突破 6 亿吨。2015 年,粮食产量已达 62 143.9 万吨,创历史最高水平,实现了 2004 年以来的"十二连增"。2016 年粮食产量尽管有所下滑,但仍是历史上第二个高产年,况且是主动减少播种面积,调整种植结构所为。2018 年粮食总产量 65 789 万吨,比 2017 年减少 371 万吨,下降 0.6%,也主要是由调减粮食播种面积所致。2018 年全国粮食播种面积比上年减少 1 428 万亩①,下降 0.8%。粮食增产为粮食流通提供了充足的粮源,为保障粮食供应奠定了坚实的物质基础。各类粮食企业的收购量近年来不断增加,2016 年粮食收购量已达到 46 000 万吨,2017 年共收购粮食 41 712 万吨(见表 1.1),仅国有粮食企业收购量就达 16 397.4 万吨。分品种来看,因国家取消了临时收储政策,2017 年国有粮食企业玉米收购量明显减少,同比降幅达 56.15%,小麦和稻谷的收购量也有一定幅度的下降,但大豆等其他品种收购量均有不同程度的增加。粮食销售方面:2014 年,国有粮食企业粮食销售量达 21 133.2 万吨,创 1978 年以来的最高纪录。2016 年,在粮食(产量、库存量、进口量)"三量齐增"、粮食(产区与销区、原粮与成品粮、国内市场与国际市场)价格倒挂的严峻形势下,粮食部门会同其他有关部门先后启动临储玉米划转轮换销售、超期和蓆茓囤储存粮食定向销售、2013 年"分贷分还"临储玉米和大豆销售等,千方百计"去库存",加大销售力度,全年累计销售粮食 26 906.3 万吨;2017 年国有粮食企业粮食销售量高达 33 269.6 万吨,比上年增长 23.6%。粮食进出口方面:供求品种上的不平衡和国内外粮食市场价格倒挂导致近年来我国粮食进口量大幅增加,无论是大豆还是谷物进口量均居高不下(见表 1.1、表 1.2)。2016 年粮食进口量虽然同比有所下降,但仍超过 11 000 万吨。2017 年粮食进口量 13 061.5 万吨,同比增长近 14%。从品种上看,2016 年粮食进口量下降主要是玉米、高粱、大麦三大饲用谷物进口量的大幅减少,小麦、大米的进口量则分别以 13.51%、5.5% 的比率在增加。2017 年除了玉米进口量比上年下降了 10.76%,小麦、大米、大麦的进口同比又分别上升了 29.60%、13.03%、77.08%。比较而言,粮食出口量这几年虽然在增加,但增加的数量却十分有限。2015 年粮食出口量仅为 163.5 万吨,2016 年我国粮食出口量为 190.1 万吨,虽然同比增长 16.27%,但却是 1996 年以来继 2015 年后的最低粮食出口年份。2017 年粮食出口量为 280.2 万吨,同比增长 47.40%,虽然增幅较大,但与当年庞大的粮食进口量相比实在是低得太多。保供

---
① 1 亩≈666.67 米²。

稳市方面:加强了粮食产区与销区的对接和对粮食市场的调控,市场供应粮源充足,品质有所提升,粮食价格总体稳定。粮食应急供应网点达45 000个左右,应急加工企业近6 000家,应急保障能力明显增强,应急保障体系进一步得到完善。地方储备粮增储任务得到有效落实,特别是广东、浙江、福建、重庆等粮食主销区地方储备大幅增加,区域市场调控能力显著提升。

表1.1　2015—2017年中国粮食产量、企业收购量、进口量表　　单位:万吨

| 年份 | 项目 | | |
|---|---|---|---|
| | 粮食产量 | 各类粮食企业收购量 | 粮食进口量(谷物) |
| 2015 | 66 060.3 | 42 420 | 12 477.5 |
| 2016 | 66 043.5 | 46 000 | 11 467.6 |
| 2017 | 66 160.7 | 41 712 | 13 061.5 |

数据来源:国家统计局、国家发改委、《中国粮食年鉴》。

表1.2　2013—2017年全国粮食进口情况表　　单位:万吨

| 年份 | 项目 | | | | | |
|---|---|---|---|---|---|---|
| | 粮食 | 谷物 | | | | 大豆 |
| | | | 小麦 | 大米 | 玉米 | |
| 2013 | 8 645.2 | 1 458.1 | 553.5 | 227.1 | 326.6 | 6 337.5 |
| 2014 | 10 042.4 | 1 951.0 | 300.4 | 257.9 | 259.9 | 7 139.9 |
| 2015 | 12 477.5 | 3 270.4 | 300.6 | 337.7 | 473.0 | 8 169.2 |
| 2016 | 11 467.6 | 2 198.9 | 341.2 | 356.2 | 316.8 | 8 391.3 |
| 2017 | 13 061.5 | 2 559.2 | 442.2 | 402.6 | 282.7 | 9 552.6 |

注:表中谷物进口数字还包括大麦、高粱等其他品种。
数据来源:国家发改委统计资料、中国海关统计数据。

(2) 粮食流通设施条件明显改善,粮食流通效率进一步提升。粮食仓储设施建设方面:2013—2016年,全国新建粮食仓容791亿公斤,2017年又建设仓容40多亿公斤。同时中央财政还启动了"危仓老库"维修改造项目建设,提高了现代化仓型的比例,带动了储粮设施功能的提升,改善了全国粮食仓储条件。粮食运输设施建设方面:2013—2016年,中央累计投资30多亿元支持建设粮食运输设施,形成了一批多功能粮食物流园区;2017年国家又安排中央补助投资约8亿元用于支持各地和中央企业26个粮食现代物流项目建设。这些进一步完善了"北粮南运"八大跨省粮食物流通道,重点支持位于重要节点的项目,跨区域粮食运输能力明显增强。粮食质量体系打造方面:2013—2016年,中央预算内投资6亿多元用于粮食质量监测体系和质检能力建设,340多个国家粮食质量监测机构的实力明显提升;2017年起,中央财政开始对国家粮食质量安全检验监测体系建设予以支持,粮食质量监管制度和粮油标准体系将进一步健全。粮食行业信息化建设方面:原国家粮食局[①]制定发布

---

① 2018年3月,根据第十三届全国人民代表大会第一次会议批准的国务院机构改革方案,将国家粮食局的职责整合,组建中华人民共和国国家粮食和物资储备局,不再保留国家粮食局。

了粮食行业信息化建设指导意见,安排了近20个省(区、市)开展省级粮食管理平台建设和粮库智能化改造,江苏、安徽、湖北等长江中下游省份率先开发建设了省级粮食综合信息平台,有效地提升了粮食行业整体信息化能力。

(3) 粮食收购政策逐步完善,国有粮食企业改革取得新进展。近年来,各级粮食部门高度重视粮食收购和国有粮食企业的运营,在完善收购政策、改革定价机制和提升企业竞争力方面进行了有益的探索,取得了明显的成效。一是玉米收购政策改革实现了突破。玉米是我国目前库存量最大的粮食品种,也是粮食行业"去库存""降成本"的难点所在。玉米收购政策改革的内容是取消玉米临储,实行"市场化收购"加"补贴"政策,即"市场定价、价补分离"。国务院充分重视此项改革,建立了由国家发改委牵头,当时的国家粮食局负责日常工作,20个部门参加的部际协调机制。东北玉米主产区地方政府及粮食部门积极作为、主动担当、协调落实,采取了鼓励加工转化、强化信贷支持、加强运力调度等政策措施,销区粮食部门积极组织企业与产区对接、采购,共同推进玉米收购政策改革的顺利实施。从目前来看,改革已取得积极成效,已开始在粮食种植结构调整中发挥导向作用。二是国有粮食企业改革取得了新进展。国有粮食企业承担着保障粮食安全的重任,在粮食流通中发挥着主渠道作用。近年来,各地粮食企业主动适应和引领经济发展新常态,在培育骨干国有粮食企业、发展混合所有制经济、建立健全现代企业制度、发展粮食产业经济等方面做了大量工作,在创新企业经营模式、激发企业内生动力、打造产品品牌、增强市场化经营能力等方面进行了改革探索并开始取得积极成效。2017年,国有粮食企业统算盈利在上一年的基础上有了明显增加,粮食工业利润总额达到1 772.3亿元。

(4) 粮食行业结构得到优化,行业整体实力显著增强。随着中央预算和各地投资力度的加大,近年来粮食仓容建设、"危仓老库"维修改造和"八大粮食物流通道"建设成效明显,粮食流通现代化进程加快,粮食流通各环节的衔接和粮食物流设施间的无缝化对接程度迅速改善,形成了一批粮食发运、中转、接卸的重要节点,开通了部分散粮火车和铁路散粮集装箱入关线路及关内散粮运输线路。在粮食加工环节支持节粮技术改造,推广先进技术设备,发展精深加工延长产业链条。在销售环节引进"互联网+粮食"开展网络营销,扩大销售范围,增强服务能力。同时,重视国有粮食企业的优化整合和员工业务技术能力的提升,通过举办高级研修班、技术培训班和开展职业技能竞赛培养科技创新人才、专业技术人才和职工技术能手,改善粮食行业员工队伍结构。

(5) 推进"放心粮油"工程和"节粮减损"行动,着力减少粮食产后损失,保证粮食质量安全。我国每年粮食损失达3 500多万吨,除了农户家庭储粮损失近2 000万吨外,粮食流通中储藏、运输、加工环节的损失浪费就有1 500多万吨,这还不包括消费环节的浪费。近年来,各级粮食部门通过大力实施"粮安工程",减少粮食在流通环节的损失,还累计向农户配置储粮装具1 000多万套,每年可减少储粮损失120多万吨。同时粮食部门还深入居民家庭、大专院校宣传节粮理念,普及节粮减损知识和技术。通过主食产业化、储粮安全督查和推进"放心粮油"工程,保障"舌尖上的安全",确保消费者的身体健康和生命安全。目前全国"放心粮油"网点已发展到20多万家。

## 第三节　当前粮食流通运行中存在的主要问题

从总体上看,我国粮食市场形势平稳,供求环境比较宽松,粮食流通实力有了较大幅度的提升,但粮食的高库存、供需结构的不匹配、较高的物流成本、相对滞后的粮食流通设施建设、整体较弱的粮食加工创新能力等,对粮食流通运行效率的提高和粮食行业改革发展形成了严峻挑战。主要表现在:

(1) 粮食价格形成机制和收储制度尚不完善,流通"梗阻"现象依旧十分明显。实施多年的最低价收购、按保护价敞开收购和托市收购,承载着保收入、保产量、保供应等多重政策目标,使得几大主粮品种价格长期高于市场均衡价,难以顺价销售出库,造成了粮食在流通环节的"梗阻"。2016年,国家按照"市场定价、价补分离"的原则对玉米收储制度进行改革,取消了玉米临时收储政策,形成"市场化收购"加"补贴"的新机制,玉米价格由市场形成,生产者随行就市出售,各类市场主体自主入市收购,对于小麦、稻谷两大口粮品种,收储政策继续维持稳定;对于大豆、油菜籽等对外依存度较高的品种,维持市场化的政策取向。由于临储政策的取消,2016年玉米收购量明显减少,政策效应开始显现。但由于小麦、稻谷收购政策基本维持不变,仅早籼稻小幅下调0.02元/斤,小麦和粳稻、中晚籼稻、早籼稻四个品种的最低收购价收购量和市场收购量均出现了不同程度的增加。而小麦、稻谷、玉米三大品种的消费需要却没有出现大的增加,且市场价格下行压力较大。原国家粮食局数据显示,2016年玉米市场政策性投放量为11 967万吨,实际成交2 183万吨,成交率仅18.24%。国内粮食价格高位运行的同时,国际市场谷物价格却在继续下降,导致国内粮食市场高库存、高进口、高成本并存的"三高"现象长期持续。截至2016年底,玉米临储库存仍维持在2亿吨以上。2017年,除小麦价格保持不变外,早籼稻、中晚籼稻、粳稻的最低收购价分别比上年有所下调,新粮上市后,市场价格低于国家规定的收购价格,国有粮食企业认真执行国家粮食收购政策,收购工作总体平稳有序。2017年,国有粮食企业小麦、稻谷、玉米三大品种的收购量分别比上年减少689.6万吨、970.55万吨、4 529.85万吨,但因前期库存量比较大,国有粮食企业总体库存压力并未明显缓解,尤其是主产区粮食库存量仍然很高。从实际情况看,库存粮食大部分集中在政府手中,占到85%以上,其中中央事权的粮食又占88%,形成了沉重的财政负担和极大的资源浪费。

(2) 粮食物流设施建设和运行与流通现代化要求存在较大差距。应该说,近年来我国在粮食物流设施建设方面给予了不小的投入,仅2013—2017年,累计安排中央预算内投资170多亿元,安排8 000多万吨新仓建设任务,有效提升了粮食仓储能力;同时,中央财政累计补助100多亿元,用于"危仓老库"粮库维修改造和粮库智能化升级改造,使粮食仓储设施条件有了明显改善。在"北粮南运"主通道和西南、西北流入通道建设上也给予了较大的资金支持,建设和配置了一大批散粮设施,建成了一批物流和加工园区,散粮运输比例有了较快的提升,粮食物流效率明显提高。但总体来看,粮食物流设施建设还不能满足新时期粮食流通发展的需要,与流通现代化要求还存在较大的差距。粮库数量较多,但苏式仓、土圆仓、普通房式仓占较大比重,甚至还有相当数量的简易仓容,除国储库拥有较为完备的配套设施外,地方粮库的仓储设施比较简陋,缺少散粮发送和接卸设施设备。粮食物流环节,因仓厂站点间无法做到无障碍衔接配套,影响了粮食流通效率的提高,并造成了不必要的损失浪费。粮食加工设备利用率较低,多数加工生产能力利用率达不到70%,有的还不到50%,产能过剩现象严重(见表1.3)。此外,我国粮食物流主体市场化程度不高,粮食市场主体规模小、功能单一,粮食物流体系整合度不强,行业信息化服务程度不高,等等,也阻滞了粮食物流效率的提高和粮食流通的现代化进程。

表1.3  2017年粮食产业生产能力情况表　　　　　　　　　　单位:万吨

| 品名 | 稻谷 | 小麦 | 玉米 | 油料及油脂精炼 | 饲料 |
| --- | --- | --- | --- | --- | --- |
| 加工能力 | 36 397.1 | 19 941.8 | 1 660.3 | 22 406.3 | 31 474.7 |

数据来源:国家粮食局统计资料。

(3)粮食加工技术与产品创新能力不强制约了粮食产品增值和流通效益的提高。近年来,我国粮食加工业在技术创新和产品开发方面做了大量的工作,在杂粮豆和全谷物加工技术研发、粮油食品营养研究和新型饲料产品开发等方面取得了重要突破和进展,对行业经济效益的提高起到了积极作用。但总体上看,我国粮食加工技术水平不高,新产品开发和副产品综合利用能力较弱,与发达国家相比还存在不小的差距。例如,国际上玉米的深加工已达4 000多个品种,仅利用玉米的变性淀粉就能开发出上千种工业原料,有些方便面就是因为添加了玉米变性淀粉,才有了优良的质量和口感。而我国目前玉米深加工只有1 000多个品种,大部分玉米被作为饲料消费,其增值能力未能得到充分发挥。再有,我国稻谷加工每年产生的稻壳达4 000万吨左右、米糠1 000多万吨,小麦加工产生的麸皮2 000多万吨,还有营养丰富的小麦胚芽等副产品,但由于缺乏深度开发与利用,这些副产品的附加值非常有限。稻壳用于发电和锅炉直接燃烧的不到33%,米糠用于制油和深加工的不足10%,小麦加工副产品的有效利用程度更低。可见,提高粮食加工技术创新能力,形成合理的粮食产品结构,促进粮食流通效益的增长,我们还有相当长的路要走。

(4)粮食行业组织结构不合理在一定程度上导致了粮食商品实体运动的无序。这表现在:①粮食和物资储备局、粮食集团、储备粮管理公司"三驾马车"式的组织结构模式虽然在一定程度上有利于做到政企分开,但相互间职能行使上常缺乏必要的协调,造成流通设施的重复建设和资源的浪费。体现在粮库布局上,中央与地方企业不但地域重复,功能也无大的区别,相互间易产生不必要的竞争,这种现象随着粮食市场主体的多元化将愈演愈烈。②粮食行政管理机构这些年一直处于调整和变动之中,不但许多销区取消了行政管理机构的单独设置,将其并到农委、发改委或商务局,部分粮食主产区行政管理部门的功能也被严重弱化,虽保留了牌子,但所从事的却是经营性业务,有的甚至连牌子都不见了。这样做的结果特别是主产区粮食行政管理职能的弱化,不但对粮食流通的日常协调与监管形成负面影响,也因为无法有效掌控粮源而在一定程度上对粮食安全带来威胁。此外,各级粮食主管部门更名为粮食和物资储备局后,物资储备的职能并没有得到清晰的界定,长期分散在其他部门的相关职能还没有得到真正有效的整合,其作用还未显现出来。③按行政区划组建的粮食经营机构"小而散"形不成规模,且缺少信息沟通,经常导致业务活动的逆向运作和相互间的恶性竞争,干扰了粮食流通秩序,特别是粮食物流秩序。④粮食市场化经营后,部分粮食市场主体未能及时转变经营方式,充分运用互联网发展新的流通业态,依然是传统的思维、僵化的模式,不但自身经营效益低,也浪费了有限的资源要素。

(5) 现行粮食行业人员素质还不能助力粮食流通的转型升级。一是员工的学历层次偏低。以2017年的数据为例,2017年全国粮食行业从业人员194.1万人,其中大学专科及以上学历的员工53.8万人,占27.72%,不到从业人员总数的三分之一;高中及以下学历的员工88.6万人,占45.65%,接近从业人员总数的一半。二是35岁以下员工人数较多。2017年粮食行业从业人员中,35岁及以下员工59万人,占30.40%,接近从业人员总数的三分之一。这部分员工专业业务知识和技能相对缺乏,即使是大专以上的毕业生,也多是非专业出身,迫切需要进行培训。三是技术工人所占比重不高。2017年行业从业人员总数中,工人总数为117.1万人,其中技术工人40.8万人,占比仅为34.84%,尽管同比有了一定的增长,但多分布在粮食工业企业,粮食收储企业技术工人很少。四是专业人才来源渠道越来越窄。受高校更名和专业调整的影响,原来培养粮食行业人才的院校和专业逐渐萎缩,而粮食行业发展对粮食专业毕业生的需求一直在增加,专业人才供不应求的矛盾在很大程度上制约了粮食流通的转型升级和健康发展。

## 第四节　适应供给侧结构性改革,粮食流通转型升级的实现路径

供给侧结构性改革是破解当前粮食行业结构性、体制性矛盾,促进粮食流通运行提质增效的必然选择,粮食流通的转型升级又是提高粮食流通效率,构筑高层次国家粮食安全保障体系的迫切要求。为此,在当前供给侧结构性改革下,须采取得力措施促进粮食流通转型升级,进一步提升粮食流通效率、质量和效益,为国家粮食安全提供有效保障。具体应从以下方面做好工作:

(1) 改革和完善粮食收购制度,矫正和理顺粮食价格形成机制。粮食收购制度直接影响着市场在粮食资源配置中基础性作用的发挥,决定着整个粮食流通链的运转是否通畅,同时也关系到粮食生产发展的可持续程度。收购制度不改革,生产者生产的粮食"照单全收",生产者自然就不会有优化种植结构,提高粮食品质质量的积极性和主动性。而粮食收购制度改革的重头戏又是粮食收购价格,价格是引导粮食生产、调节粮食供求的最直接、最管用的信号。政府运用价格杠杆对粮食市场进行调控是必要的,也是必需的,因为粮食是特殊重要的商品,粮食市场的稳定关系到整个社会的稳定。但在市场经济条件下,应努力避免短期调控措施长期化,要优化政府调控的取向和办法,依据粮食市场供求变化,增大粮食价格政策的调节弹性,让价格回归市场,引导粮食生产者按照需求调整种植结构,合理安排生产。目前在玉米收购中采取的"市场定价、价补分离"就是矫正和理顺粮价形成机制的

一种积极、有效的举措,从实施效果来看,对优化种植结构起到了良好的推进作用。可结合国内外粮食市场供求的实际情况适度向其他粮食品种推广,逐步理顺粮食价格,提升我国粮食商品的竞争力。改革和完善粮食收购制度,还应注意发展多元化粮食市场购销主体,推动形成多元主体积极参与收购的粮食流通新格局。

（2）积极打造现代化的粮食物流体系。建设粮食物流体系是粮食行业供给侧结构性改革中"补短板"的重要内容构成。打造现代化的粮食物流体系,就是通过加快建设先进的粮食物流设施,采取高效的粮食物流运作方式和科学的管理方法,提供及时准确的信息服务来优化粮食物流各环节的运行,实现粮食物流各环节的无缝化衔接,以降低粮食物流成本,提高粮食流通效率,保障粮食供给和粮食安全。一是进一步优化仓储设施布局,合理确定库存结构,加快储粮技术开发,形成符合国情、粮情和有竞争力的现代粮食仓储体系,包括:促进传统"仓储管理"转向现代"经营粮库",传统"常规储粮技术"转向"绿色生态储粮技术",传统"四无粮仓"转向现代"4G型粮库"。二是通过量化分析并综合考虑相关因素确定合理的粮食储备规模,构筑确保粮食安全和成本优化的粮食储备体系。三是重视粮食运输技术研究、引进和应用,打造"包、散、集装箱"结合、"公、铁、水"分流、各种运输方式共存互补的现代粮食综合运输体系。四是完善粮食应急预案,健全工作机制,强化统筹协调,建成布局合理、设施完备、运转高效、保障有力的粮食应急供应体系。五是加快信息化建设,加强粮食物流各环节的衔接与协调,建设灵活、高效的粮食物流服务体系。六是加强对粮食物流的管理,建立新型的粮食物流组织结构模式,努力提高粮食物流的管理水平。

（3）加大粮食加工技术与产品创新力度。加快技术与产品创新,提升粮食深加工和综合利用水平,延长粮食产业链,拓展粮食深加工和综合利用的市场空间,从粮食供给侧结构性改革的角度既是满足多元化需求、提高资源利用率的重要路径,也是去库存、调结构的现实需要。粮食加工技术创新应以加工技术的高新化、生产规模的大型化、资源利用的精准化、食品生产的营养化和安全化作为战略重点,促进加工业转型升级,降低生产成本,增强自主创新开发能力和市场竞争力。加工技术创新对实现粮油产品市场多样化、优质化、绿色化、营养化、安全化和方便化具有重要作用,对优化粮油产品结构、增强产品创新力度也具有不可替代的作用。国际上,稻米可被加工成几十种产品,增值程度是其原料价值的十几倍至几十倍,有的甚至可达几百倍。稻谷副产品米糠有近100种食用和工业用产品,最高附加值可提高60倍;稻壳可增值3倍;碎米附加值可增值5倍;稻谷胚芽可增值10倍。小麦加工仅麸皮的综合利用就能使其增值5~10倍。市场空间十分广阔。政府有关部门应根据我国粮食加工业的现实状况,制定具有针对性的政策措施,通过特殊的政策引导,激励粮食行业、企业抓住国家产业升级的契机,加快技术与产品创新的步伐,促进粮食加工环节的提质增效,用工业化的思维推动粮食精深加工的健康发展。

（4）着力提升粮食流通社会化服务水平。增强粮食流通社会化服务能力,是粮食行业供给侧结构性改革的重要任务之一,也是粮食流通提质进档、转型升级的内在要求。应从以下五个方面着手:一是加快推进以粮食收储和加工企业为主体,集收购、储存、烘干、加工、销售、质量检测、信息服务等功能于一体的粮食产后服务体系建设,为新型农业经营主体和种粮大户提供全方位、多元化的服务。二是建立健全规范的粮油加工、物流配送渠道,将品质质量安全的粮油产品及时送达消费者手中。三是加强粮食质量检验检测体系建设，提升粮食流通质量安全监管能力，特别是在粮食收购市场化改革、多元主体参与粮食经营的条件下，加强对粮食流通各环节质量安全监管显得尤为重要。四是提升粮食市场信息服务水平。利用媒体平台及时发布粮食市场供求、品种、价格等信息，准确释放市场信号，给予粮食生产者、经营者以正面引导，充分发挥市场信息在促进粮食生产、保障粮食供应和服务宏观调控方面的重要作用。五是主动对接乡村振兴战略，助力乡村产业发展。粮食行业可以"优质粮食工程"建设为抓手，发挥自己点多面广和设施技术上的优势，主动融入、积极参与并推进乡村产业发展，在乡村振兴中扮好"粮食角色"，在服务"三农"中展现"粮食作为"。

（5）不断优化粮食行业组织结构。高效的组织结构是实现粮食流通转型升级的有效保证，也是国家和区域粮食安全的重要保障。优化粮食行业组织结构，就是要在"精简、灵活、高效"的原则下，搞好责任划分，确定职能归属，构筑适应市场经济和自如应对环境威胁的粮食行业组织结构新模式。①从提升竞争力的角度，对目前"小而散"的粮食收储企业、加工企业进行必要的重组整合，组建专业性龙头企业，适度提高集中度以提升资源的利用效率，尤其是要重视和加强粮食主产区一线收纳库的建设，以有效掌控粮源，发挥流通主渠道的作用。②中央储备和地方储备应进一步明确各自的功能定位和责任划分，调整库点布局和品种范围，以免形成不必要的竞争和对市场的逆向调节。③打破按行政区划设置粮食经营机构的做法，按生产和流通的实际需要组建跨区域的全产业链模式的综合性企业集团，促进粮食"产购储加销"一体化和一二三产业融合发展，不断拓宽粮食企业经营的发展空间。④粮食行政管理部门的设置应保持相对稳定，不应以精简机构和人员的名义随意撤并，尤其是主产区县级粮食部门，担负着掌握粮源的重大责任，更应对其给予充分重视，否则将会造成对粮食流通掌控能力的严重削弱，进而影响粮食安全。⑤努力打造"互联网＋粮食"的新型经营业态，鼓励粮食企业创新经营方式，加强"线上线下"融合的电商平台建设，进一步拓宽粮食营销渠道，提高粮食供给效率。⑥积极探索发展网络型、管道化粮食企业组织模式，形成战略联盟，以利于加快信息的传递和反馈，降低成本，提高粮食企业运行效率。

（6）进一步提升粮食行业人员素质。优化人员结构，提升员工素质是粮食行业供给侧结构性改革中"补短板"的关键所在，也是粮食流通转型升级的内在要求。现代粮食流通是一个涉及多学科、多领域的系统，粮食行业员工自身的知识水平和业务能力对流通绩效产生直接影响。提升粮食行业人员素质，就是通过实施"人才兴粮工程"，创新人才发展的体制机制，通过出台相关政策，营造良好的行业环境，吸引更多人才投身粮食行业。一是通过增强粮食行业综合实力，奠定人才兴粮的物质基础，提高粮食行业对各类人才的吸引力。二是加强行业人员培养和使用，营造良好的人才成长环境。依托高校的相关专业开展粮食行业、企业经营管理人员培训，特别是对其现代粮食经营业务和管理能力的培训；依托职业技术学院的相关专业开展粮食企业员工业务技术能力的培训，提高技术工人的比例；紧扣产业转型升级"五个一"工程、"数字粮食""智能粮库"等重大重点项目，大力培养粮食物流、质量检测、粮油机械、食品生产、信息工程等方面的专业技术人才；建立以粮食企业为主体、职业院校为基础的校企结合的行业技能人才培养机制,积极探索粮食行业技能人才培养新途径。三是完善人才引进动态机制,健全人才评价激励机制。依据现代粮食流通发展需要,特别要注意引进能够突破粮食行业重点领域关键技术、开发粮油产品高新技术、带动产业发展的国内外高层次人才;加强人才的激励考评,建立健全公正客观、透明高效的人才评价激励机制,完善符合粮食行业特点和粮食企业实际情况的业务考核和奖惩机制。四是构筑粮食行业人才分类管理体系,进一步优化人才层次结构。

# 第二章　完善粮食购销政策

## 第一节　供给侧结构性改革与粮食购销政策

党中央、国务院对农业供给侧结构性改革高度重视,就推进改革作出了一系列重大决策部署,特别是2017年的中央一号文件专门把深入推进农业供给侧结构性改革作为主题,这是以习近平同志为核心的党中央立足我国农业农村发展已经进入新的历史阶段,坚持问题导向作出的重大决策,是破解当前和今后一个时期"三农"问题的治本药方,也是推动我国现代化农业建设再上新台阶的必然选择。粮食供给侧结构性改革作为农业供给侧结构性改革的重要内容,是其能否真正全面落实的重要一环。而这其中,粮食购销政策的改革又是重中之重,是粮食产业供给侧结构性改革的政策基石。

面对农业农村发展新的形势和阶段,以及面临的困难和挑战,必须坚定推进粮食产业的供给侧结构性改革,提高整个农业体系的质量和效益,不断培育农业农村发展的新动力、新动能。推进粮食领域的供给侧结构性改革,总的来说,应按照2018年中央一号文件提出的"必须坚持质量兴农、绿色兴农,以农业供给侧结构性改革为主线,加快构建现代农业产业体系、生产体系、经营体系,提高农业创新力、竞争力和全要素生产率,加快实现由农业大国向农业强国转变"的基本要求,改进粮食购销政策、拓展市场空间、加强主体培育、提升转化水平,促进我国粮食产销制度进一步完善。

基于供给侧结构性改革的大逻辑,粮食购销政策改革的最根本的出发点是要处理好政府和市场的关系。在粮食购销制度改革过程中,应从处理好政府和市场的关系出发,把握四个重要原则:一是底线原则,在粮食购销制度改革中,把坚持保障国家粮食安全和农产品的有效供给作为改革的基本前提;二是坚持市场化改革取向和保护农民利益的基本原则,协同发挥市场、政府两只手的作用;三是实施分品种施策和渐进式的改革路径,统筹把握好改革的时机、节奏和力度,对于核心口粮品种小麦和稻谷,不应基于整个制度框架进行大调整,而是应考虑到各个粮食品种之间的差别,考虑到国家粮食安全这个大的前提条件;四是改革的推进着眼于整个产业链,打政策"组合拳",目标是提高农业综合效益和竞争力。

其中,最需要关注的有两点:一是保护农民种粮积极性的政策基点不能动摇。国家粮食安全战略是"以我为主、立足国内、确保产能、适度进口、科技支撑",这一战略符合我国国情和当前经济社会发展阶段要求,对稳定我国粮食等重要农产品供给和调动农民种粮积极性都具有重大的历史性作用。农民的种粮积极性是保障我国粮食安全的底线。要继续执行并完善稻谷、小麦最低收购价政策,让最低收购价托住农民种粮成本的底,保证农户的基本收益,保护农户的种粮积极性。二是要完善"市场定价、价补分离"政策。2014年以来,为了解决农产品收储制度所积累的一系列的矛盾,首先对棉花、大豆进行了目标价格改革,随后取消了油菜籽临时收储制度。2015年12月26日,正式启动玉米收储制度改革,目前已取得了非常明显的成效。对于其他粮食品种,也要按照"生产成本＋基本收益"的原则,在实现设定收储价的同时,利用现有补贴制度调整的契机,合理提高对农民的直接补贴额度。同时,在市场粮食价格过高时,政府则可以对低收入消费群体给予消费补贴;在市场粮食价格过低时,执行"托底价"收购预案;一方面可以有效保护农民利益,另一方面让价格形成完全由市场决定,让其客观地反映市场的供求关系。将保农民收入的政策功能从当前"价补合一"的政策中剥离开来,探索"价补分离"的方式,即发挥市场供求在价格形成中的基础性作用,政府在市场之外给予农民合理的补贴。

## 第二节　粮食购销政策的演进与现实状况

### 一、1949年至改革开放前中国粮食购销体制的运行情况

要理解中华人民共和国成立以来中国粮食购销体制的演变历程,就必须考虑当时社会的宏观背景,因为制度的供给总是与经济社会发展的需求相契合。

中华人民共和国在成立后也曾短暂经历过粮食的自由购销时期,但很快就随着粮食供求出现问题而终结。粮食的统购统销制度自1953年11月23日《中央人民政府政务院关于实行粮食的计划收购和计划供应的命令》(简称《命令》)下达后,便一直被沿用至20世纪80年代,成为中华人民共和国成立以来影响最为深远的粮食购销制度。该制度的实施具有深刻的时代背景,归结起来主要有3点:首先,为了在西方世界的全面封锁下实现中国"自力更生"的发展目标,党中央在中华人民共和国成立初期便做出了优先发展重工业的核心战略决策,这便需要保持农产品的低价购销,以使工商业利润更多地向工业资本转移;其次,中华人民共和国成立初期,农民长期被压抑的粮食需求迅速释放,大量农村人口进城导致城镇居民粮食需求量快速增长,使得城市消费用粮的缺口不断扩大;最后,曾作为粮食归集机制重要一环的地主阶级在农村消失后,传统的粮食归集机制被打破,而新机制仍缺位,造成了粮食收购的困难。粮食的统购统销制度借助国家的强制力量在1953年后被迅速推行,但其在改革开放前的运行并非一成不变,甚至"统购"与"统销"作为制度的两面都不完全一致。中共中央在经历"大跃进"与"文化大革命"等大事件时,都对粮食的统购统销制度做出过相应调整。

#### (一) 粮食"统购"与"统销"在制度设立初期的不同步运行

改革开放前,粮食"统购"与"统销"制度运行不同步,其根本原因在于带有政治价值观的制度设计理念。"国家掌握资源是计划建设所必需"与"农民只有合作化才能走向社会主义"的政治观念,导致统购制度在设计时就被认为具有长期性;而当时的政策设计者甚至社

会大众普遍认为粮食的需求会随着生产力发展而得到满足,因此,粮食统销被认为是一种带有临时过渡意味的制度(陈锡文 等,2018)。这种观念影响了粮食统购统销制度成立初期的运行模式,并在其后相当长的一段时间里都有各种形式的体现。

基于上述制度设计理念,粮食的统购制度在设计之初就体现出了很强的制度刚性。自国家在1951年1月对棉花实行统购,至1956年10月落实对各类农副产品、水产甚至药材的统购,粮食统购的范围不断扩大。1957年8月发布的《国务院关于由国家计划收购(统购)和统一收购的农产品和其他物资不准进入自由市场的规定》与1958年通过的《农业税条例》,使粮食统购制度的严密性大大加强。最终,在20世纪50年代后期,中央政府形成了3种稳定的粮食统购途径:一是作为农业税上缴的公粮。自1958年起至改革开放前,该部分粮食常年稳定在粮食总产量的15.5%。二是计划收购的平价粮。该部分粮食约占农民扣除农业税、口粮与其他生产用粮后余粮的80%~90%(朱荣 等,1992)。三是以高出平价粮价格30%的价格超额收购的超购粮。该部分粮食为完成平价粮收购后所剩数量不稳定的余粮。

相对于粮食统购制度,改革开放前中国的粮食统销制度无论在落实时间还是政策力度上都显得落后。与粮食统购制度1951年就已在棉花领域试点不同,粮食统销制度的实施在中国没有先河。因此,在1953年发布《命令》后,中央并没有立刻找到落实粮食统销制度的合适途径。1955年8月发布的《国务院关于市镇粮食定量供应暂行办法的命令》才是中国粮食统销制度的实际起点,其标志性产物便是影响了中国几代人的粮本与粮票制度。粮本与粮票制度的建立,真正地将粮食的"统购"与"统销"合并到同一制度框架下。但即便如此,此时粮食的统购统销制度在实施力度上,后者也要明显弱于前者。当粮食统购范围已扩展至药材、烤烟甚至土纸时,粮食统销的范围还仅限于口粮。不过,随着自1957年起政府对粮票发行范围的不断扩大,这种制度运行的不同步性逐步被减弱,粮票的黑市买卖行为也随着口粮的日趋紧张逐渐减少。

粮食统购与统销制度间失衡的不断弱化,导致了粮食购销差①由1953年的1 050.4万吨下降至1957年的317.6万吨②。最终,这种不平衡在"大跃进"运动前夕被基本抹平。这套具有很强刚性的粮食统购统销制度,在粮食供应不足时期大体解决了全国人民的温饱问题。但其在"大跃进"运动期间也加重了农村的粮食短缺程度,这导致了中共中央后来对粮食统购统销制度的调整。

**(二)1949年至改革开放前中共中央对粮食统购统销制度的两段调整时期**

1978年以前,中国粮食购销体制的核心要义是"统",但其制度本身也并非一成不变。粮食的统购统销制度从"大跃进"时期至改革开放前夕,一共经历过两段较为明显的调整时期。第一段为1961—1965年的恢复生产时期,该时期为激励粮食生产对政策进行了逐步放松;第二段为1966—1976年的"文革"时期,该时期则为配合运动对政策再一次收紧。这两段时期,前者为改革开放后的粮食购销体制改革提供了历史经验,后者则遗留了诸多阻碍粮食购销体制改革的历史难题。

---

① 粮食购销差=粮食征购量-粮食销售量。
② 赵发生,1989:《当代中国粮食工作史料》,商务部内部资料。

## 1. 1961—1965年的恢复生产时期

在"大跃进"运动与自然灾害的双重打击下,中国在1958—1960年间出现了严重的粮食危机。而自1960年起与苏联的关系逐步交恶,中国不但在国际上失去了重要的粮食援助来源,而且不得不从牙缝中挤出粮食用于抵扣偿还欠苏联的债务,使得国内的粮食供给状况雪上加霜。至1960年,中国农业人口的人均粮食占有量已远低于热量供给最低粮食底线。为恢复生产与保障全国人民的口粮供给,自1961年起,党中央在深刻反思"大跃进"运动的同时也迅速对粮食购销体制做出了调整。在"统购"侧,中央政府主要从降低收购量、提高收购价、缩小派购范围3个层面做调整;在"统销"侧,中央政府则主要通过适当放活粮食集贸市场的手段来促进粮食流通。虽然此时对粮食的长途贩运和投机倒把仍属非法行为,但政府对粮食集市贸易的监管已明显减弱。集市贸易的恢复不但降低了城市居民获得粮食的成本,也减轻了国营粮食企业收取议购粮的压力[①]。但这种粮食供求缓和的局面并没有持续太久,1966年的"文化大革命"运动扭转了这种良好的势头。

## 2. 1966—1976年的"文革"时期

由于党中央吸取了"大跃进"时期的一些教训,严格意义上讲,"文革"运动并没有对中国的粮食生产造成巨大破坏。在运动持续的11年间,中国的粮食产量甚至有9年都出现了增长。但是,粮食的增长非但没有解决长期存在的粮食供求不平衡问题,反而使1961—1965年间好不容易趋于稳定的供求局面再一次变得紧张。

表2.1　1966—1976年中国粮食产量、征购量与销量

| 年份 | 粮食产量/万吨 | 粮食征购量/万吨 | 粮食销量/万吨 | 粮食购销差/万吨 | 粮食征购量占产量比/% |
|---|---|---|---|---|---|
| 1966 | 21 400.9 | 4 115.5 | 3 818.1 | 297.4 | 19.2 |
| 1967 | 21 782.3 | 4 072.5 | 3 679.8 | 392.7 | 18.7 |
| 1968 | 20 906.0 | 4 009.9 | 3 745.6 | 264.3 | 19.2 |
| 1969 | 21 097.3 | 3 826.8 | 3 997.9 | −171.1 | 18.1 |
| 1970 | 23 995.5 | 4 510.6 | 4 009.4 | 501.2 | 18.8 |
| 1971 | 25 014.0 | 4 362.3 | 4 274.7 | 87.6 | 17.4 |
| 1972 | 24 048.0 | 3 928.9 | 4 495.1 | −566.2 | 16.3 |
| 1973 | 26 493.5 | 4 666.7 | 4 546.8 | 119.9 | 17.6 |
| 1974 | 27 527.0 | 4 841.3 | 4 509.5 | 331.8 | 17.6 |
| 1975 | 28 451.5 | 5 110.5 | 4 900.0 | 210.5 | 18.0 |
| 1976 | 28 630.5 | 4 909.7 | 5 081.2 | −171.5 | 17.1 |

资料来源:粮食产量数据来自国家统计局官方网站(http://data.stats.gov.cn);粮食征购量与销量数据来自《当代中国粮食工作史料》(赵发生编,商务部内部资料,1989年)。

从表2.1中可以看到,粮食购销差在"文革"期间并没有随着粮食产量的增长而同步放

---

① 赵发生,1989:《当代中国粮食工作史料》,商务部内部资料。

大,甚至有3年出现了购不足销的情况。这大部分归因于征购失策与打击粮食集贸市场等老问题导致的粮食流通不畅(陈廷煊,1996)。但这期间又出现两个导致粮食购销体制扭曲加重的新问题。首先是国有粮食流通企业亏损补贴制度的建立,使得国有粮食流通企业的低效运营成了常态;其次是建立了具有负面效应的集体粮食储备制度,增加了粮食征购与流通的难度。这两个问题在当时并没有引起足够重视,其负面影响随着时间的推移不断扩大。粮食产业补贴制度的设计问题与各级粮食储备体系的运行问题,时至今日仍是困扰党中央与粮食政策研究者的核心难题。

总结"文革"时期粮食购销体制的发展,可以概括为:统购统销制度遭到严重破坏,农民生产热情低下、粮食贸易极度萎缩、国有粮食企业愈发低效、粮食储备制度混乱。一直到1978年的改革开放,中国的粮食流通产业才同中国的经济社会一起开启了新篇章。

## 二、改革开放后中国粮食购销体制的演变历程

1978年12月召开的中共中央第十一届三中全会,正式宣告了中国的全面改革开放。随着安徽省凤阳县小岗村"家庭联产承包责任制"的试行,农村的经营体制在改革开放初期发生了巨大变化。"不许包产到户"的行政命令,也于1979年9月在党中央审议通过的《中共中央关于加快农业发展若干问题的决定(草案)》中被去除。土地经营制度的改革与粮食的增产,使延续粮食统购统销制度的必要性大大减弱;而原有粮食购销制度暴露出来的诸多弊病,使得修改旧体制的紧迫性日益加强。在这一历史背景下,对粮食购销体制的修正迅速被中共中央提上日程,开启了新时期粮食购销体制的改革之路。

自改革开放至今,中国粮食购销体制的演变大致经历了6个阶段。而这6个阶段以1993年和2004年为界又可分为3个时期。1993年之前的两个阶段,政策调整的边界始终没有突破带有计划经济色彩的"统购统销"与"双轨制"制度(王德文、黄季焜,2001);1993—2003年间的两个阶段,则在尝试突破计划经济枷锁的同时初步搭建了现行的粮食购销体制框架;而2004年之后的两个阶段,在不断试错的过程中逐渐建立起了适应时代发展的粮食购销新体制。总体来看,这6个阶段都有其独特的背景,却又彼此联系,每个阶段的改革目标具有多重性,但优先序存在差异。

### (一)改革开放后粮食购销体制演变的经验积累时期(1978—1992年)

#### 1. 1978—1984年,以激励粮食增产为导向的改革试探阶段

随着改革开放的深入,经济特区、沿海城市以及其他各类中心城市的城市化进程显著加快。在该时期,城市人口出现了继1949—1953年以来的第二次大扩张,农民工开始大量涌入城市。而与此同时,粮食的购销体制却未发生根本性变化,依然沿用着原先统购统销的制度。这便造成了城市居民口粮供不应求。在这种情况下,党中央迫切希望增加粮食产量,于是,粮食购销体制在改革开放以来的首次改革尝试拉开序幕。该阶段的改革并没有跳出粮食统购统销的制度框架,更多的是借鉴"大跃进"运动后恢复粮食生产时期的经验。这种借鉴在"统购"侧体现尤甚,几乎是对1961—1965年这一时期成功经验的照搬,主要表现为党中央在该时期还是从量、价、范围3个层面调整粮食统购制度。在"统销"侧,《农村人民公社工作条例(试行草案)》的出台首次将允许农民余粮买卖交易纳入政策文件。但国家

在该时期提高粮食收购价的同时并没有提高其销售价,这也是改革开放前粮食"统购"与"统销"制度不同步运行的新体现。这种"购销倒挂"形成了政府对商品粮消费者的隐性补贴,导致粮食流通系统财务状况的极度恶化。

表2.2反映了这一时期中国粮食流通系统的亏损补贴情况,并列出改革开放以前3年的数据作为对照。在"文革"期间,粮食的购销价格基本持平,中央政府对粮食流通系统的补贴主要针对其自身的运营。而自1979年粮食价格"购销倒挂"起,粮食流通系统受补贴的额度便急剧增加,该年的补贴净额与1978年相比增长高达147%。至1984年,国家对粮食流通系统的补贴净额已达209.20亿元,接近当年全国国民生产总值的3%。这种规模惊人的补贴成为国家财政不能承受之重,已影响到整体经济的运行,这也促成了党中央对粮食购销制度的进一步改革。

表2.2 1975—1984年中国粮食流通系统的亏损补贴情况

| 年份 | 补贴净额[a] | | | 补贴总额 | | | 盈利企业利润总额/亿元 |
|---|---|---|---|---|---|---|---|
| | 金额/亿元 | 比上年增减 | | 金额/亿元 | 比上年增减 | | |
| | | 金额/亿元 | 比例/% | | 金额/亿元 | 比例/% | |
| 1975 | 42.92 | 9.00 | 27 | 46.45 | 9.25 | 25 | 3.53 |
| 1976 | 51.75 | 8.83 | 21 | 54.81 | 8.36 | 18 | 3.06 |
| 1977 | 47.74 | −4.01 | −8 | 51.82 | −2.99 | −5 | 4.08 |
| 1978 | 31.66 | −16.08 | −34 | 37.79 | −14.03 | −27 | 6.13 |
| 1979 | 78.06 | 46.40 | 147 | 85.39 | 47.60 | 126 | 7.33 |
| 1980 | 102.52 | 24.46 | 31 | 113.59 | 28.20 | 33 | 11.07 |
| 1981 | 127.89 | 25.37 | 25 | 142.93 | 29.34 | 26 | 15.04 |
| 1982 | 141.37 | 13.48 | 11 | 160.76 | 17.83 | 12 | 19.39 |
| 1983 | 165.97 | 24.60 | 17 | 187.55 | 26.79 | 17 | 21.58 |
| 1984 | 209.20 | 43.23 | 26 | 234.32 | 46.77 | 25 | 25.12 |

a 补贴净额=补贴总额−盈利企业利润总额。
资料来源:赵发生编,1989;《当代中国粮食工作史料》,商务部内部资料。

**2. 1985—1992年,以减轻财政负担为导向的粮食购销"双轨制"阶段**

关于如何定义粮食购销的"双轨制",学术界向来有争议(例如高小蒙、向宁,1992;陈锡文,1993;柯炳生,1994)。目前,学术界普遍接受的定义是:"在农户家庭经营基础上的两种不同但又相互作用的资源配置方式。"该定义由王德文、黄季焜(2001)在陈锡文(1993)研究的基础上提出,包含价格与数量两方面内容。

粮食购销"双轨制"的推出具有深刻的时代背景。其主要原因在于,城市居民收入在改革开放初期并没有出现明显增长,若以销售端提价的方式解决粮食流通系统中补贴过重的问题,则势必会造成城市居民无力承受粮价上涨的问题。而粮食产量在前几年的连续高涨,也为以征购端降价的方式解决财政困境提供了可能。因此,在1985年国务院发布的中央一号文件中,明确规定废除粮食的"统购统销"制度,以合同订购的方式取代统购派购作为粮食征购的主要形式。其执行模式是,在粮食播种前与农民协商订购数量,价格则为原统购价的30%与超购价的70%之和,超过订购数量部分可自由交易。另规定若市场价低于原统购价,则国家按原统购价敞开收购。这便形成了粮食定价与收购的双轨体制。

"双轨制"的设计初衷是,除减少财政补贴外,希望逐步扩大粮食贸易的市场定价部分,从而完成粮食购销由计划到市场的转变。然而,粮食增产部分价格的降低,大大削弱了农民的生产积极性,造成了粮食的连年减产。在这种背景下,政府在1990年将合同订购改为收购价大幅提高的国家订购,这使得"合同订购比统购还统购"。这种"统购"的实际回归,不但没有解决粮食价格购销倒挂的老问题,还因"双轨制"的运行带来了新问题。套取政府补贴与违规赚取差价的行为大量出现,也为后续的改革埋下了伏笔。但总体来看,1978—1992年间的粮食购销体制改革虽然没能走出计划经济,却为后续的改革积累了宝贵经验。

## (二) 改革开放后粮食购销体制演变的深化攻坚时期(1993—2003年)

### 1. 1993—1997年,以理顺价格关系为导向的价格改革与"双轨制"复辟阶段

1978年以来的改革经验让党中央渐渐意识到粮食的购销倒挂是粮改的主要矛盾,而80年代后期的经验证明了降低征购价必然会引起粮食减产。因此,为了在保障粮食生产的前提下理顺价格关系,党中央决定在销售端逐步放开粮价。

物价改革早在1988年就在肉、蛋、菜、糖4种副食品上试点过,当时,中央政府采取了给居民发放补贴后完全放开价格的方式。但放开后的猪肉价格迅速上涨了一半以上,蔬菜的价格也上涨了31.7%,这样剧烈的价格波动让党中央未能进一步扩大试点。随后,其改变思路,出台了一系列包括开办保值储蓄和整顿市场秩序在内的配套措施,并采取对粮食统销渐进提价的方式保障粮价改革的平稳落地。最终,随着城市居民的工资在1993年的第二次工资改革后大幅提升,粮食无法顺价销售的问题得以解决。实行了40年的口粮定价定量供应办法也于1993年底被彻底取消,"粮本"与"粮票"作为一个时代的记忆退出了历史舞台。然而,这段改革开放以来难得的粮食自由购销时期并没有持续太久,仅几个月后就随着粮价上涨的无法遏制戛然而止。

表2.3清晰地反映了1993—1995年中国的农产品消费价格指数要明显高于其他年份,这也与当时的时代背景有关。邓小平同志1992年发表的南方谈话极大地鼓舞了全社会的投资热情,之后几年全国的GDP增长率都超过了13%,基础货币($M_0$)供应增长率更是连续3年超过30%。在这样的通货膨胀时期,遏制"万价之基"的粮价上涨就成了粮食工作的首要任务。党中央原计划于1994年实行的"保量放价"政策还没落实便夭折了,国家订购制度再次恢复。该制度的恢复不但再次确立了粮食价格的刚性,而且对收购数量也做了规定,这就相当于又回到了粮食购销"双轨制"(吴闻潭、周洲,2015)。

粮食购销"双轨制"的复辟没能保住"价格闯关"时期取得的成绩,其引起的粮食过剩与国有粮食企业亏损加剧等问题,成为党中央在90年代末新的困扰。但在此期间成立的中国农业发展银行与粮食和副食品风险基金制度,也为后续的改革打下了坚实的基础。

表 2.3  1990—1997 年中国主要农产品消费价格指数情况

| 年份 | 粮食类居民消费价格指数(上年＝100) | 油脂类居民消费价格指数(上年＝100) | 菜类居民消费价格指数(上年＝100) | 水产类居民消费价格指数(上年＝100) |
|---|---|---|---|---|
| 1990 | 95.3 | 106.9 | 99.6 | 99.3 |
| 1991 | 108.6 | 109.9 | 106.1 | 101.5 |
| 1992 | 124.3 | 105.9 | 109.6 | 105.4 |
| 1993 | 127.7 | 116.2 | 115.7 | 116.3 |
| 1994 | 150.7 | 161.3 | 133.3 | 120.3 |
| 1995 | 136.8 | 116.0 | 127.3 | 114.4 |
| 1996 | 106.5 | 92.1 | 119.1 | 106.0 |
| 1997 | 91.1 | 101.5 | 100.0 | 100.2 |

注：数据来源于国家统计局官方网站(http://data.stats.gov.cn/)；1994 年以前肉蛋类价格指数数据缺失，故此两项未列出。

**2. 1998—2003 年，以降低粮食系统运营成本为导向的"三项政策一项改革"阶段**

随着党中央于 1996 年出台一系列强有力的经济降温政策，农产品价格水平随着社会总体物价水平一起回落。但由于刚性粮食收购价的存在，粮食的购销价格再次倒挂。这直接导致了粮食的连年增产，国家粮食库存量截至 1997 年底已达 4 000 亿斤，远超 1 500 亿斤的合理值(卢锋，1999)。购销价格倒挂又使粮食系统的运营成本急剧增加，国有粮食企业的亏损至 1998 年达到顶峰，在农业发展银行的亏损挂账已超 1 500 亿元(王双正，2008)。以上这些情况再叠加"双轨制"回归导致的跨渠道套利等不法行为，粮食购销体制的再次改革势在必行。

当时，国家在改革路径的选择上面临两难：一是为了保护农民利益改革力度不可过激，虽然粮食已经相对过剩，但党中央并不想看到粮食大规模减产；二是为了降低粮食系统运营成本，必须采取强有力措施，国家对粮食系统的过度补贴已危及整体经济的健康。在这种两难的境地下，政府于 1998 年采取了折中的改革方案，即后来争议较大的"三项政策一项改革"。"三项政策"主要是指按保护价敞开收购余粮、粮食收购资金封闭运行、粮食顺价销售；而"一项改革"则是指改革粮食流通体制，强调行政部门与粮食购销企业分开，使粮食企业真正做到独立运营。"三项政策一项改革"的出发点具有合理性，但真正让其饱受非议的是其运行结果没有达到预期。首先，从保护农民和粮食产量的角度看，1997—2000 年农民人均年收入连续 4 年下降，粮食自 1999 年起连续 5 年减产(秦中春，2003)。这主要是由于粮库库容有限，无法敞开收购，粮食只能以低价在市面流转，从而挫伤了农民的种粮积极性。其次，从降低粮食系统运营成本的角度看，由于朱镕基总理于 1996 年提出的"政企分离、中央地方分开、储蓄经营分开、新老挂账分开"没能落实，"一项改革"也就成了空谈。

此轮的粮食购销体制改革虽然没能完成既定目标，但对 21 世纪的进一步粮改做出了两大重要贡献。一是完成了粮食储备体系的构建，花费 6 年组建的中国储备粮管理总公司于 2000 年正式成立，标志着中国现行各级粮食储备体制的成形；二是与 WTO 达成了符合其规则的农业支持保护政策协议,为后续的粮改提供了制度边界。

### (三) 改革开放后粮食购销体制演变的适应新发展时期(2004年至今)

**1. 2004—2013年,以阻止粮食减产为导向的复杂"政策市"阶段**

党中央于2004年发动的粮改,其首要目标是解决粮食的连年减产问题,其次是完成上一期粮改未解决的降低粮食系统运营成本问题。但随着加入WTO后农产品市场开放程度的逐步扩大,中国粮食购销体制改革的复杂性与目标多重性被体现得淋漓尽致。

党中央首先于2005年全面取消了农业税,其因税制不科学、费用不公平、政出多门等问题被呼吁取消多年(朱守银,1998);接着推出了对种粮农民的直接补贴制度,改变了中国长期以来沿用的间接补贴方式,是中国粮食流通体制改革历程中的一大创新(叶兴庆,2002;肖国安,2005)。为防止过低的粮价挫伤农民的种粮积极性,党中央又分别于2005年和2008年在重点产区启动了最低收购价与临时收储政策。

粮食的直接补贴是一种介于生产补贴与流通补贴之间的补贴制度,大量研究表明其在实施后取得了很好的效果,在增加农民收入的同时并没有造成市场扭曲(黄季焜等,2011;张淑杰、孙天华,2012;李韬,2014);而最低收购价与临时收储政策则随着时间的推移,逐渐显示出其制度刚性带来的弊端。与此同时,党中央对粮食购销体制的调整还面临着制度边界受限和居民粮食消费结构变化的困境。前者主要表现在由于受WTO"黄箱"补贴上限不得超过产品产值8.5%的规则约束,能利用生产补贴与贷款补贴等手段进行腾挪的空间已非常有限;而后者则主要表现在由于人民生活水平的不断提高,消费市场对大豆等高蛋白油料作物的需求空前强烈。在这种复杂局面下,廉价的进口粮大量涌入,中国的粮食产量、价格与库存自2008年起一路飙涨,从而形成了政府替粮食市场买单的"政策市"。至2014年,中国的粮食储备系统已到了无粮库可收粮的地步,而同年中国的大豆进口量超过了7 000万吨,新一轮的改革又箭在弦上。

但也应当看到,这一轮粮食购销体制的改革有一项重大收获,那就是建立了粮食直接补贴制度。因补贴效率高、对粮食贸易和价格扭曲影响小等优点,其一直是发达国家粮食补贴的首选(梁世夫,2005)。粮食直接补贴制度的建立,为中国的农产品流通体制融入世界潮流向前迈了一大步。

**2. 2014年至今,以克服粮食结构性过剩为导向的供给侧改革阶段**

随着"高产量、高库存、高进口、高补贴、低市价"问题的不断凸显,党中央逐渐意识到继续提高收购价格的粮食支持政策已难以为继。而从粮食直接补贴政策带来的成功经验中,其也看到了不直接影响粮食购销量的柔性补贴政策的优势,因此,这次粮食购销体制的改革没有选择对抗市场。党中央从供给端发力,明确改革目标,出台了不同的政策以满足不同市场主体的需求(陈锡文等,2018)。

新一轮粮食购销政策调整自2014年起步,国家针对不同的粮食品种主要有三大改革举措。第一大举措是改大豆与棉花的临时收储政策为目标价格政策,降低玉米的临时收储价格水平,并将东北三省与内蒙古地区的玉米临时收储政策调整为"补贴+市场化收购"机制。此次临时收储制度改革在2015年下半年便收到了立竿见影的效果。以玉米为例,如图2.1所示,玉米"高价格、高产量、高库存"的"三高"问题自2008年初步显现后,2011年起便愈演愈烈,成为党中央的困扰。至2015年,中国的玉米生产者价格以美元计价已接近美国的3倍,而中国的玉米库存量超过了当年全国总产量22 479.5万吨的40%[①]。但在临时收储政策改革逐步落实后,2016年玉米的"三高"问题明显改善,玉米库存量2011年以来首次出现下降。第二大举措是降低了稻谷和小麦的最低收购价水平,打破了其"只升不降"的传统。以早籼稻为例,国家对其2016—2018年的最低收购价每公斤分别下调了0.04元、0.06元和0.20元。粮食最低收购价的下调影响了种粮农民的预期,成功引导其种植行为趋于合理,对粮食供给侧结构性改革起到了助力作用。第三大举措则是在菜籽油领域加快了收购的市场化改革,通过补贴种植大户和鼓励加工企业参与收购等手段,完成了菜籽油收购由临时收储向市场化的转变。菜籽油领域的市场化改革具有一定象征意义,在对农民影响较小的菜籽油领域先行开放购销,意味着经验成熟时可对其他粮食品种进一步深化改革。

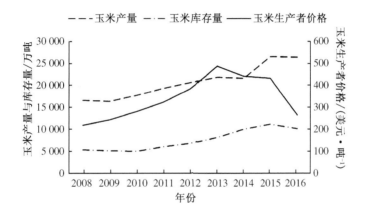

**图2.1 2008—2016年间中国玉米的产量、库存量、生产者价格变化情况**
资料来源:玉米产量与生产者价格数据来自联合国粮食及农业组织(FAO)官方网站(http://www.fao.org/);
玉米库存量数据来自美国农业部(USDA)官方网站(http://www.usda.gov)。

中国的新一轮粮食购销体制改革还在探索前行阶段,前期面临的多数问题已有所好转。总体来看,玉米购销体制的改革经验最具指导性意义。玉米的"补贴+市场化收购"机制在保障种粮农民收入的同时减弱了政府干预价格的程度,至少在以下4个方面促进了玉米流通的良性循环:一是理顺了玉米的购销价格关系,克服了市场价格扭曲问题;二是打破了政府主导的价格刚性,推动了玉米市场价格的形成;三是促使多元主体进入市场,盘活了玉米购销贸易;四是引导种粮农民形成合理的价格预期,促进了粮食种植结构调整。但值得注意的是,各粮食品种都有其自身的生产流通特点,照搬玉米的改革路径必然行不通,这也是粮食购销体制改革的难点所在。从宏观上看,玉米购销体制改革的成功经验坚定了党中央的信心,为稳扎稳打推进粮食购销体制改革提供了参考蓝本。

---

① 数据来源:FAO官方网站(http://www.fao.org/)。

## 第三节 我国现行粮食购销政策存在的主要问题

"制度""体制"与"政策"在新制度经济学中的定义,大体都是指为集体利益而设计的约束追求个人利益最大化行为的规则或道德规范[①]。从内涵上讲,这几个概念没有本质差别。中华人民共和国成立以来,粮食的购销制度便一直由中共中央设计,种粮农民对其并无选择权。因此,有学者认为中国的粮食购销体制演变是供给主导型制度变迁(张晓涛,2005)。但应当看到,制度的形成往往伴随着政府内部制度供给与制度需求之间的博弈,任何供给都离不开需求(吴雄周、曾福生,2008)。因此,中国粮食购销制度的演变在描绘政府制度供给变迁的同时,也反映了政府制度需求的变化历程。

在改革开放前的中国,粮食作为一种特殊商品被政府垄断经营,这是来自计划经济制度本源的需求。这使产粮农民无权处置自己的产品,购粮居民无权选择产品的量价,这实质上是对粮食买卖双方的一种权利剥夺(王济光,1997)。作为补偿,政府也承担起了为农民提供低价生产资料、为购粮居民提供低价粮食的责任。改革开放以来,中国的粮食购销体制改革,则反映的是党中央对这种权责让渡的需求,但这种需求也有其自身的矛盾:改革开放的核心是开放与发展,因此要求政府的权责让渡必须尽可能彻底;而经济转轨时期最需要的是社会稳定,因此又要求政府的权责让渡不能过激。这种制度需求的内在矛盾,造成了粮食购销体系权责扭曲的长期性,也注定了粮食购销体制改革必然充满艰巨性。

### 一、改革开放以来粮食购销体系中存在的权责扭曲问题及其变化

将参与粮食购销活动的产粮农民、政府与购粮居民看成一个经济系统,则主体权责扭曲具有两层含义:一是系统自身的扭曲,即各参与主体中有一方或几方对自身权责有增减的需求,但由于强制力的存在使权责无法在主体间流动的现象;二是单独个体的扭曲,即系统中的某些个体存在自身权责不对等的现象。

**(一)对粮食购销体制系统性权责扭曲的修正**

在改革开放以前,基于粮食购销的权责关系并不是独立主体通过交易形成的自由经济权利,而是根据某种"社会契约"形成的计划权利与计划义务(盛洪,1991)。这种由于国家强制力导致的权责无法自由流动,是造成粮食购销系统性扭曲的根源。总体来看,政府对权责大包大揽,而种粮农民与购粮居民则在拥有很少的权利的同时也承担了较少的责任。例如:政府向农民下达生产任务,同时负责收购粮食;政府制定粮食低价收购政策,同时提供低价生产资料与相关服务;政府取得粮食的销售垄断权,同时承担粮食的供应义务;政府取消消费者的选择权,同时承担定量配给的责任;政府有权实行低工资政策,同时承担为劳动者提供低价粮等补偿义务。

但事实上,种粮农民与购粮居民都想要得到更多的权利,也愿意承担更多的义务。这

---

① 科斯等,1994.财产权利与制度变迁:产权学派与新制度学派译文集[M].陈郁,等译.上海:上海三联书店。

其中的核心,便是种粮农民希望能以自由交易的最高价销售自愿种植的粮食,也愿意承担种粮成本上涨与粮价下跌可能带来的损失;购粮居民希望能在自由劳动力市场上取得与自身能力相匹配的报酬,也愿意承担粮食等生活必需品价格上涨带来的风险。由于改革开放前生产力的低下与经济体制的限制,这种权责的让渡在当时的中国不可能发生,也就难以真正刺激粮食体系乃至整个社会经济的发展。改革开放以来党中央的粮食购销体制改革,正是要在维持社会稳定的前提下完成权责的转移。

改革开放后,这种权责的让渡首先发生在粮食的供给端,但事实证明其远比在销售端的改革复杂。受当时经济与生产大环境的限制,党中央对农民的权责让渡采取了渐进模式,1993年粮食购销的完全放开标志着这种让渡在理论上的达成。但其后粮食价格的暴涨,让党中央于1994年再次采取了刚性粮食收购价的政策,种粮农民理论上又回到了在系统中权责受限的位置。而实际上随着从1996年全国物价增速下降,政府的粮食收购价反而高于粮食市场价。从这个意义上讲,种粮农民拥有甚至超越了以自由交易最高价销售粮食的权利。而这种"政府是最高出价者"的现象,自1996年起几乎成了常态。因此从实际情况出发,种粮农民对权责的诉求自1996年起便得到了满足。但也必须看到,这种所谓的"满足"是有条件的:一旦政府规定的收购价低于可能达到的市场价,种粮农民依然会回到权责受限的位置。因此从理论上讲,1998年政府将国家订购改为在收购量上具有柔性的最低保护价收购政策,才算完成了对农民的权责让渡。相对而言,政府对粮食消费者的权责让渡则要顺利得多。实际上,政府与购粮居民的根本矛盾是收入问题,其次才是粮食本身。粮票制度存在的意义除了分配有限的粮食资源外,也是为了保障居民以优惠价格购买粮食的权利。因此,随着1993年粮票制度的取消与工资的市场化改革,居民事实上已经达成了对工资与粮食购销的权利需求。

总体来看,虽然过程曲折,但粮食购销体制的系统性权责扭曲已于1993—1998年在制度层面得到了修正。之后粮食购销体制出现的种种问题,主要来自系统中各主体自身的权责不对等。

**(二)粮食购销体系中各主体的权责不对等发展**

粮食购销体系中的个体权责不对等问题,本质上是由政府在权责转移过程中的权责让渡不对等造成的。其表现形式主要为政府的义务大于权利,而种粮农民的权利则大于义务。该现象在改革开放以前并不明显。在计划经济制度下权责不能自由转移与交易,其实施也受到严格的限制。政府的权力很大,其承担的责任也相应较大;生产者和消费者的权力较小,其承担的责任也相对较小。因此,从某个单一主体来看,权利和责任似乎是对等的(张曙光,1995),但在政府开始向其他主体让渡权责时,这种个体的平衡便逐渐被打破。

其大致可以分为三个阶段。第一个阶段是1978—1993年,该阶段主要表现为政府先向其他主体转移比责任更多的权力,后反向操作达到三者各自权责对等。从种粮农民的角度看,该阶段前期粮食的收购价越来越高,而政府刚性收购价的存在使其承担了更少的价格风险,最后随着粮食市场开放其责任增加达到权责对等;从购粮居民的角度看,该阶段前期居民的工资水平越来越高,而政府对粮食提价速度的控制使其承担了更少的物价上涨风险,后随着粮食市场开放其责任增加也达到权责对等。第二阶段是1994—1995年,该阶段主要表现为种粮农民权责不变,政府向购粮居民收回责任。1994—1995年间粮食的收购价被控制,虽然使种粮农民再次失去了获得市场最高价的权利,但其也同计划经济时期一样不必再承担市场价格波动的风险;购粮居民在此期间依然保有获得市场工资的权利,却因粮食等商品的价格低于自由经济条件下可能达到的物价,从而将部分物价上涨的风险转移给了政府。第三阶段是1996年至今,该阶段主要表现为政府向种粮农民转移权利而未转移责任,同时向购粮居民转移责任以使其权责对等。从种粮农民的角度看,无论是国家订购价、最低保护价、临时收储价还是目标价格,自1996年起其价格总是高于自由市场条件下粮食买卖的价格。因此在这种刚性高价存在的情况下,种粮农民得到了超额的价格权利,却没有承担相应的责任。与之相对应的购粮居民,则在1996年后既没有继续保有以低于市场价购粮的权利,也由于国际市场廉价粮食的进入与国家对农民的补贴等没有受粮食收购价上涨的影响。因此在承担了自由经济条件下的物价责任后,购粮居民在1996年后达到了权责的对等。

根据以上分析可以看出,1996年以前,粮食购销体系存在各种形式的权责扭曲问题;而在此之后粮食购销体系的改革困境,则主要由政府与种粮农民的个体权责扭曲造成,即扭曲发生在粮食供给端。这也说明了党中央近年来提出的"粮食供给侧结构性改革"是完全正确的。但使农民与政府的个体权责对等就能解决所有问题吗?显然不是。粮食产业的特殊属性使其必然存在外部性,对农业与农民的保护是全世界的共识。找到减弱这种扭曲的程度,并使其高效地运行,才是粮食购销体制改革的方向。

## 二、主体权责扭曲影响粮食购销体制改革的机理

粮食购销系统的权责扭曲如何影响了粮食购销体制改革?严格意义上讲,其只是关键中介变量之一,主体权责扭曲与政府采取的刚性制度一起,造成了粮食购销体制改革的屡次反复。

党中央为粮食购销体制改革设定的目标,包括粮食产量目标、粮食安全目标、种粮农民收入分配目标、市场价格稳定目标以及减少财政负担目标等,以往的学者大都以"价值目标"与"效率目标"来对其分类(赵德余,2010;周洲、石奇,2017)。这种分类方式具有合理性,但也并不完全符合中国的国情。笔者认为,以"政府感知的价值目标"与"政府感知的效率目标"进行分类更为合理,而对粮食流通产业而言,"政府感知的价值目标"就是"政府感知的粮食安全目标"。这句话有三层含义:第一,"粮食安全"概念具有多维度性。"粮食安全"本身就包含了在供给侧的供给数量与供给能力安全和在需求侧的价格与可获得性安全(蒋庭松等,2004)。因此,粮食产量目标、种粮农民收入分配目标、市场价格稳定目标等都应归为"粮食安全"范畴。第二,"粮食安全"就是政府追求的价值目标在粮食流通领域的体现。经济转轨时期,"稳定"是政府追求的首要价值目标,而粮食安全是社会稳定的必要条件,也是"稳定"在粮食领域得以实现的充要条件。第三,"政府感知的粮食安全目标"要高于"粮食安全目标"。就粮食安全本身的定义来讲,各类指标都显示中国在技术层面是粮食安全的(郭玮、赵益平,2003),事实也证明了21世纪以来中国不存在明显的粮食安全问题。但党中央始终把粮食安全作为保障社会稳定的头等大事,其对"粮食安全"的关

注度已超越了定义本身。因此,"政府感知的粮食安全目标"可以认为是党中央进行粮食购销体制改革的终极目标。而"政府感知的效率目标"则是其在实现终极目标前不得不面对的成本约束,是制度需求与制度供给之间的制度成本,也是党中央在改革过程中的财政边界。

为了实现这一改革目标,政府采取了带有刚性的粮食购销改革制度。这种刚性体现为两个方面:一是数量刚性,主要体现在统购统销或国家订购方面;二是价格刚性,即目标价格制度实施以前的所有粮食定价制度。这种刚性不可避免地引起了系统权责的扭曲。当扭曲造成的制度成本让政府感觉难以承受时,政府对之前改革获得收益的感知便会受损,不得不转而追求"政府感知的效率目标"。但只要财务状况稍有好转,政府对"效率目标"的感知就会下降,对终极目标"政府感知的粮食安全"的追求便会卷土重来。新一轮的改革再次开始,循环往复。

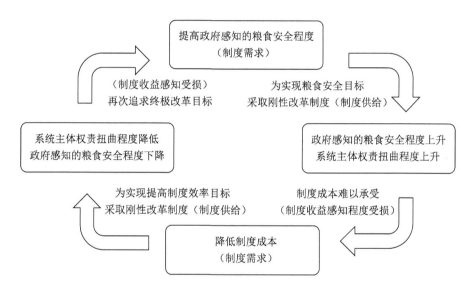

图 2.2　改革开放以来中国粮食购销体制改革的机理示意图

1978 年至今的 6 个改革阶段,也恰恰反映了党中央的改革目标在"感知的粮食安全"与"感知的制度效率"之间来回切换:1978—1984 年、1993—1997 年与 2004—2013 年这三个阶段,党中央发动粮食流通体制改革的初衷都是为了实现"粮食安全"目标中的一个或多个维度;而 1985—1992 年、1998—2003 年与 2014 年至今这三个阶段,则几乎都是政府被财务成本倒逼至不得不改。另一个可以印证该论点的事实,是上述前三个段阶都经历了粮食的丰收与国家财政支出的暴涨,而后三个阶段则总是伴随着粮食的减产与降低国营粮食体系负担的努力。由图 2.2 的机理示意图可以看到,粮食购销体系的系统权责扭曲与刚性改革制度是造成改革屡次反复的关键中介因素。只有尽可能地弱化这两个因素在系统中扮演的角色,才可能使改革走出以往的困境。

# 第四节　进一步完善粮食购销政策的对策建议

## 一、改革开放以来粮食购销体制改革的成就与面对的挑战

1978年以来，中国粮食购销体制的改革已取得了巨大的阶段性成就。这些成就既来自对旧体制、旧思想的改革，也来自对新环境、新挑战的适应。计划经济时期留下的、与其经济运行模式相匹配的粮食流通体系，给改革开放以来的粮食购销体制改革戴上了巨大的历史枷锁；而加入世界贸易组织带来的新变化，则在没有经验可指导的情况下，使中共中央领导的粮食流通体制改革走出的每一步皆为创造历史。称改革开放以来中国的粮食购销体制改革为人类历史上关于粮食最波澜壮阔的制度性改革，并不言过其实。

抛开粮食生产与技术进步对粮食产业的贡献不谈，1978年以来粮食购销体制改革的贡献主要有三：

一是在粮食领域为实现计划经济向市场经济的过渡做了重要铺垫。粮食作为重要性极其特殊的商品，在大部分国家都无法真正实现自由交易。中国在经历了改革开放头15年的摸索后取消了统购统销制度；在改革开放的第20年取消了国家订购制度；又在最近推行了对市场扭曲影响程度更小的目标价格制度，并实现了菜籽油等粮食产品的价格放开。另外，党中央还加快了粮食行政管理部门由参与市场向监管市场的过渡。这些努力，都是完成粮食价格市场化的重要铺垫。可以说，中国这40年来的粮食市场化之路虽屡经波折，但向前迈进的步伐从未停歇。

二是构建了现代化的粮食流通体系。流通制度若无相应的体系作为保障，则无异于空中楼阁。早在1990年，国务院发布的《中共中央　国务院关于一九九一年农业和农村工作的通知》就明确要求，除了中央储备制度外，还应建立包括地方储备在内的多级储备制度。至2000年，中国储备粮管理局总公司落成，标志着中国现代化粮食储备体系的正式建立。而与此配套的金融体系，如中国农业发展银行与粮食市场风险基金等，则早在1993年至1995年间就已经建设完成。这套完善的现代化粮食流通体系，不但有效保障了中国十几亿人口赖以生存的粮食流通，也为后续的粮食流通体制改革提供了物质基础。

三是为粮食流通与加工企业的成长提供了土壤。自1998年党中央推行国有粮食企业改革起，20年来粮食系统在实现政企分开与解决"三老"历史问题等方面取得了显著进步，民营粮食企业的数量与规模也明显增加。截至2016年，中国粮食产业的规模总产值已达27 852.6亿元，接近2008年总产值的3倍；实现利润1 320.7亿元，超过了2008年实现利润的6倍[①]。粮食流通与加工企业的成长，是粮食流通体制改革的成果，同时也是其进一步改革的坚实后盾。

但同时也必须看到，在改革开放的新时期，中国的粮食购销体制改革也面临新的挑战。

---

[①] 国家粮食局调控司，2016：《2016年粮食行业统计资料》，北京：国家粮食局内部资料。

首先,是改革的速度跟不上市场化进程的挑战。随着物流、信息流的提速,粮食购销的市场化速度也在近年明显加快。而中国的粮食购销体制则尚未完全摆脱历史的包袱,改革的速度较市场的形成速度相对落后。其次,是市场开放程度增加与国内粮食消化不畅的挑战。随着2010年以来全球粮食的增产加快,国际粮价持续低迷。与此同时,中国的粮食生产成本却居高不下,这使国内的粮食面对上下夹板难以被市场消化。最后,是粮食消费结构随经济发展快速转变的挑战。中国人民的生活质量在近年已达到了新的高度,粮食的消费也更多地从口粮转变为饲料与工业用粮。在此过程中,粮食种植结构的转变明显跟不上消费结构转变的速度,结构性短缺与过剩的问题日益凸显。这些挑战,都有待于在未来的改革进程中被一一克服。

## 二、粮食流通体制改革的相关政策建议

随着新一轮粮食购销体制改革的兴起,众多学者基于自身的视角提出了进一步改革的设想(汤敏,2017;武舜臣、王金秋,2017;高鸣等,2018;蒋和平,2018)。这些设想也给予了笔者诸多启发。本文在此仅基于分析与机理示意图提出一些简单的政策建议。

### (一) 降低对与粮食增产相关的粮食安全指标的关注度

该观点与武舜臣和王金秋(2017)的观点一致。由上文的分析可以看到,"政府感知的粮食安全"与"粮食安全"本身不是同一概念。政府过度关注与粮食增产相关的粮食安全指标,往往是粮食购销体制改革陷入循环的源泉:当"政府认为粮食不足"或"政府认为农民产粮积极性减弱"时,便会采取强刺激政策保粮食增长,从而导致实际的粮食过剩与系统费用增加。政府更应关注培育粮食生产潜力、健全粮食市场机制的粮食安全指标。

### (二) 在粮食政策的选择上应由价格支持过渡为直接补贴

自从1998年国家订购制度取消后,粮食制度的刚性便主要体现为价格刚性,其对应的便是价格支持政策。根据上文分析,价格刚性是造成粮食系统权责扭曲的根本原因。有学者通过福利分析,也证明了价格支持政策会造成社会福利损失与财政负担加剧(李光泗、郑毓盛,2014)。因此,粮食流通体制的改革应倾向于由托市收购、最低收购价等价格支持政策转为价格刚性更弱的目标价格甚至直接补贴政策。

### (三) 对农民进行保护的同时应适当增加其承担价格风险的责任

农业本身的弱质性,使政府对农民的保护成为社会共识,但这种保护如果导致个体权责扭曲过大,就会造成严重的后果。最直观的例子便是采取临时收储政策时期的玉米。由于种粮农民在享有自由种植权利的同时完全与价格风险割裂,导致玉米库存在顶峰时超过了1亿吨。因此,政府向农民转移部分风险责任是非常有必要的。这种转移可使粮食供求不匹配的矛盾部分交由市场来解决,大大减轻政府的负担。

# 第三章　加强粮食仓储管理

"国以民为本,民以食为天,食以粮为主。"粮食不仅是人类赖以生存的必需品,同时也是事关国计民生的重要战略物资。作为国家战略储备特殊物资之一的粮食,在储藏期间其品质和数量的变化,将直接影响到国家粮食安全及人民的生活质量。

## 第一节　供给侧结构性改革与粮食仓储管理

### 一、推进粮食供给侧结构性改革的任务

2016年"两会"中的一个热门话题就是农业供给侧结构性改革。根据我国现阶段粮食行业发展的现状和外部发展环境,我国亟须加强农业供给侧结构性改革,提高粮食等农产品的有效供给,满足消费者对粮食不同种类和质量的需求,推动"中国好粮油"行动计划的实施,实现粮食产业兴旺,农民增收,企业增效。

粮食供给侧结构性改革需要注意几点:一是粮食供给与需求平衡。二是粮食品种。为了更加适应消费者的需求,应该合理调整粮食品种的结构。三是供给侧结构性改革应该在创新和改革上下功夫,降低粮食生产成本的同时改进粮食品种的质量,由此在粮食国际市场上价格更有竞争力。粮食供给侧结构性改革的首要任务就是要适应粮食市场、消费者的需求,优化粮食品种结构,同时要提高粮食产品的质量。推进粮食供给侧结构性改革的核心就是围绕粮食市场需求,优化粮食资源配置,扩大粮食的有效供给,满足终端消费者需求,提高粮食供应链结构的适应性和灵活性。

推进粮食供给侧结构性改革,需要从粮食供给数量增长的单一目标向粮食数量、质量、效益三大指标并重的目标转变。在粮食流通领域中,需要向转方式、调结构、去库存、降成本、强产业、补短板的方向转变。以完善粮食流通体制和收储制度、发展粮食产业经济、加快粮食流通能力现代化为重点,提升粮食产品和供给服务质量效率,促进粮食行业向现代化发展模式积极转变,促进粮食供需平衡向高水平快速发展,着力构建动态开放、稳健可靠、运转高效、调控有力的粮食安全保障体系。

(1)转方式:传统的粮食产业追求的仅仅是粮食产量增加,现在新型粮食产业需要粮食数量和质量共同增长,提升粮食产业的质量和效益,加强粮食产业的技术创新。改变粮食产业生产方式,必须推进粮食结构的深度改革,大力提高粮食产品的质量安全水平,延长农业的产业链。加快粮食产业发展方式,必须加快构建粮食可持续发展体系和完善农业的

支持保护政策体系。

（2）调结构：随着国民经济的提高，消费端对优质粮食品种的需求不断增加，需要与时俱进地调整粮食种植结构来满足不断变化的市场需求。供不应求的优质粮食是粮食市场发展的趋向。调整粮食品种，提高优质粮食生产比重，生产优质粮食，以适应世界经济一体化需要。随着互联网技术的升级，粮食生产大户、新型农业合作组织、家庭农场等组织通过粮食信息共享，了解粮食加工企业、粮食消费者的粮食产品需求，对粮食品种、数量、品质的具体要求进行了解，按订单的详细情况，按需生产，既保证了粮食产品的销路，又满足了消费端对粮食的需求。随着人民生活水平的提升，对主粮大米的消费量整体呈现下滑的趋势，但是对大米的品质要求越来越高，市场对优质米的需求量逐渐增加。对于终端消费者而言，出于食品安全和营养的角度，更多消费者选择优质的大米。随着终端优质米的需求量增加，也会倒逼稻谷生产结构的调整，优质稻的种植份额越来越大。

（3）去库存：去库存是当前粮食流通中重中之重的任务，去库存就是要消化库存量过大的粮食来保障正常的粮食库存数量。玉米是目前库存压力最大的粮食品种。玉米去库存的策略为：一是对加工企业实行补贴政策，二是调低库存拍卖的起拍价格。去库存有三大困难：一是新粮出库快，旧粮出库慢。二是优质粮即拍即卖，常规粮食很难售卖。三是地方库存易去，中央库存难消，后者不如前者灵活。加快去库存的进度，需要解决政策性粮食高库存问题，既要加快粮食流通领域的改革，又要放活金融、调整粮食产业结构的相关政策。从粮食行业的长远发展来看，想要从根本上解决粮食高库存的问题，必须进一步调整粮食品种和数量的生产结构。

（4）降成本：为了提高我国在国际市场上的粮食地位，需要降低粮食的成本。降低成本需要从以下几个方面入手：一是要从生产成本入手。粮食生产需要规模化经营，通过土地入股、土地托管、生产合作等方式扩大粮食生产规模，将粮食种植从传统的分散经营模式向专业化、集约化、组织化模式方向发展，从而达到提高粮食生产效率并且降低粮食生产成本的目的。二是利用"互联网＋"的背景，降低粮食物流成本。可以通过利用第三方物流企业或者是专业的粮食流通企业，引导农村电子商务的物流快速发展，从而大大提高粮食的物流效率。三是需要提高基本的粮食供给质量。采购国内外种子行业提供的优质粮食种子，提高粮食单产水平，通过单产弥补成本弱势，培养粮食品种的地方特色，在粮食市场可以展现粮食产品的地方化和多元化。

（5）强产业：粮食产业需要提供多元化、个性化的粮食产品。一是需要推动主要粮食的产业化，适应大众粮食市场需求，同时积极开发绿色谷物、有机食品等中高端粮食产品，满足部分消费者的粮食需求。二是通过利用粮食资源优势和高新科学技术，促进粮食加工往精深加工的方向发展，完善粮食精深工加工转化产业体系。三是深化国有粮食企业改革，集中力量做优做强骨干粮食企业。四是实施品牌发展战略，整合现有粮食品牌，发展一批优质、美誉度高、受消费者喜欢的优质粮食品牌。五是积极发展"互联网＋"粮食的新型发展模式，加快线上线下粮食电商平台的建设和普及，促进新型粮食经营形态。

（6）补短板：粮食供需脱节是我国现阶段粮食问题最大的短板。从消费上看，终端消费需求加快升级，但是绿色优质粮油供给不足。粮食流通方式非粗放，但是与柔性流通方式距离甚远。我国粮食的物流设施不齐全,粮食节点信息不对称,粮食物流成本偏高,这样很难将粮食资源在全国范围内进行信息共享、快速集散、高效配送、及时调控。我们可以以央企为主体,整合粮食资源,从粮食供应链各个环节进行战略合作,积极推进品牌化、集约化发展,探索建立优质优价的粮食流通机制,有助于满足日益提升的高端粮油消费需求。

### 二、适应供给侧结构性改革,提升粮食仓储技术水平,加强粮食库存管理

我国粮食库存面临产量多、进口多、库存数量多的巨大压力。目前我国粮食生产量和进口量同时急剧增加,粮食库存量达到巅峰。现阶段是粮食供求阶段性结构性改革的关键时期,我们需要根据粮食市场变化的需求,减少一些不必要、过量以及低端质量差的粮食供给,优化粮食供给结构,同时增加需求高的和中高端品种的粮食供给的数量,促进粮食需求结构和产品供给的匹配度和灵活性的提高,促进粮食供需动态平衡向更高层次的方向发展。

我国粮食仓储科技研究取得了较大的成就,其技术水平已经接近和达到国际先进水平,但与一些发达国家相比,还有一定差距。中国加入WTO接近20年了,应尽快建立起以储粮生态学为指导的具有中国特色的粮油储藏理论体系。在技术研究方面,要把可持续发展战略放在重要位置,要有科技伦理意识,包括生态意识、环保意识、节能意识、资源意识和成本意识。要学习借鉴国际上仓储科技的先进经验,运用系统论、信息论、控制论、耗散结构论、协同论和突变论,系统研究储粮生态系统,包括粮堆维护结构、粮食、油料、有关生物和非生物因子的相互关系。只有揭示出生物群落(包括生产者、消费者、分解者)与环境因子之间互相制约的关系,从而强调环境因子控制的生态效应,才能有效地达到保护储粮产品的目的;要认真开展中国储粮生态区域研究,以合理设计适合不同区域的仓型及其配套技术装备;应当重视运用微电子技术、生物技术、遗传工程和现代材料技术来提高粮油品质,增加储粮稳定性和有效地进行储粮害虫防治,要以可持续发展战略指导仓储科技工作。在21世纪,中国现代粮油仓储企业应逐步实现装备现代化、管理科学化、信息网络化、经营集约化、检验智能化和人才高素质化。仓储科技的发展方向是"三低""三高",即低损耗、低污染、低成本和高质量、高竞争力、高效益。在当前推进粮食供给侧结构性改革中,应紧扣粮食仓储科技的"三低""三高",努力提升粮食仓储技术水平,进一步强化粮食库存管理。

## 第二节 仓储技术创新与粮食安全

粮食安全是国家安全的重要组成部分。保障粮食安全,始终是治国理政的头等大事,是实现经济发展、社会稳定、国家安全的重要基础。习近平总书记在党的十九大报告中再次明确提出了"确保国家粮食安全,把中国人的饭碗牢牢端在自己手中"的要求。粮食仓储企业在维护国家粮食市场和社会稳定、保护农民利益、确保国家粮食安全等方面承担着重要责任,其安全生产不仅事关粮食的储存安全、企业的健康发展,而且与粮食供给安全、粮

食产业经济的可持续发展密切相关。一座粮仓安一方天下。粮食仓储工作关系到全国人民的民生大事,坚持将储粮工作融入"三农"工作中去谋划,是科学储粮、管好"天下粮仓"的重要环节。因此,要采取有效措施保证储粮品质安全,开拓创新经营模式,促使储粮企业做大做强;创新粮食仓储管理及技术,科学管好"天下粮仓"。仓储管理的规范化是实现粮食储藏安全的关键,这是个世界性的难题。据联合国粮农组织调查统计,仓储管理不好导致粮食出现霉变及虫害等情况,全世界每年因此损失的粮食至少占总产量的8%。我国是世界产粮大国,也是粮食消费大国,做好粮食仓储管理工作具有十分重大的意义。

## 一、粮食仓储工作的重要性和必要性

粮食的流通包含购、销、存、运、加五大业务环节。在购、销、运、加四个环节之间,通过储存即仓储保管环节实现它们之间的联系。由于粮食生产是以年计的,而粮食消费是以日计的,粮食处在仓储环节的时间,远远大于处在其他四个环节时间的总和。仓储保管服务于其他环节,同时也制约着粮食流转的其他各个环节。可以说,仓储环节既是粮食流转的中间环节,也是中心环节。没有仓储保管的机制创新、方法创新,就不可能真正做到以市场为导向,开展粮食的收购、运输、加工和销售,也就不可能真正实现粮食的市场化。

做好粮食仓储工作的重要性和必要性主要体现在以下两个方面:

**1. 科学保粮是国有粮食企业适应粮食购销市场化新形势的需要**

粮食市场化改革后,粮食收购市场主体多元化是必然趋势。在市场规则还没有完全健全之前,各种市场主体争夺粮源必然造成收购质量下降。在这种市场环境下,对于某一家国有粮食企业而言,想独善其身显然是不现实的。因此,国有粮食企业只有练好内功,不断提高粮食科学保管水平,才能确保粮食储藏安全,适应粮食购销市场化新形势。

**2. 科学保粮是保障粮食安全的需要**

粮食安全的内容十分广泛,它涉及粮食生产、储藏、流通和消费的各个环节。确保各级储备粮能够"储得进,放得住,用得上,质量好"是粮食安全的重要组成部分。

## 二、努力实现粮食仓储管理规范化

### (一)粮食仓储工作取得的成就为仓储管理规范化创造了有利条件

**1. 粮食仓储设施和技术的跨越式发展为仓储管理规范化奠定了良好基础**

20世纪90年代初开始,为解决我国粮食仓储设施落后、流通效率低和管理条件差等问题,国家开始大规模地开展粮食仓储设施建设。从1991年开始,国家投资7亿元及部分配套的银行贷款,建设了18个机械化粮库,建设总仓容100万吨。1993年开始配套投资建设世界银行援助的粮食流通项目,包括世界银行贷款及国内配套资金,共投资82.85亿元,建设了四条走廊及相关配套设施设备。尤其自1998年开始,国家加大了投资力度,安排343亿元国债资金分三批建设了1 100多个粮库,新增仓容1 000多亿斤,同时新的配套技术设备也上了一个新台阶。这是中华人民共和国成立50多年来,投入资金最多、建设规模最大、建设内容最全、采用先进储藏科技最广泛的一次,进一步完善了全国储备粮库布局,实现了我国粮食储藏、运输、管理、技术的跨越式发展。经过多年的建设和积累,我国基本已形成以港口库为枢纽、储备库为骨干、中转和收纳库为基础的粮食仓储设施网络,初步建立了较为合理的粮食储备体系。

截至2007年底,全国共有粮食仓储企业1.83万户,仓容32 030万吨,比1999年增长56.1%,基本消除了露天储粮的情况;配套设施也大为改善,全国粮食烘干能力达5.08万吨/时,有1 209户企业拥有专用铁路线,有1 022户企业拥有专用码头;以环流熏蒸、谷物冷却机、机械通风和粮情监测为代表的"四项新技术"广泛得以应用,全国有19 840万吨的仓容实现了机械通风,有114 462万吨的仓容实现了计算机测温,有10 749.8万吨的仓容配备了环流熏蒸设备,有谷物冷却机835台;此外,还开发应用了平房仓及浅圆仓散粮进出仓设备、浅圆仓装仓防破碎装置、粮仓气密技术等,大大提高了仓储技术水平。粮食仓储设施和技术的跨越式发展为实现仓储管理规范化奠定了良好基础。

**2. 粮食仓储实践经验为仓储管理规范化探索出了新路子**

长期以来,我国粮食职工和粮食科技工作者一直发扬"宁流千滴汗,不坏一粒粮"的优良作风,刻苦钻研,科学保粮,加强管理,为改变我国粮食仓储的落后面貌和提高仓储管理水平,做出了重要贡献。为了加强粮食仓储管理,广大粮食工作者经过多年实践和经验总结,逐步形成一套行之有效的较为规范的仓储管理模式。

浙江余杭县(现为杭州市余杭区)仓前粮库在1953年首次提出"无虫粮仓",改变了粮食生虫自古难免的旧观念,探索出了保粮工作的新思路。之后又进一步提出了"四无粮仓",即无虫、无鼠、无雀、无霉。这是粮食仓储史上的一个创举,这一做法得到了包括联合国粮农组织在内的国外粮食专家的赞许。1993年,原国家粮食储备局在"四无粮仓"基础上又加上了"账实相符",即"一符四无"。长期以来,在全国范围内坚持开展"一符四无"活动一直是粮食仓储管理的重要工作,它是对做好粮食仓储管理工作最精练的归纳和最基本的要求,直至今日其基本要求仍不过时。实践证明,开展这项活动对确保储粮安全起到了重要作用,可以说是仓储管理规范化的雏形。

随着经济的发展、社会和消费者对粮食品质要求的提高以及环保意识的加强,对粮食仓储管理提出了更高的要求,不仅要减少虫霉危害、降低储粮数量损失,还要防止粮食污染、保持粮食品质良好。目前,储粮单位都能结合自身特点,普遍树立科学储粮的理念,在仓储管理方面进行了一些积极探索和创新。如中储粮开展了"精细化管理"活动,中粮开展了"千分制"评比活动,浙江等省开展了"星级粮库"评比活动,天津、四川、江苏、安徽和宁夏等省区还开展了示范库建设达标活动等。

截至目前,国家粮食和物资储备局已主办了两届"粮食储藏技术与管理论坛",对各方好的仓储技术、管理模式和成果进行总结,交流经验,梳理和探讨思路,明确了发展方向,总体效果显著。全国粮食仓储管理规范化工作在管理层面的准备已经日趋成熟。

**3. 粮食储藏技术规范逐步完善为仓储管理规范化提供了标准依据**

我国十分重视与粮食仓储管理、储藏技术相关的技术标准制定工作。1987年6月,原商业部印发了《粮油储藏技术规范(试行)》,修订颁发了《国家粮油仓库管理办法》;1991年9月,原商业部发布了《"四无粮仓"和"四无油罐"评定办法》,印发了《机械通风储粮技术规程(试行)》;1992年10月,原商业部发布《国家粮油仓库仓储设施管理试行办法》;1994年12

月,原国家粮食储备局颁发《国家储备粮油"一符"、"三专"、"四落实"的规定》等。这些规范标准对推动我国仓储管理工作、提高管理水平发挥了重要作用。但已有的标准规范颁布时间较早,许多内容已不适应当今需要。

近年来,国家粮食和物资储备局开始组织人员对这些标准规范进行修订。对原来没有,目前仓储管理又需要的新标准规范组织人员编写。从2000年开始,已经编写了《磷化氢环流熏蒸技术规程》《储粮机械通风技术规程》《粮情测控系统》和《谷物冷却机低温储粮技术规程》等。2009年,为了实现标准规范分清层次,配套衔接,首次组织编制了《粮油仓储标准体系表》,按照轻重缓急进行长期规划,分类编写。这项工作共需编制138项行业标准,其中有50项为行业核心标准。

截至目前,已完成修订和新编写的标准规范有《粮油储藏技术规范》《储粮化学药剂管理与使用规范》等37项标准,还有《粮食仓储企业规范化管理评定》等16项标准规范正在编写中。在修订和编写新的标准规范的过程中,特别注重了粮食仓储管理精细化和规范化、新技术成果的应用、绿色环保及与国际标准接轨等方面的内容。另外,还有《粮油仓库管理办法》等一系列规章已经和即将出台,对标准规范具有配套完善和补充作用。这些无疑都是实行仓储管理规范化的必要标准依据。

### (二)扎扎实实做好粮食仓储管理规范化的各项准备工作

**1. 切实提高对开展仓储管理规范化工作的认识,积极推进相关工作**

无论是粮食仓储企业还是各级粮食行政管理部门,都应进一步统一和提高对开展仓储管理规范化的认识。按照科学发展观的要求,采用科学的方法和手段,规范操作,提高粮食储藏品质,提高整个粮食行业的管理水平,实现管理规范化,保障粮食储藏安全,这是时代的新要求。只有认识和重视它的意义,在开展工作时才能切中要点,抓出实效。我们看到,一些地方的粮食仓储企业和管理部门对开展仓储管理规范化工作十分重视,按照国家拟实行的标准开展了仓储管理规范化评定工作,有的根据自身情况和特点也开展了类似工作,推动了仓储管理水平的提高,为下一步国家开展仓储管理规范化工作打下了良好的基础。在调查过程中我们也发现,个别地方对这项工作认识还不够,工作开展得比较平淡和被动,应该积极赶上。

**2. 增强管理和技术创新意识,努力实现"绿色储粮"和"生态储粮"**

许多仓储管理和技术创新都来自仓储一线的实践,经过实践、总结、提炼,许多好的经验具有很好的推广意义。开展规范化管理工作与管理和技术的创新是不矛盾的,应鼓励在执行现有标准规范和规章制度的基础上,按照更高要求开展仓储技术和管理创新。随着人们生活水平的提高,对粮食品质、营养等提出了更高要求,今后粮食仓储技术和管理创新要体现以人为本、资源节约和环境协调发展的科学发展观,从管理、成本、效益、环保及社会学等多方面考虑,实施有效的管理和技术控制,走"绿色储粮"和"生态储粮"之路。

**3. 加大粮食仓储设施的必要投入,提高仓储设施的整体水平**

粮食仓储设施的状况是决定粮食仓储效果的重要基础。我国之所以粮食仓储管理状况总体良好,主要得益于20世纪90年代以来国家和地方对粮食仓储设施建设的投入,保证了储粮安全。但我们应清醒地看到,我国现有粮库待报废和需大修的仓容开始逐年增加,目前总仓容中约有一半是1998年以前修建的,设备落后,仓房老化,不但增加了仓储管理规范化的难度,而且存在储粮安全隐患。从长远考虑,为保证正常储粮需要,确保国家粮食安全,中央和地方有关部门每年都应安排必要的资金,既要包括预算内资金,也要包括银行贷款,对粮库进行建设和维修改造。同时,还要鼓励社会各类涉粮企业进行粮库建设,千方百计采取措施,多渠道筹集资金,加大投入,提高仓储设施的整体水平,保证每年粮食仓容建设及维修规模不小于报废和需大修仓容的数量。

**4. 加强国际交流与合作,学习借鉴先进粮食仓储技术与管理经验**

树立国际"眼光",不断扩大多种形式的粮食储藏国际合作与交流,及时掌握国际粮食储藏发展的最新动态,了解世界仓储方面的标准技术规范,以及企业规范化管理经验。加强与国外粮食储藏相关机构的联系和合作,密切结合我国粮食储藏的需要,突出重点,改进合作方式,拓宽合作领域和渠道,提高合作成效。"他山之石,可以攻玉",我们应积极学习借鉴国外粮食仓储技术与管理经验,这将有利于促进我国粮食仓储管理规范化工作。

**5. 加强粮食管理和技术人员培训,切实提高行业整体素质**

搞好粮食仓储管理规范化工作,人才是关键。要加大培训力度,规范培训方式,注重培训实效。国家和省级的仓储管理及技术培训,要加强人员业务素质教育,将粮食仓储工作人员的培训纳入常态轨道,结合新颁布的国家和行业标准,加强学习培训和贯彻执行。相关技术岗位要实现持证上岗,同时要加大对涉及安全生产、中央储备粮代储等企业相关人员持证上岗情况的检查力度,严格执行科学规范的储粮制度,精确实施业务操作流程,提高管理水平,确保国家粮食安全。

## 三、我国粮食安全保障的四大重要内容构成

### (一) 数量安全

粮食生产数量平稳且带有小幅变化。在确保大部分农产品拥有足够种植面积的前提下,不提升粮食种植面积,仅仅凭借目前掌握的农业技术,粮食生产供应数量难以满足人们的需求。经过统计,当前国内粮食总供应量已达到有史以来最高水平。现阶段,粮食安全的核心矛盾已由单纯的粮食供应数量不足转变为集粮食数量、质量、架构、环境为一体的矛盾。粮食产量的不断提高有利于促进农业供给侧结构性改革运动的进行。在此过程中,必须从根源上避免只注重提高粮食产量的观念,应当适当许可生产数量的小幅度变化。如果变化幅度过大,将给社会带来不利影响,损害到农民利益。允许粮食生产数量平稳运行,小幅变化,也能满足农业供给侧结构性改革的要求。

### (二) 质量安全

有条不紊制定策略,确保粮食质量安全。质量安全主要分成两个方面:首先是粮食绿色无污染,农药残留不超标;其次为粮食质量升级,粮食富含的营养物质种类多、含量高、口感好等。

根据现阶段国内粮食质量安全情况,依旧存在过度消耗农药、化肥等化工原料的现象,致使粮食生产质量难以达标,而营养成分高、品质佳的粮食也难以满足市场需求。对于质量不达标的粮食,必须着重强化对生产起点的治理工作,避免使用毒性强、危害大的农药、化肥,一旦发现此类物质立即查找其来源,严肃处理。政府应加大对粮食生产、流通、交易

的管制力度,禁绝对环境及人体有害的因子。此外,必须加大力度引导,帮助农民生产出高质量的粮食,依据不同区域独特的区位优势,种植适宜当地气候条件的农作物。还要注重商业宣传,建立地区优质农产品品牌,创造产品额外价值,提升农民收入。

### (三) 架构安全

建立健全粮食产业架构。经过对2015年国内粮食供求关系的研究得知,稻谷与小麦的关系整体能达到供给与需求相互统一,而大豆与玉米的供需关系却显得格格不入。2015年,我国大豆进口总量达到了国内生产总量的7倍,对外依赖性大于80%。玉米由于其替代作物的大量进口,供应量远远大于需求量,库存堆积如山。从大方向看,稳固粮食产业架构,必须维持稻谷与小麦的绝对安全状况,提升大豆生产比重,减少玉米生产数量,强化优质粮食工程。

### (四) 环境安全

在保护环境的前提下进行农业生产活动,同时对先前遭遇破坏的环境予以弥补。为有效提升粮食总量,以往在生产过程中采用的是加大投入、挥霍资源的粗放发展方式,导致积累下诸多生态旧账,不利于保护粮食生产环境的安全。为了捍卫环境安全,做好集约生产,恢复先前遭受破坏的环境,应从环境安全角度来推进农业供给侧结构性改革。

保护环境,周密生产,应当逐步改变陈旧的认识理念与生产模式。以往人们总是认为大多数耕地资源被森林、草地、湖泊等占据,造成了极大浪费,应当提高农村宣传力度,转变此落后观念。此外,必须注重更新农业生产模式,避免继续运用高投入、高消耗方式,停止农药、化肥等剧毒产品的应用,支持生产可降解性薄膜,鼓励运用健康无公害的农家肥与有机肥。并且,从根本上保证工业与农业二者能够协同发展,取缔或外迁威胁农业生产的工业企业,防范农村环境污染。

## 第三节 我国粮食仓储技术和管理现状分析

粮食储藏是整个粮食流通领域中的一个重要环节,粮食仓储技术对粮食的数量和质量影响极大。经过近70年的努力,我国粮食仓储技术有了很大发展,取得了很大成就,有些方面已达到世界先进水平。但是就整体而言,我国粮食仓储技术与发达国家相比,仍然有一定的差距。在今后一段时间,我国粮食仓储业就是要围绕如何解决当前存在的一些问题,完善和创新适应我国粮食储藏实际情况的各种现代仓储技术。

### 一、我国科技储粮水平持续提升

"十二五"期间,我国加快粮食科技的推广和应用,不断提高粮食仓储物流科技化水平,采用环保、安全、节约、高效技术,逐步淘汰落后的粮食储存、运输设备和技术。在仓储新材料、新工艺、绿色高效储运、检测、信息传感和生物技术等方面,实现关键技术和装备的创新。全国大力推进储粮技术的应用、改进与提升,配备"四合一"技术的有效仓容在50%以上,全国多个粮库试点开展太阳能光伏发电、水源热泵等新能源技术应用,省级储备粮存放库点配备谷冷机、空调,全部实现低温准低温储粮,提升了粮食仓储科技水平。全国主要保粮设备进一步完善,粮食仓储企业"四项储粮新技术"应用比例不断提升。截至2016年底,全国环流熏蒸技术、粮情测控系统、机械通风和谷物冷却技术应用分别达到54%、65%、90%和38%。

## 二、初步建立起具有中国特色的粮食仓储体系

我国粮油仓储战线上的广大职工和科技人员,经过近70年艰苦奋斗和不断地生产实践与探索,已初步建立起具有中国特色的粮油仓储体系,其主要标志有以下三个方面:

第一,建立了一套较完整的科学管理制度和相应的技术手段,以保障粮油流通的安全。这里所指的仓储管理包括行政管理和仓储技术管理两个方面。行政管理的对象是人事、财务、资产、规章制度的制订与执行等;技术管理的对象是仓储设施及全部固定资产和存粮,而管理的目标是"保好粮,管好库",前者是目的,后者是前者的保证,两者都是粮油仓储管理过程中相辅相成必须做好的工作。在仓储行政管理方面,经广大职工多年的实践探索,许多行之有效的做法,如由国家粮食行政主管部门颁发的《国家粮食储备局直属库管理办法》《国家储备粮油"一符"、"三专"、"四落实"的规定》等规章制度,已成为现今粮库规范管理的重要内容,使仓库管理能做到有章可循。目前,不少库点的粮情监测、出入库计量以及财务结算等还实现了计算机管理,不仅在粮油仓储设施的硬件建设方面,初步建立起来了能基本满足从粮食收购、储运、消费等各流通环节需要的硬件设施,而且在仓储行政管理和技术管理的软件建设方面,也总结了一套科学合理和较完善的行政管理制度与技术管理规范,形成了一整套科学、有效的管理方法。

第二,为满足粮油储存与高效快速流通的需要,各主要环节一般都具有必要的技术措施。在仓储技术管理特别是在粮油储藏技术方面,不少已处于世界同行业的前列,并受到世界农产品储藏专家的好评。如已建立《粮油储藏技术规范》《机械通风储粮技术规程》《计算机粮情测控技术规程》《熏蒸杀虫操作规程》《高大平房仓和浅圆仓储粮技术规程》;在储粮保鲜以及储粮品质变化的监测技术及其设备方面,也先后总结与推广应用了低温(自然与机械)、通风(自然与机械)、双低或三低、密闭等储粮技术;已发明虫霉鼠雀防治环流熏蒸杀虫以及电子测控粮情(水分、粮温)等新技术,并制定了相关的技术规范,为储粮安全提供了可靠保障。

第三,具有不同规模大中小配套的仓库体系,能基本满足粮油存储的需要。我国粮油仓储企业在多年计划经济条件下形成的点多分散、规模小、效益低的状况,根本不能适应粮食流通体制改革的需要,不能适应粮油市场全面放开的需要。为适应形势的发展,在总结多年来建库经验的基础上,各地利用国债资金建设中央直属储备粮库,不仅对原有库点进行了拆并或改建,扩大了仓容规模,改善了储粮条件,减少了存粮库点,而且分流了富余人员,提高了企业效益。近几年粮库建设经过调整与改造,基本能适应目前我国粮油流通需要,初步形成了具有我国特色的仓储体系。

为适应未来经济发展的需要,我们要在现有仓储体系的物质基础上,总结经验教训,按照现代物流建设的要求而努力,在储粮保鲜、绿色环保等方面,不断向新的高度迈进,不遗

余力,一条线一条线、一个环节一个环节地狠抓不懈,在不久的将来,一定会实现我国粮食物流的现代流通,以实现降低流通成本,全面提高经济效益,为保障我国社会稳定和国民经济的顺利发展做出新贡献。

### 三、目前我国粮食仓储工作存在的困难和问题

#### (一) 对科学保粮的重要性和必要性认识不足

一是把搞活经营与科学保粮对立起来,以强调搞活经营来削弱科学保粮,重经营业绩,轻仓储管理,重眼前利益,轻长远打算,认为在粮食购销市场化条件下,科学保粮过得去就行了。二是脱离国有粮食企业现有客观条件谈科学保粮,片面地把科学保粮理解成应用计算机测控、准低温冷藏等资金投入比较大的技术,而对于各国有粮食企业来说,普遍受到资金实力、仓库等条件的制约,忽视了科学保粮的实际内涵。三是认为科学保粮"劳民伤财",对科学保粮嫌麻烦、怕花钱。在冬季通风降温工作中,有的地方对电费支出考虑比较多,通风的时间和次数达不到要求,影响了降温效果;在推广"双低"或"三低"储粮工作中,有的地方强调人手少,工作量大,降低工作标准。

#### (二) 入库粮质控制难度加大

在市场经济条件下,粮食收购市场发生了新的变化,粮食生产者主动卖新粮卖好粮,已成为历史。近几年来,入库粮质控制难度不断加大,已成为制约粮食安全储存的重要因素。入库粮食品质呈逐年下降趋势,主要表现为平均水分、杂质上升。产生这种情况的原因主要有:一方面,粮食购销市场化改革后,多种经济主体介入粮食收购市场,而市场机制还未健全,无序竞争不同程度地存在。地区之间、企业之间为了争夺更多的粮源,在收购过程中有意无意地放宽质量要求,直接导致入库粮食质量的下降。在每年的粮食收购季节,都有外地企业直接或间接介入当地收购市场,价格因素和质量因素导致企业之间形成了无序竞争,影响了粮食入库品质。另一方面,国有粮食企业粮质检验力量薄弱,检测设备配备不齐全,缺乏现场快速检测仪器;检验时间长、环节多,也在一定程度上影响了粮食的品质。多数中小国有粮食企业现有设备只能从事常规检验,对于粮食脂肪酸值等理化指标还没有检验能力。经验表明,入库粮质下降,会给粮食安全保管工作带来不利影响,主要表现为:粮堆呼吸旺盛,储藏稳定性下降,易出现发热、结露和霉变;粮堆环境更适于虫害滋生,虫害繁殖速度加快,引起粮堆虫害集聚;粮堆通透性差,不利于通风散热和熏蒸药剂向粮堆深层渗透,导致粮堆降温困难和熏蒸杀虫不彻底。

#### (三) 仓房设施条件比较差

仓库条件是科学保粮的基础。以成都市为例,从现有的总仓容来看,20世纪五六十年代建成的仓库仍占相当大的比重。对于这些旧仓库,各级粮食部门每年都投入大量资金进行维修,但要彻底解决上漏下潮、墙体裂缝、气密性差等问题,资金上存在很大困难。

#### (四) 资金投入不足制约了科学保粮的普及

科学保粮需要一定量的资金投入。目前,各国有粮食企业主要依靠各级粮食储备和政策性业务以及经营业务取得收入,由于储备和政策性业务规模小、费用高,因此经济效益不

是很好。在这种情况下,企业对投入大量资金搞科学保粮力不从心,造成科学保粮普及率不高。

**(五)保粮基础工作有所松懈**

科学保粮不仅仅是几项技术措施,还包含了大量的基础工作。近几年来,基层保粮基础工作出现了松懈倾向。少数地方对保粮工作满足于"不出问题",对储粮保管工作标准不高,要求不严。查粮记录不完整、粮堆不平整、库内外清卫欠佳等问题比较普遍。出现这些问题的原因大致有三个方面:一是各级粮食行政主管部门对科学保粮的检查、考核、评先进力度减弱,基层对科学保粮的重视程度也随之减弱;二是粮食企业改制后,部分职工思想上不能适应新的用工制度,缺乏做好工作的长远打算,存在着临时观点,得过且过;三是客观上国有粮食企业经过改制减员后,基层粮食保管人员少,人均保管量大的矛盾比较突出,要达到工作高标准,确有一定难度。

## 第四节　世界粮食仓储技术基本格局

### 一、无公害储粮技术

国外为延缓粮食劣变最常采用的储粮技术有4种,即机械通风储粮技术、低温储粮技术、气调储粮技术、惰性粉储粮技术。这4种储粮技术都属于无污染、无公害储粮技术。

**(一)机械通风储粮技术**

机械通风储粮技术是近代工程技术对粮食储藏的一大贡献,它不但避免了许多化学药剂的使用,还增加了储粮的稳定性。美国机械通风储粮技术已使用50多年,英国、荷兰、日本、俄罗斯等国也曾进行了大量试验研究,并逐渐推广。到20世纪60年代中期,特别在冬季温度较低及夜晚凉爽的地区,如巴西、印度、以色列等国家的大型粮库的筒仓和房式仓都相继使用。20世纪80年代,机械通风储粮技术在全世界得到广泛应用,美国、澳大利亚、法国等国的大小筒仓都配有机械通风设施,如美国哈切森粮库的1 000个筒仓,主要靠机械通风控制储粮安全。澳大利亚的新南威尔士州、南澳等地亦采用机械通风技术储粮。

欧洲储粮技术以经济实用、保护环境为原则,充分利用自然条件,减少设备的投资,降低保管费用。对于符合安全水分的粮食,通过夜间机械通风,采用比粮温低4 ℃的自然冷空气进行降温。吹入自然冷空气冷却粮食,使粮温保持在较低状态,遏制霉菌、害虫生长发育,从而达到安全保鲜。对温度较高而储存期较长的粮食,大多采用机械通风降温,一般通风2~3周。在法国,小麦收获正值夏季,白天气温20~30 ℃,小麦入库后,经机械通风可将粮温降到20 ℃以下。当环境温度比粮温低5~10 ℃,就自动启动通风系统,分阶段逐步集中降温。机械通风技术,对保持与改善粮食品质,防止粮食劣变具有重要作用。

**(二)低温储粮技术**

低温储粮技术在国外发达国家普遍得到采用,因为低温储粮方法是延缓粮食劣变,保持良好品质的最佳方法。各国专家在第七届储藏物保护工作会议上就预测：低温储粮将会成为一种在 21 世纪被采用的主要储藏方式。

德国于 1917 年首次提出机械制冷低温储粮的概念，并于 1958 年成功开发了机械制冷低温储粮专用设备——谷物冷却机，并开始将其投入工业化生产和推广应用。目前，机械制冷低温储粮技术被德国粮食仓储业普遍采用，完全替代了化学药剂熏蒸。在英、法、西班牙等西欧国家该技术也获得了广泛的应用。

美国从 1989 年开始对机械制冷低温储粮技术进行了大量试验和计算机模拟研究，证明无论从经济角度和技术角度，机械制冷低温储粮技术都是可行的。美国国会在 1989 年一份研究报告中指出，"低温储藏是防止粮食霉变和虫害的主要方法"。美国农业部在 1994 年出版的《溴甲烷的替代研究发展规划》中明确指出，机械制冷低温储粮是 4 种替代技术之一。到 1990 年，全世界已有 50 多个国家和地区采用了机械低温制冷储粮技术，受益粮食达 20 万亿吨。

1933 年日本河野长盛首先开始了低温储粮的基础性研究。1951 年在日本茨城县建成第一座低温粮库。此后，低温仓在日本的发展异常迅速。低温储粮的关键在于低温仓的建设和制冷设备。日本经过 20 年的研究，在 20 世纪 80 年代认为"15 ℃"为粮食储存临界线，因为粮食在 15 ℃低温条件下，大多数虫霉不能发育，呼吸缓慢，极有利于粮食品质保鲜和避免虫霉危害。机械制冷低温储粮技术，是利用制冷机产生的冷量对自然空气进行冷却降温、除湿，通过风机及粮仓内的通风管道使冷却后的空气穿过粮堆，使粮食温度降到 15 ℃以下。低温储藏是一项科学的、先进的粮食储藏技术，运用该技术可使粮食的低温储藏不受气候条件的影响，对保证粮食品质、粮食安全储藏起到重要作用。日本对低温仓建设和改造方面的研究比较系统，对低温（准低温）仓的建设，提出以下观点和经验。

(1) 新建仓。在制订新仓建设计划时，必须注意仓库的科学性，不一定都建低温仓，建成 1/3，最多 1/2 的低温（准低温）仓为合适，总之，要根据一个地区较长时间的稻米供需来确定。

(2) 低温恒湿储藏。日本储藏的大米仓库一般都是钢筋水泥结构的平顶型仓库，隔热和密闭性能很好，储藏采用包装，仓内有单个型垫架，粮包存放在架板上，仓内安装了空调和去湿增湿设备，保证大米在储藏期间的温度控制在 15 ℃以下，相对湿度在 70%左右。

(3) 改造常温仓。一般改造旧仓费用为新建仓的 60%左右，比新建仓经济，对旧仓要很好检查维修，特别是折旧年限过半的旧仓。新建仓与改造旧仓要协调，不应因建新仓，使容量过剩，给经营管理造成困难。

(4) 隔热。低温仓的结构必须具有隔热性能。双层屋顶、厚墙壁，包括土墙壁隔热性能好，但非完善的隔热结构，厚度为 300 毫米的墙壁，也只具有相当于厚度为 15~20 毫米的隔热材料（保温材料）的隔热性能。

### （三）气调储粮技术

国外研究者已确认气调在粮食生理、生物学、品质保持以及控虫、防霉等方面均较空气常规储藏更具明显的优越性。

气调储粮最早于1921年由英国的佛罗盖特试验,他首先采用$CO_2$有效地控制脱粒玉米免受虫害的感染。20世纪70年代,气调储粮在世界各国有极大的进展。美国、意大利、澳大利亚等国研究者做了大量研究。20世纪80年代相继在意大利、澳大利亚、以色列、加拿大等国召开过多次国际气调储藏的学术研讨会,从而促进了世界范围内气调储藏的巨大发展。

澳大利亚较多采用气调储粮方式。在西澳,散粮公司的港口库的密封平房仓已得到应用,使用方法是将钢瓶中的$CO_2$充进密封粮仓或粮堆,其对粮仓气密性要求较高,要求连续充入气体,20℃条件下用60%的$CO_2$至少10天或35%的至少14天能杀死所有的害虫。

气调储粮技术除澳大利亚采用外,法国、美国和印尼也有采用。法国研究者曾对高水分玉米进行气调储藏试验,水分为20%的粮食采用$CO_2$气调储粮,可安全储藏12个月,粮食工艺品质、营养品质均无明显变化。

在印尼,$CO_2$气调储粮已成功地运用于大米储藏,储藏8个月的大米,未受害虫感染,微生物受到抑制,米质均无变化。

关于气调储藏对粮食品质的影响,国外曾报道,稻谷及大米在低氧状态下储藏与一般空气中储藏相比较,其品质变化缓慢。日本糙米在低氧状态下储藏时,由于好气性呼吸被抑制,有机酸含量显著减少,还原糖含量较在空气中储藏时有所增加。

日本三菱重工业公司2001年开发出借助二氧化碳对稻谷等粮食进行杀虫处理的技术,与传统方法相比,新技术对环境的破坏和对人体的危害都更小。具体做法是:将稻谷放在处理槽内,通入$CO_2$,$CO_2$就会渗透到害虫成虫、幼虫的体内及虫卵内部,而几乎不渗透进谷粒,然后将槽内气压升高,这时几乎所有害虫都会因身体膨胀破裂而死亡,虫卵也被毁坏,谷粒则基本不受影响。

气调储粮的实施,仓房密封技术是关键,近年来国外对房式仓密封方法进行了一系列研究,发现聚氨酯泡沫是填充粮仓结构空隙的有用材料,粮仓用薄膜涂层很容易被密封。澳大利亚已成功地将其应用于大型房式仓的密封,如位于西澳的圭那那的一号仓,容量近30万吨,该仓为水泥墙,铝板覆屋顶结构,均采用密封剂和仓内外喷涂料,是目前世界最大的气密粮库。澳大利亚克罗米林化学公司生产的赛路佛莱克(Siloflex)用于面层喷涂,是仓顶、外墙、筒仓壁较好的密封剂,易于喷涂,极易收缩,具有良好的气密性与防水性。仓内密封屋、天花板使用弹性聚合物水泥,接缝处使用丙烯酸胶砂浆水泥,即体积为1:2:1的水泥、砂、丙烯酸树脂分散剂组成的糊状胶浆,墙壁使用橡胶沥青作底层,加一层氯丁橡胶涂膜,这类密封剂在喷涂完毕,胶液固化后,即可应用,具有密封、防水、防潮、防漏气的性能,与粮食直接接触无不良影响。

**(四)惰性粉防虫技术**

惰性粉防虫技术,近30年在国外得到较多研究,惰性粉主要被用作原粮抗结剂,其中被研究较多的是硅藻土和沸石,它们具有物理杀虫的作用。

**1. 硅藻土防虫技术**

硅藻土作为储粮防护剂极有潜力,它无毒,有很好的保护谷物免受虫、霉危害的作用,且易与粮食分离,只要不受潮,分离后的硅藻土还可再用。它已被美国、加拿大、德国、东欧国家等用于储粮保护剂和空仓消毒。

美国环境保护署(EPA)早在1981年便允许在食品储藏和加工范围内使用硅藻土。目前,硅藻土已在美国和加拿大被注册为饲料添加剂。无定形二氧化硅被公认为安全级,在美国和加拿大已被注册为食品添加剂。大多数被注册为防护剂的硅藻土含有90%以上的无定形二氧化硅。在美国,结晶硅含量低于1%的硅藻土粉在空气中最高允许含量标准为6毫克/米$^3$。USDA给粮食划分等级时,由于硅藻土毒性低,不作为外来物质。

硅藻土对害虫的作用,是通过干缩昆虫表皮的蜡或脂肪层,通过粉剂落入害虫关节,磨损节间膜或被吸收使害虫失水后干缩而死。

硅藻土作为谷物保护剂,受粮食种类、害虫类型、粮食含水量、相对湿度、温度和储藏时期等的影响。当小麦含水量为9.25%时,用硅藻土处理,防治米象、杂拟谷盗、赤拟谷盗、长角扁谷盗和锯谷盗,6个月后的粮食保护效果达99.3%~99.9%,12个月后的粮食保护效果为94.7%~98.1%。而用马拉硫磷处理,6个月后的粮食保护效果为92.2%,12个月的粮食保护效果为71.3%。由此可见,硅藻土处理的效果比马拉硫磷更好。

近年来,美国与加拿大联合研究了硅藻土结合热处理对杂拟谷盗的防治效果。英国研究者发现以二氧化硅为原料的干燥剂或惰性粉末可有效防治害虫,将25公斤小麦用4种害虫(粉螨、害嗜鳞螨、谷象、锯谷盗)侵害并储藏在金属仓内42周,发现螨类和昆虫种群分别在2周和13周内得到控制。

**2. 沸石防虫技术**

沸石是一种印度生产很多的惰性粉原料,对杀虫有一定作用。印尼研究者 Y. Haryadi 等报道,5%沸石能100%杀死米象(处理时间3个月),自然沸石比活化沸石效果更好。

知己知彼,百战不殆。要想我国粮食在国内外市场上有较好的竞争力,不仅需要有优良的品种,同时需要农业部门在田间管理中实施无污染、无公害的操作,粮食部门在粮食流通过程中,尤其是粮食储藏过程中采用无污染、无公害作业。

## 二、国外仓储技术和管理优势

一是资金投入多渠道,人才队伍稳定。澳大利亚从事储藏科研的联邦科学院的科研经费资助包括政府拨款,国际机构、粮食协会和商业公司的资助等。美国的普渡大学粮食质量实验室和粮食产后教育研究中心,加拿大曼尼托巴大学和农业研究机构,英国、法国、德国等欧洲国家的粮食储藏科研机构,这些机构的高投入为学科发展培养和留住了人才。

二是重视基础研究,全面系统、有深度。美国、加拿大、英国和日本等通过建立计算机数学模型,实现对储粮害虫和微生物的发生、发展、危害程度、扩散分布趋势及储粮质量安全的预测预报。

三是因需制宜地推广粮食储藏技术。日本主要采用低温及包装技术;美国、瑞士、意大利、英国等国已经可以用硫酰氟防治储粮害虫。

四是重视粮食流通体系建设,作业自动化程度高。世界主要粮食生产国和贸易国注重粮库自动化建设,如自动扦样、网络监控等。欧洲、美国、加拿大、澳大利亚等,在粮库建设时配套了高度机械化、自动化的粮食仓储与物流设备,粮食散运量已高达80%。

## 三、我国与国外仓储技术水平存在的主要差距及原因

尽管我国的粮油储藏科学技术在许多领域达到了国际先进水平，但与欧美等发达国家相比，还存在一定的差距。

**1. 国内研究存在的差距**

一是在科研规划系统性和投入持续性上有差距。我国绝大部分项目采取专项单列，项目研究内容大而全，研究不够透彻，与国外在某一个领域国家持续投入、专家持续攻关有较大差距。二是在基础研究上有差距。我国在粮食科技研究上存在重技术开发、轻基础研究的情况，与国外在基础研究的深度、细度及进度上存在一定差距。三是在技术应用规范上有差距。我国基层粮库很多靠经验作业，特别是气调或熏蒸时，不检测仓房气密性、害虫种类和浓度的现象时有发生，技术使用较为粗放。四是与国外精准熏蒸、精准杀虫等方面存在较大差距。五是在粮食物流自动化发展上有差距。我国80%以上的平房仓粮食进出仓，机械化程度低，与国外自动化装卸、80%散装运输等相比存在较大差距。

**2. 产生差距的原因**

一是高层次科技创新人才欠缺。行业顶级人才缺乏，"院士"头衔还处于"零状态"。二是持续性投入不够。一方面在项目研究内容上追求大而全，缺乏持续跟进和系统研究；另一方面部分科研院所要在有限资金内做好项目，还得投入市场求生存，分散了研究精力，削弱了对基础研究的自主投入。三是技术规范化使用监督管理机制不健全。我国对规范化使用技术缺乏监督管理或惩罚措施，导致目前很多库凭经验作业，技术使用任意性较大。四是粮食物流自动化整体配套不匹配。目前我国还有部分储备库仍然是包装粮运输，而我国80%为平房仓，自动化程度受到一定制约，在进出仓上采用皮带输送机和人力结合，目前配套的自动化作业装备还未跟上。

# 第五节 提升储粮技术水平、强化粮食仓储管理的思路

随着粮食流通体制改革新格局的形成，粮食仓储业已呈现机制、资本、主体多元化的态势，国有粮食仓储企业经历了一场史无前例的洗礼，企业在变革中不断顺应粮食市场化改革的新趋向，开拓进取、务实创新，在艰难和磨砺中使粮食仓储业不断发展和壮大。粮食仓储业如何在传承中创新粮食仓储理论和方法，如何在适应科学发展观中实现由传统粮食仓储向现代粮食仓储的跨越，是摆在我们每个粮食仓储人面前的新课题。

## 一、我国粮食仓储技术的发展方向和重点

### （一）发展方向

一是加强顶层设计，注重整体布局和点面结合，构建绿色储运技术体系，推动行业向着"创新、绿色、协调"方向发展。二是加强基础理论和储藏技术研究与技术集成创新，创新平

台建设,促进科技成果转化服务于行业需求。

**（二）研发重点**

（1）开展储粮生态系统相关基础理论性研究。如多场耦合理论与粮情智能预测预警、智能调控等应用的突破。

（2）重点研究推广绿色储粮技术。制定低温储粮技术规程；研究新型气密材料和密封技术,推广智能气调；研究机械通风过程中粮食湿热传递原理,研发推广储粮机械通风智能控制专家系统。

（3）发展自动化、智能化储粮技术,包括出入库自动化系统、储粮信息自动采集系统、粮食品质智能监测系统、仓储人员电子计算机远程培训示教系统等。

（4）发展现代粮食物流技术。研发粮食"四散"作业中装卸、运输、储存设施的匹配设备；研发散粮远程集装箱陆运、海运技术装备和虫霉防治及配套技术。

（5）研究储粮有害生物防治及抗性治理技术。一是开展害虫磷化氢抗性和耐低氧研究,提出治理策略；二是开展高效低毒防治储粮害虫的熏蒸剂、保护剂研究；三是开展生物防治技术研究,如诱捕技术与设备、昆虫激素类等；四是开展储粮害虫分子生物学遗传研究,提出基于分子生物学遗传的抗性治理方法。

（6）技术集成与创新。一是"四合一"升级新技术创新发展；二是根据不同生态储粮区域环境,综合利用空调控温、粮面压盖、智能通风、内环流控温等技术集成创新。

## 二、提升粮食仓储技术水平及管理创新的思路

**（一）强化机制建设,提升仓储科技创新内驱力**

粮食仓储企业应成立由领导挂帅的仓储科技工作领导小组,通过制订年度科学保粮工作计划和具体实施方案,组织各项活动的实施,总结活动取得的经验和成效,确保科学保粮创新工作顺利开展,使科学保粮工作真正落到实处。同时,加强对课题申报、审批、实施、总结、验收等的全过程监管,建立配套管理制度。为充分调动企业员工的积极性和创造性,对申报国家专利、积极参与行业组织的年度科技项目的仓储科技人员,除给予一定的物质和精神奖励外,还应在学习培训、职称评定、干部选拔等方面给予优先考虑。由此,形成了企业领导带头抓创新、技术人员争先促创新和全体员工积极参与创新实践的良好氛围。

**（二）强化载体建设,提升仓储科技创新支撑力**

粮食企业可根据仓储科技储粮的实际需要,专门成立储粮科技创新小组或工作室,以一批高级科技人员为骨干,制定翔实的管理制度及工作流程,形成粮食企业仓储科技创新工作的主要载体。有条件的企业可开展科技创新示范仓、优秀项目小组等,把仓储科技创新工作尽可能覆盖到企业每位员工,为员工搭建"奉献智慧、展示才能"的创业创新平台。

**（三）强化队伍建设,提升仓储科技创新创造力**

人才是队伍之魂,铁军之魄。需认真制定五年人才培养规划,坚持以"技师讲堂、岗位能手、职业竞赛"三个载体为抓手,积极开展岗位大练兵活动。可邀请国内知名行业专家到库传授最新研究成果,或派员参加行业仓储科技论坛,摸清行业最新动态和发展方向。各地粮食主管部门、粮食企业可举行一定范围内的职业技能竞赛,以提升粮食干部职工的业

务技术和管理技能。

**（四）强化经费保障，提升仓储科技创新持续力**

为保障仓储科技创新工作的顺利推进和可持续发展，建立稳定持续的资金来源渠道，每年的仓储科技科研经费投入确保不低于当年库保管费的一定比例，同时积极争取国家和地方的专项资金支持并严格经费管理，确保科研专项经费落实到具体试验项目中，调动广大科研人员的积极性和自觉性，确保粮食仓储科技创新的持续力。

**（五）强化协同支持，提升仓储科技创新助推力**

加强院企合作，积极与专业科研院校建立产、学、研项目合作研发平台，通过外部引进、项目合作、内需驱动等形式，形成强大的智力支撑体系，着力解决生产实际中的关键节点和难点问题，有力助推我国仓储科技创新工作的持续深入。

**（六）强化成果转化，提升仓储科技创新生产力**

仓储科技创新成果最终推广应用于生产实践才是硬道理。近年来，各地仓储科技成果转化应用取得了明显成效，用于储粮害虫测报防治的新型综合式诱捕器在广东、广西地区反响强烈，并广泛应用于粮库、种植基地等多个害虫防治领域；储粮平房仓自呼吸新型屋顶及"华东地区储粮通风系统效能评价及节能减损技术研究"课题的相关技术也多次在新建粮库仓房设计中得到广泛应用。通过成果转化，使仓储科技成果在粮食仓储保管的实践中形成了强大的生产力，直接产生一定的经济效益，并能在全国粮食行业形成了广泛的影响力。

**（七）进一步推进粮食仓储管理转型升级**

按照安全、绿色、智能、精细粮食仓储要求，强化"一规定两守则"等制度的落实，守好安全底线，加快推进粮食仓储绿色化、智能化。进一步梳理规范粮食仓储设施的分类及用途，因地制宜改造提升仓储设施的功能，推广低温、气调、生物防治等绿色储粮技术的应用。探索粮情、库情智能化预警，提升自动化作业与管理水平。引导粮食精细储存，促进"优粮优储"，推进粮食仓储管理工作跃上一个新的台阶，提升至一个新的高度。

# 第四章　打造现代粮食物流体系

粮食物流体系是指粮食物流各组成部分之间存在的有机联系并具有使粮食物流总体合理化功能的综合体。它是含粮食运输、仓储、装卸、配送、加工和信息应用的一个完整的"环节链"系统。打造现代粮食物流体系，就是通过加快建设先进的物流基础设施，采取高效合理的物流运作方式和科学规范的管理方法，提供及时准确的信息服务来优化粮食物流各环节的运行，实现粮食物流各环节的无缝化衔接，提高粮食流通效率，保障粮食供给。

## 第一节　粮食物流体系与粮食安全

粮食物流体系及其完善程度对国家粮食安全保障有着重要影响。我国的基本国情决定了粮食物流在粮食安全体系中具有不可忽视的地位，建立和完善现代粮食物流体系对保障国家粮食安全具有重要的现实意义。建立和完善现代粮食物流体系与粮食生产结构的调整有着密切的关系，两者都是我国粮食安全所必须面对的重大现实问题。粮食生产结构的调整，需要现代粮食物流体系提供保证，现代粮食物流体系的建立和完善，可有效促进粮食生产结构的调整，促进粮食生产能力的增强。同时，完善的粮食物流体系，可以提高粮食供给保障水平，并降低储备成本。粮食物流效率的提高，会促使具有百价之基的粮食市场价格稳定在合理区间，从而实现我国经济社会的健康稳定发展。

### 一、粮食物流水平对粮食综合生产能力的影响

粮食综合生产能力是国家和区域粮食安全的基础和保障，主要包括粮食生产的数量保证和粮食品质质量的优化程度，而粮食物流正是从这两个方面对粮食综合生产能力形成制约。

（1）粮食物流水平的提高，可以有效促进粮食产区生产规模的扩大。粮食物流水平与粮食产量有着直接的关系，是决定粮食产量的重要因素之一，其与气候条件、科技发展、生产者投入、粮食市场价格以及政府干预等因素一同对粮食产量产生影响。地区粮食产量扣除消费量后的剩余部分，可以调出成为跨地区的粮食物流量，当粮食产区可供调出的商品粮食数量随着生产发展而不断增加时，物流水平就会对产区的粮食生产能力形成制约。目前部分粮食销区之所以直接从国外进口粮食，其重要原因之一就是国内物流效率低、成本高，导致粮食在途时间长、价格高，因而丧失了市场竞争力。而产区商品粮食不能及时调出，势必会对粮食产区下一轮的粮食生产形成制约。

我国目前粮食产销已经形成北粮南运的格局，东北粮食主产区已成为商品粮食调出量

最大的地区。因物流条件的限制,粮食调往南方销区不仅耗时长、成本高,粮食品质也会受到一定的影响。这反过来对东北粮食产区的生产能力形成明显的制约。东北地区资源比较丰富,需要通过物流渠道运出的商品数量甚多,而物流通道运输能力有限,北粮南运就不可避免地遭受一定程度的阻滞。以黑龙江省为例,该省是玉米、粳稻主产区,产品品质优、市场需求量大,但近年来却出现了数量较大的库存,这其中物流不畅是一大影响因素,也是除政策之外导致东北地区粮食销售困难、陈化粮偏多的主要因素。

(2) 粮食物流水平制约着区域粮食生产专业化的发展。粮食物流对区域粮食生产专业化和粮食生产结构调整影响很大。我国农业生产规模相对较小,这是基本国情。近年来,随着经济的不断发展,生产技术的进步,机械化、电气化水平的提高,专业化粮食生产规模将逐步扩大。尤其是随着城镇化水平的提高,大量农村劳动人口向城市流动,一些粮食产区种粮大户、专业生产合作社耕种的土地已具有一定的规模。粮食生产规模的大小直接影响着种粮成本和效益,而这里的成本和效益与粮食物流水平又密不可分。粮食物流体系的完善可以促进粮食生产的专业化,使生产的商品粮食快速运往消费地,生产者的资金可以得到迅速回笼,有利于促进粮食的再生产。而紧张的物流条件,无法满足商品粮快速调出的需要,这将限制粮食产区生产的专业化和规模化。

现代粮食生产条件下,粮食生产区域分工、品种布局已越来越明显,这也是发挥特色优势、提高农业生产效率和使效益最大化的需要。生产上的分工和布局也使得各地区间优势互补、互通有无愈加必要,这种优势互补、互通有无则靠的是流通,更准确地说靠的是物流。因此,进一步完善粮食物流体系、不断提高粮食物流效率是影响粮食产区特色优势发挥的一大关键因素。

## 二、粮食物流水平对粮食供给保障和粮食储备的影响

粮食供给能力和粮食储备规模是相辅相成的关系,粮食供给能力受粮食储备规模和粮食物流水平的影响,粮食物流水平决定着粮食储备成本的高低进而影响粮食储备规模。

(1) 较低的物流水平决定了必须维持较高的粮食库存量。粮食物流对粮食供给的影响甚大。物流效率低,必然需要相对较多的粮食储备以保证正常的粮食供应;而物流效率高,粮食周转快,就可以使有限的粮食资源发挥更大的作用,从而相应减少粮食安全储备规模。粮食市场运行的实际情况表明,粮食物流水平提高,不但可以减少粮食储备量,而且快速的粮食周转,还可以降低粮食储备成本,提高粮食贮备效率。

(2) 较低的粮食物流水平必然增大粮食供给的压力。根据对联合国粮农组织关于粮食安全定义的理解,粮食安全水平分为不同层次。在经济发展水平较低的国家或地区,最低水平是人人有饭吃,与此相对应的重点是保障粮食的总供给。在经济发展水平一般的国家或地区,粮食安全是所有人在任何时候都能买得到和买得起粮食,与此相对应的重点是保障粮食流通的通畅运行。在经济发达国家或地区,粮食安全水平是满足人们积极和健康生活的膳食需要及食物喜好,与此相对应的重点是保障粮食或食物的品质、营养和卫生。从我国的具体情况看,粮食安全的目标已开始由保证足够的粮食供应,向健康、营养和优质品种结构的方向转化。所以,粮食安全的重点也正从总量保障向流通保障尤其是粮食物流保障转变。我国地域辽阔,地区间经济发展水平差距较大,粮食产销在区域间很不平衡,粮食

物流对粮食安全的保障作用尤为重要,物流速度快、效率高,必然增大粮食安全保障系数。我国粮食产销的空间距离,决定了粮食物流对保障粮食安全的重要作用。

(3) 有限的资源条件也决定了每年都须有一定数量的粮食进口。我国的土地资源和水资源相对短缺,对粮食产量的影响很大,粮食产销存在一定数量的缺口。近年来,粮食进口量逐年增加,2015年已超过2 400亿斤,仅大豆的进口量就达1 600多亿斤。进口粮食的增加,使得粮食接卸和分销量也随之加大,粮食在接卸、转运、仓储、处理加工和运输上面临着更大的挑战。

### 三、粮食物流水平对粮食价格的影响愈加明显

粮食物流对粮食价格的影响主要体现在两个方面:一是粮食物流成本的高低直接影响粮食价格水平,因为物流成本是粮食商品价格的重要构成;二是粮食物流的流量变化和运输环境引起的运输紧张或宽松等对粮食价格的影响。第一个方面偏重于物流成本对粮价促成,第二个方面偏重于物流制约因素引起的供求变化。由于物流费用是形成粮食商品价格的直接因素,物流成本在粮食商品价格中占比过高,不仅会使粮食商品价格攀升,增加消费者负担,而且会影响我国商品粮食的国际竞争力。在国际市场激烈竞争的环境下,粮价的高低决定着商品粮食竞争力的强弱。过高的粮价也对农民增收带来不利影响,国内粮价过高,必然导致进口粮增多,而进口粮增多,将造成农民的粮食销售陷入困境,农民生产粮食资金回笼必然会受到不利影响,农民增收自然也就无从谈起。

## 第二节　我国粮食物流体系建设现状

长期以来,我国粮食行业对粮食物流体系建设一直给予高度重视。近年来,特别是2017年以来,按照《粮食行业"十三五"发展规划纲要》《粮食物流业"十三五"发展规划》《粮食收储供应安全保障工程建设规划(2015—2020年)》的安排部署,各地在粮食物流体系建设上给予了较大的投入,物流设施不断完善,物流技术水平不断提高,粮食仓储物流体系建设工作取得了长足进展,基本满足了粮食宏观调控需要,为服务乡村振兴战略、保障国家粮食安全奠定了坚实的基础。集中表现在如下几个方面:

**(一) 物流设施逐步改善,自动化、智能化、机械化作业能力显著增强**

在粮食储存设施建设方面,2013—2017年,中央预算内投资累计达170多亿元,安排8 000多万吨新仓建设任务,粮食收储能力大幅提升,布局不断优化,为粮食收储奠定了坚实的物质基础。同时,2013—2017年中央财政累计补助100多亿元用于"危仓老库"粮库维修改造和粮库智能化升级改造,极大改善了粮食仓储设施条件,提高了粮食行业信息化管理水平,有效保障了粮食存储安全。仅2017年,国家就累计安排中央补助投资12亿元,建设仓容400多万吨。随着粮食收储制度改革的不断推进,粮食仓储设施建设的重点也进一步得到调整。2017年重点围绕优化布局、调整结构、提升功能,支持有政策性收储任务的粮食主产区、其他有仓容建设需求的粮食主销区和产销平衡区建设仓储设施,力争将粮食收储

能力保持在合理水平。2017年,中央财政共安排中央补助资金13亿元用于粮库智能化升级改造,除海南省外全国所有省份均已开展并稳妥推进粮库智能化升级改造工作,江苏、浙江、安徽、山东、河南、湖北、青海等7个省级粮食管理平台基本建成。这对改善粮食仓储设施条件、提升仓储功能发挥了重要作用。

2018年,全国共有标准粮食仓房仓容6.7亿吨,简易仓容2.4亿吨,有效仓容总量比1996年增长31.9%。食用油罐总罐容2 800万吨,比1996年增长7倍。规划建设了一批现代化新粮仓,维修改造了一批老粮库,仓容规模进一步增加,设施功能不断完善,安全储粮能力持续增强,总体达到了世界较先进水平。

粮食运输设施建设方面,2013—2017年,累计安排中央预算内投资40多亿元,建设和配置了散粮设施,"北粮南运"八大跨省粮食物流通道更加完善,建设了南宁中国—东盟粮食物流园区、贵州西南粮食城、舟山国际粮油产业园、东莞市虎门港麻涌港区码头和散粮物流项目等一大批集粮食仓储、物流、加工、交易等功能于一体的粮食物流园区,散粮运输比例稳步提升,粮食物流效率明显提高。仅2017年,国家就安排中央补助投资约8亿元用于支持各地和中央企业26个现代粮食物流项目的建设。进一步完善了"北粮南运"八大跨省粮食物流通道,全力打造沿海、沿长江、沿运河、沿京哈、沿京广、沿陇海、沿京昆等"两横、六纵"8条重点线路,重点支持重要节点的项目,支持建设了重庆西部农产品物流中心、湖北粮棉油加工及物流科技产业园、舟山国际粮油产业园等一批位于节点上辐射带动能力强的多功能粮食物流园区。粮食物流节点和园区的示范带动作用进一步加强,铁路散粮、汽车散粮、内河船舶散粮运输等稳步发展,集装箱、集装袋等集装单元化运输能力显著提高,公铁、水铁等多式联运能力逐步提升,粮食运输效率进一步增强。

粮食运输整体实力明显加强,2017年,全国粮食物流总量达到4.8亿吨,其中跨省物流量2.3亿吨。粮食运输骨干通道全部打通,公路、铁路、水路多式联运格局基本形成,原粮散粮运输、成品粮集装化运输比重大幅提高,粮食运输成本大幅降低,粮食运输经济和社会效益显著,见图4.1。

**图4.1 2017年全国粮食物流状况**

粮食加工设施建设方面,我国已形成了较强的粮食加工处理能力。截至2017年,我国年小麦处理能力达到19 941.8万吨,稻谷处理能力36 397.1万吨,玉米处理能力1 660.3万吨,油料处理能力16 928.2万吨,精炼油脂能力5 478.1万吨,饲料生产能力31 474.7万吨。同时紧密围绕"粮头食尾""农头工尾"发挥粮油工业企业的引擎带动作用,开发新产品,延伸产业链,提升价值链,打造供应链,在更高层次上保障国家粮食安全。大力发展粮食加工转化,增加专用米、专用粉、专用油、功能性淀粉糖、功能性蛋白等食品有效供给,促进居民膳食多元化。例如,河南省采取贷款贴息方式对主食产业化和粮油深加工企业给予扶持;陕西安排专项资金对主食产业化项目进行补助。这些举措有效带动了当地主食产业化项目建设,促进了主食产业化的发展。顺应饲料用粮需求快速增长的趋势,积极发展饲料加工,推动畜禽养殖发展,满足居民对肉蛋奶等的营养需求。

在粮食应急供应体系建设方面,2017年国家发改委、国家粮食局联合印发了《粮食安全保障调控和应急设施中央预算内投资专项管理办法》,首次将粮食应急体系建设项目纳入中央预算内投资。各地按要求认真做好项目储备和申报工作,充分利用并整合现有资源,优化粮食应急供应网点布局,合理确定应急加工企业和配送中心,满足区域内粮食应急供应需要。截至2017年底,全国共确定粮食应急供应网点4.5万个、应急加工企业近6 000个、应急配送中心近3 000个。在大中城市和价格易波动地区,建立了10~15天的应急成品粮储备。应急储备、加工和配送体系基本形成,应急供应网点遍布城乡街道社区,在应对地震、雨雪冰冻、山体滑坡、台风等重大自然灾害和公共突发事件等方面发挥了重要作用。

在粮情测控、粮油质量安全能力建设方面,2013—2016年,累计安排中央预算内投资6亿多元用于粮食质量安全检验监测能力建设;2017年起,中央财政开始对国家粮食质量安全检验监测体系建设予以支持。目标是:通过财政支持,到2020年末,形成由6个国家级、32个省级、305个市级、960个县级粮食质检机构构成的粮食质量安全检验监测体系。2018年实现机械通风、粮情测控和环流熏蒸系统的仓容分别达到7.5亿吨、6.6亿吨和2.8亿吨。安全绿色储粮、质量安全、营养健康、加工转化、现代物流、"智慧粮食"等领域科研成果得到广泛应用。

粮食物流设施条件的改善为粮食流通效率的提高和粮食品质质量的提升奠定了坚实的基础,也为供给侧结构性改革中粮食流通的转型升级创造了良好的条件。

**(二)粮食物流科学化运作水平逐步提高**

我国政府及有关部门对粮食物流工作一直给予高度重视,无论是在计划经济时期还是在市场经济条件下在组织粮食物流方面做了大量的工作。尤其是在市场经济条件下,随着粮食经营的放开,粮食物流环境发生了很大变化,不可控制因素变得更加复杂,科学组织粮食物流的难度越来越大。尽管物流运作和管理的困难增大,政府部门和粮食企业对粮食物流工作的重视并未改变,对在粮食市场主体多元化情况下如何推进粮食物流的科学运作进行了一系列有益的探索。表现在:通过明确国家扶植的粮食品种按保护价收购等措施,推动粮食种植结构的调整;为粮食物流的合理化提供优质粮源保证;加大投资力度新建了数百亿公斤的仓容并配备了先进的技术设备和管理手段,对一些"危仓老库"进行了必要的改造,使物流作业衔接、配套,提高了粮食储运环节的机械化、自动化水平;通过东北、长江、西南、京津四大走廊建设实现了公铁、水铁运输方式的一体化,直接提高了粮食物流效率;通过改组、改制对粮食工业企业的资源进行重组,即淘汰落后的生产能力,使资源发挥更大的效率;在继续推广深加工、精加工的基础上,加大对副产品的综合利用和对新产品开发的研究,在粮食加工增值的同时,也做到了资源的合理利用。

### (三) 粮食物流模式由横向递进向纵横并存转变

当前,世界粮食物流模式可归纳为以横向递进的东亚模式和以纵向直达为主的北美模式两种。前一种模式按横向的流通环节和行政区划逐层传递,流通过程表现为:生产者—收购商—中转商—产区批发市场—批发商—销区批发市场—零售商—消费者。流通时间长,环节多,多次落地储存,层层传递加价。后一种模式粮食物流以纵向直达为主,整个物流过程都由一个大的粮食经销商(或加工商)来完成,流通过程表现为:生产者—大粮商—消费者。流通时间短、环节少、落地储存少,效率高。过去多年,我国粮食物流基本属于第一种模式。但近几年来,随着中粮、益海等大型粮食企业推行从田间到餐桌的纵向全产业链经营模式,以及一些大的超市连锁经营企业直接到产区采购生产者(加工企业)的产品卖给消费者,我国粮食物流正由过去以行政区划为主的横向逐层递进的模式,向以横向递进与纵向直销的纵横并存模式转变,两种粮食物流并行,物流运行不断优化。纵向粮食物流模式的发展,不仅减少了中间环节,降低了物流成本,还有利追根溯源,保证产品质量。

### (四) 粮食加工转化向产区转移趋势明显

近年来,由于东南沿海省(市)劳动力价格、土地价格上涨和粮食运输价格不断攀升,粮食加工转化优势不断缩小,出现了粮食加工转化由南方销区向北方产区转移的趋势,而且趋势愈加明显。在粮食加工方面,东北粮食产区运出的大米比例不断增加,稻谷运出比例不断缩小;华北粮食产区运出的小麦粉比例不断增加,目前运入东北销区的几乎都是小麦粉,吉林省已基本没有开工的面粉厂。玉米深加工企业基本集中在北方8省,尤其是吉林省和山东省。产地粮食加工的诸多优势正在显现,它可以减少物流环节和物流量,促进副产品综合加工利用。产区加工转化的发展,导致了粮食运输形式和发运地点的变化以及成品粮流通比例的增加,发运地点由粮食收储企业向粮食加工厂转移,整个流通技术和物流设施也随之发生变化。

## 第三节 当前粮食物流体系建设中存在的主要问题

### 一、粮食物流体系建设与流通现代化要求存在一定的差距

粮食的市场化经营要求具有与之相适应的、功能完善的物流体系和科学、高效的粮食物流管理办法,而现行的粮食物流体系和物流管理办法缺乏市场化机制,制约了粮食流通的发展,粮食物流体系的建设水平同粮食流通现代化要求相比还存在着明显差距,集中表现在如下几个方面。

#### (一) 粮食物流主体市场化程度不高

粮食物流主体在粮食物流体系建设中具有重要的作用。粮食物流的核心企业主要有粮食生产企业(农户、种粮大户、粮食生产合作组织等)、粮食加工企业、第三方物流供应商和销售企业,现代化粮食物流企业不多。粮食物流特别是铁路粮食运输供给能力不足与需

求逐年增加的矛盾说明粮食物流体系的核心主体缺位,这不仅使分散经营、组织化程度较低的农户增加了进入市场的成本,也使龙头粮食企业与分散的农户之间难以实现有效对接,导致粮食流通不畅。

**(二) 粮食市场购销主体规模小,功能单一**

尽管我国已经开放粮食购销市场,并初步形成了多元化市场主体共同参与粮食流通的新机制,但整体看来,粮食流通企业规模偏小,并且大多数企业只承担着粮食物流过程中的收储和部分装卸功能,年粮食经营量偏少,经营规模较小。并且,市场信息的不对称,使这些粮食企业缺乏严密的过程组织和有效的资源整合,使零散、无序、小量的流通需求难以整合成为统一、有序、大量的粮食物流活动,导致各种资源不能得到合理利用,粮食物流成本居高不下,粮食流通效率低下。

以产粮大省黑龙江省为例,黑龙江省作为粮食主产区和国家重要的商品粮基地,受传统计划经济体制及国家粮食政策的影响,粮食物流运作还主要是由购销主体来完成,以国有骨干粮库为主,除中谷、吉粮、中储、地储等大型国有企业外,还有许多大大小小的粮库、个体经销商及民营企业等,而这些粮食物流企业规模小,进入少,市场竞争不充分,组织化程度低,第三方物流也处在初创和试运行阶段,物流企业的综合竞争能力低,还未形成有效的、专业化的物流市场供给主体。目前,黑龙江省粮食资源比较分散,物流企业单体规模普遍偏小,档次普遍较低,设施较为简陋,功能也不配套,很多粮食批发交易市场还仅停留在提供经营场地、出租摊位、自由成交和收取管理费的初级市场阶段,这种状况难以使粮食物流形成规模,也造成物流成本高昂,不符合粮食现代物流专业化、集约化和社会化的要求,不能适应市场经济条件下搞好粮食物流的要求;物流企业大都建立了货场、仓库、装卸搬运队伍、包装厂和铁路专用线,自成体系,独立运作,缺乏横向联系,造成仓储资源没有按市场的要求进行彻底整合,区域布局不够合理,流通设施设备很难得到充分利用,造成产品生产、流通企业力量分散,粗放经营。

**(三) 信息化服务程度较低**

信息化是物流业的灵魂,打造现代粮食物流体系更离不开及时准确的信息服务。但由于粮食行业本身的原因,目前国内粮食物流体系信息化服务程度较低,渠道不通畅,反映不及时,缺少科学的超前分析预测,使粮食经营企业无所适从,掌握不住经营的最佳时机,给粮食流通带来很大的盲目性。(1)信息贯穿于粮食物流的始终,从产前、产中到产后,在每一个阶段、每一个环节的物流信息都需作及时处理。没有统一的粮食物流信息平台,容易导致信息失真,影响了粮食供应链的整体效益和效率。信息资源不能共享,缺少一个将粮食批发市场、集贸市场、超市、粮食经营企业的粮食流通信息收集、共享的信息平台,致使当一个地方或一个城市出现粮食供求失衡导致危害社会稳定的情况发生时,信息传递缓慢,不能做到快速反应。(2)目前的农业信息网络不健全,对农民的信息服务不到位。虽然农业部门建立了农业信息网络,但信息网络容易在乡、村出现断层,农户居住分散,沟通渠道不畅,市场供求信息不能得到快速收集、处理、传递,农户获得市场信息的成本偏高。少数物流企业只是在局部环节运用计算机管理,大多数企业还停留在手工操作阶段。(3)缺乏对信息的分析、选择能力,难以应对市场需求的变化,造成了农民粮食生产和物流的盲目性。目前,商品粮基地黑龙江省农业信息体系的建设虽取得了一定成绩,也基本构建了以国家公用网为主体、专用网为辅助的信息化网络结构,但粮食物流领域的信息化改造工作仍显落后,整体信息化服务水平不高。

此外,粮食价格检测与预警系统调节功能滞后、信息发布不及时,有关粮食批发市场的信息和粮食价格预测的信息提供得极少,粮食专业信息网数量有限,粮食信息资源整合困难,数据库系统开发缓慢,信息终端纵向延伸入户率低。这些情况不仅造成粮食物流的盲目性,也在一定程度上降低了粮食物流以及整个粮食流通的效率。

## 二、粮食物流体系缺乏整合,组织化程度较低

传统粮食流通中形成的条块分割,使粮食主产区和主销区之间难以构建粮食流通的快速通道,不利于粮食资源的统筹安排、科学调度、均衡运转,难以从粮食供应链的角度运作,降低总成本,提升总效率。以江苏省为例,目前,全省粮食经营企业数量多、规模小、技术装备水平不高,多数粮食仓储企业仓容规模小于2.5万吨,难以形成规模效益。粮食物流节点间整合不够,缺乏有效衔接,协调、高效的粮食物流运营网络尚未真正形成,粮食迂回运输、无序流动的现象尚未得到根本解决。

此外,我国粮食物流的特点是量大、点多、面广、时间性强,粮食物流牵涉的部门、人员也多,涉及综合计划部门、业务主管部门、铁路交通部门,又涉及发运、中转、接收地政府部门和粮食企业,管理比较困难。针对这些实际情况,现有物流体系没有能够很好地整合已有资源,缺乏有效的组织管理,集中表现为:物流规划不完整,未能依据市场经济运行规律对过于分散的、不合理的粮食网点布局进行必要的撤并和组合;没有按照"四散"化运作要求,改造粮食储运和中转设施;没有根据市场消费需要开发粮食产品和组织粮食深度加工;没有根据市场行情变化进行必要的信息沟通和提供信息服务,使许多地区的粮食物流仍在过于分散的网点间、落后的方式下低效率运行。

再有,粮食物流园区的建设也存在类似问题。物流园区中业务比较单一,仓储、运输、装卸、加工等基础设施不配套,具备一定规模和粮食流量的粮食物流园区数量不多。从现代粮食物流园区的观点来看,物流园区应集粮食仓储、运输、货运代理、加工、交易、整理、配送、检验检测、市场信息等现代物流功能于一体,实施综合经营。对于规模较大、运作规范的粮食物流枢纽中心区,目前在建的我国物流园区,仅具备其中的小部分功能。

## 三、物流体系建设的相应决策缺乏科学依据

科学制定粮食物流体系建设规划与粮食物流的组织是否合理有效密切相关。目前粮食流通运行中,特别是随着粮食市场主体的多元化,一些地区、企业不顾客观条件,盲目建设物流园区和中转库点,由于决策的失误和管理措施乏力,有的地区花巨资建了物流园区后才发现并没有那么多粮食可在本地集散和中转;有的还建起与本地自然条件不相匹配的储粮仓型,为了使已建的粮食仓用起来,不惜追加投资增加仓内配套设施,既造成了较大的浪费,又造成仓房和物流设施的闲置。另外,多头隶属导致中央储备与地方储备之间经常出现不必要的竞争和对市场的逆向调节,造成中央确定的储备粮垂直管理体制变得模糊不

清,储备粮的调控市场余缺功能不能正常发挥作用。物流体系建设决策缺乏科学性容易造成粮食流通责权分离,使管理者没有积极性,执行者缺乏自觉性。

如何确保粮食现代物流重要节点集中以"四散"化项目建设为目标,制定和完善本地区的现代粮食物流发展详细方案成为科学决策的关键所在。应严格按照国家和各地现代粮食物流发展规划确定的重点和方向,推进重点通道和重要节点粮食物流项目建设。要充分发挥政府宏观调控、引导作用,合理布局现代粮食物流设施和项目,避免盲目扩张和低水平重复建设导致对资金和资源的浪费。

## 第四节 打造现代粮食物流体系,提高粮食物流效率的举措建议

### 一、优化仓储设施布局,合理确定库存结构,加快储粮技术研究,形成符合国情、粮情和有竞争力的现代粮食仓储体系

随着粮食流通新格局的形成,粮食仓储业已呈现机制、资本、主体多元化的态势。根据我国粮食物流的具体情况,粮库建设布局重点应放在粮食主产区和交通枢纽地带,并根据各地的自然条件及粮库功能作用的不同,确定建设不同类型的粮食仓库和仓型,形成大中小型结合、各种形态不同、布局优化、功能完备、运作灵活的粮食仓储体系,确保粮食仓储体系由传统向现代转变。

(一) 使传统"仓储管理"转向现代"经营粮库"

为了适应粮食购销市场化改革的新形势,要求粮食仓储企业必须打破过去长期计划经济体制下的"等、靠、要"思维定势,勇敢地面对挑战,研究市场,实现粮食仓储企业由计划经济时期不计成本的"以粮食为中心"的传统仓储管理模式向讲究效率与效益的以"效益、人、粮食为中心"的现代仓储管理模式转变。要学会"经营粮库",向粮食、土地、设施、设备和人才要效益。一是积极探索在粮食市场经济条件下改善粮食仓储设施条件的有效途径;二是大力倡导以"资源换效益",积极开展"以资产为纽带"的合资、合作、合营的经营粮库活动,充分利用粮食部门的资源优势和网络优势,开办市场、连锁商店、车站、学校、幼儿园、加工厂、预制场、养殖场,经营农资农药、百货、种子、中药材等,发展物流配送,努力为企业创收;三是充分发挥人才技术优势,以人才换效益。通过全国各地"经营粮库"的实践与探索,切实做到粮食企业确保国家粮食储藏安全与企业快速发展的统一。

(二) 使传统"常规储粮技术"转向现代"绿色生态储粮技术"

随着人们生活水平的逐步提高,消费者对食品安全和身体健康更加关注。粮食仓储行业如何在自身业务领域体现以人为本,如何将粮食仓储技术与时代特点相融合是粮食仓储技术工作者必须研究的前沿课题。四川正在大力推行的"无公害储粮"理念有很好的借鉴

价值。将"所采取的储粮方式应对大气环境无污染,所采取的储粮技术应对消费者身体健康无伤害,所采取的储粮方法应对操作者身体无损伤"作为今后一个时期我国储粮技术的目标指向。目前,绿色生态储粮已成为国际、国内储粮技术发展的共同趋势。我们认为:绿色生态储粮应以可持续发展战略为指导,以储粮生态系统理论为依据,遵循"安全、有效、经济、环保"的原则,通过控制或利用对储粮品质有利、对有害生物不利的生态条件,进而确保人体健康,确保环境与储粮安全。绿色生态储粮倡导最大可能地利用物理技术(低温、低氧等)、生物技术,最大可能地少用或不用化学技术,最大限度地减少储粮损失,延缓品质变化,降低环境污染。绿色生态储粮是一个涉及多学科、多领域的系统工程,面对"绿色一体化战略"(绿色生产、绿色加工、绿色储运、绿色消费)的实施,储运技术的绿色化、生态化是不可逆转的必然选择。

### (三) 使传统"四无粮仓"转向现代"4G 型粮库"

20 世纪 50 年代末期全国第一个"四无粮仓"在浙江省余杭区诞生,从最初的"无虫、无霉、无鼠雀、无事故"演变为 90 年代改革开放初期的"无鼠雀、无虫霉、无变质、无事故",再到进入新世纪一些专家学者提出的"无虫霉危害、无鼠雀、无变质、无事故"。从本质上看,已从过去侧重关注粮食数量扩展到对粮食数量和质量同等关注。如何使粮食仓储工作与时代要求更吻合,与经济、社会发展同步伐,我们认为应该不失时机地跳出传统思维方式和管理模式的束缚,引入科学的管理理论和先进的储粮技术,站在战略和文化层面审视古老而年轻的粮食仓储工作,大胆地从传统的"四无粮仓"出发向建设"4G 型粮库"进军。"4G 型粮库"的内涵是:绿色储运(Green)代表了当今储粮技术的发展方向;快乐工作(Glad)是建立和谐社会的内在要求;环境友好(Good)是贯彻科学发展观的本质所在;绩效显著(Glory)是企业价值的外在体现。"4G 型粮库"与"四无粮仓"相比实现了从关注"粮食"一个中心到关注"粮食、人和环境"的多中心,从关注物质因子到关注物质和非物质双因子,从关注操作层面到关注战略和文化层面的多重转变,从而使"4G 型粮库"的目标指向更具时代性、前瞻性、战略性,有助于建立一个切实可行的"4G 型粮库"考评体系,并引导粮食仓储事业迈向新的征程。

## 二、通过量化分析并综合考虑相关因素确定合理的粮食储备规模,构筑确保粮食安全和成本优化的粮食储备体系

中央、地方分级的粮食储备体系,无论对粮食市场还是对粮食储备者、购买者都发挥了积极作用。而随着中央和地方政府的调控能力和调控手段的逐渐加强,现阶段实行的分级粮食储备体系已经不能满足其需要。因此,中央储备力度的加大和地方储备力度的减小已经成为现阶段的转型。过大的储备力度如果放在地方政府手中极容易造成粮食生产的不良运行,而在全国范围内布局粮食储存库点比地方各级政府布局更加合适。地方储备是粮食省长负责制,而随着中央政府调控能力的不断加大,粮食省长负责制的形式发生了变化,况且也不能确保地方储备和中央储备粮的运作方向始终保持一致,它会在一定程度上抵消中央储备的功效,造成对粮食市场的逆向调节。因此,应调整省级粮食储备规模,大幅度收缩县级储备规模,并在储备品种上进一步明确分工,逐步形成中央一级粮食

储备体系。

为此,在粮食市场化过渡时期,可先保留部分地方储备,防止区域性粮食市场的波动。随着粮食市场体系的完善,逐步减少地方储备,或将地方储备并入中央粮食储备。同时要注重测算并保持合理的粮食储备规模,这对于确保国民经济健康发展和社会稳定都有着重要意义。如果储备不足,有可能引发社会动荡;另一方面,粮食储备过多,将导致巨大的财政开支和消耗,造成不必要的浪费。因此,最优的粮食储备规模应当在确保国家粮食安全最大化的同时,实现储备规模最小化。学术界的研究表明,粮食储备政策目标范围越广,功能越多,需要的储备规模则越大。因此,明确国家粮食储备的目标和功能,是测算合理粮食储备规模的前提和基础。居民口粮是国家粮食储备的保障主体,对口粮的分析与预测是核算合理粮食储备规模的基础。在探讨居民口粮消费特征的基础上,应以官方数据为基础进行预测并提出修正,得出未来我国的城乡居民的口粮需求量,进而测算合理的国家粮食储备规模,以做到粮食基本自给,口粮绝对安全。

### 三、重视粮食运输技术的研究、引进和应用,打造"包、散、集装箱"结合、"公、铁、水"分流、各种运输方式共存互补的现代粮食运输体系

目前关于粮食运输,还没有总结出一个最有效、最经济的运输模式,它涉及粮食运量、运距以及生产设施设备等问题,与地域也有很大的关系,其中关键的环节之一就是运输技术的突破。对我国粮食运输技术和方式的发展作进一步的研究,总结出一套既快又好、又经济的运输模式,对于粮食企业以及港口粮食码头等粮食承运商而言具有一定的现实意义。

粮食的特性决定了粮食物流与一般商品物流有所不同。比如粮食运输,由线、手段和节点组成。线是指公路、铁路、水路、空路等;手段是指汽车、火车、船舶、飞机等;节点是指车站、码头、机场、集散中心等设施。在运输环节,要考虑到粮食的生化性等特征;在储存方面,要考虑到技术许可范围内粮食的最长保质期;装卸搬运要尽量减少粮食的损耗;等等。其中运输和仓储是两个关键性环节,配送是粮食物流现代化程度的重要标志,信息是各环节协调进行的保证。因此,在粮食运输设施建设上,应以"四散"为发展方向,除了做到散粮装运接卸设施的协调配套外,应充分利用全国范围内的铁路、公路、水路运输网络系统,使全国的粮食运输设施形成一个有机的整体。此外,应重视粮食专用汽车和粮食运输专用火车车皮的配置,改造铁路专用线和专用码头,增加散粮运输工具和计重设备。同时,要做到粮食仓储设施和运输设施之间的衔接配套,使两者在"四散"作业方面相互匹配、协调动作,以达到三个方面相应能力的提高:一是提高中转能力,即在枢纽站点继续建设中转性质的仓储设施;二是提高装卸能力,即在粮食主要集散地建设发放和接收设施;三是提高整体运输能力,包括购置多种运输工具和优化整体的运输网络。此外,未来粮食物流发展方面,除大力发展散粮运输外,还要积极探讨集装箱、集装袋等多元运粮方式,以适应成品粮运输发展的需要。

因此,未来应建立包装运输、散粮流通和集装箱运粮相结合的合理的粮食运输体系。目前我国粮食包装流通尤其是成品粮流通应用比较广泛,并且投入了相当的财力,废弃包

装流通方式将会造成巨大的浪费,并且部分交通落后地区也无法废弃包装流通方式;散粮流通系统虽然已经投资建设多年,但因国家财力有限和粮食流通设施之间的衔接障碍,与发达国家散粮流通系统相比,差距还比较大;而我国的集装箱运输系统经过多年的发展已经初具规模,这种运输方式灵活性强、安全性高,对成品粮运输尤为适用。因此,我国建立合理的粮食物流体系,应遵循的原则是:在合理利用包装运输方式、发展散粮流通系统的同时,大力发展粮食的集装箱运输,形成三者的共存互补。

### 四、加快信息化建设,加强粮食物流各环节的衔接与协调,建设灵活、高效的粮食物流服务体系

信息系统是现代粮食物流发展的基础。因此,要从现代物流发展的需要出发,抓紧组建全国统一的粮食物流信息和交易系统,将各种粮食信息汇总起来,为广大客户提供从粮油信息到交易和配送等的全程综合服务,使粮食生产者、供应商、经营商、运输商和消费者在网上就可以获取有关粮食供求、价格、运力等方面的各种信息,并完成交易和结算,达到"节时、节费、高效"的目的;有关方面还可以通过系统对物流各环节进行实时跟踪和全程管理。更重要的是通过粮食"三流"上网,可极大地缩短流通过程,推动粮食直销的发展,并促使粮食物流从流通中分离出来成为一个独立产业。组建大型粮食物流企业,发展第三方物流,利用现有政策性粮食交易平台系统和全国粮食动态信息系统以及大型企业现有物流网络系统,建立全国粮食物流配送、交易和管理信息平台,实现粮食物流信息资源共享,统一协调粮食物流运作。

与此同时,进一步加强粮食市场供求和价格等信息采集发布制度建设,完善信息工作机制,加强对粮食市场实时监测,坚持粮食市场信息发布制度,充实并及时更新信息内容,拓展粮食市场信息服务覆盖范围,提高粮食市场信息服务水平。根据不同企业的性质和规模,依照粮食物流信息工作的要求,采用具有国际先进水平的粮食物流信息网络平台的关键技术,包括电子商务交易机制、工作流程相关配套服务手段、电子批发交易信息系统及信息交换技术、电子商务数据安全体系、管理技术以及个性化门户服务。由于粮食在流通过程中数量大、面广、散装散运等特点,应在粮食物流企业信息化应用方式选择上首先选择XML/EDI的应用方式,充分利用现有的互联网开发电子商务,通过互联网进行信息发布和货物交易活动,建立健全物流配送体系,将传统商业和电子商务有机结合,为客户提供不用出门的快速物流服务;逐步开发"网上仓库管理信息系统""网上调运信息系统"和"网上订货信息系统""网上结算"等功能模块,并将其进行集成,为客户提供便捷的网上物流交易商务平台。通过与其他市场主体进行信息交换,解决国有粮食企业技术相对落后、信息不对称、竞争力低的问题,建立物流公共信息平台和信息网络、创新体制并整合现有资源,为粮食宏观调控奠定组织基础,创造良好的前提条件。

此外,粮食物流环节链中各构成部分之间的协调运作程度也直接关系到粮食物流的效率。环节链形成的粮食物流体系中的任何一个部分出了问题,都会导致环节链的脱节而影响粮食物流的正常运转。因此,必须从保证社会再生产顺利循环的高度,协调和解决粮食物流环节链各构成部分存在的问题,促进各构成部分之间的密切衔接,确保粮食物流环节

链始终处于良性运作状态,使粮食物流真正做到快捷、方便、高效。

**五、加强对粮食物流的管理,建立新型的粮食物流组织结构模式,努力提高粮食物流的管理水平**

重保证粮食供应、重储存、轻流通的管理方式在短缺经济时期,发挥了很大作用,但已不适合当下市场经济的要求。与现代物流追求的"以市场为导向,以客户需求为中心,JIT(Just In Time,准时)生产、零库存"思想相悖。典型例子是,地方储备粮的数量和轮换问题,政府每年在采购、管理、销售过程中耗费了大量的人力、财力和物力。联合国粮食及农业组织(FAO)推荐的最低安全储粮界限标准为不低于年消费量的17%～18%,而从近几年的数据分析看,我国粮食库存数量已超过正常年景一年的粮食产量,尤其是玉米和水稻,已形成了庞大的库存量,不但远超国际公认的安全线水平,而且因库存量过大、仓容爆满,新粮收购已受到了严重影响。为此,我们必须改进现代粮食物流管理方式,提高粮食物流管理水平。

一是按照销地的粮食流通需求,鼓励大型粮食经营和加工企业通过兼并、重组和股份制改造,形成一批跨行业、跨地区的集粮食收购、储存、中转、加工、贸易等业务于一体的大型粮食物流企业,积极发展第三方粮食物流,降低运输成本,提高运输效率。加强通道与节点的相互衔接合作,实现粮食在流量、流向上的高效对接。完善集疏运网络,实现铁路、水路和公路的有效衔接,省际省内长短途运输方式的合理转换,提高粮食快速中转和配送能力。

二是借助第三方粮食物流企业,采取多种方式,一方面可与产区粮食经纪人建立较为紧密的合作关系,进行订单采购、委托收购等,在管理上将经纪人视为自己的采购部门,实现经营虚拟化,实行供应商管理库存模式,达到快速响应、降低成本、提高效率、提高运营质量的目的,另一方面可独资或合资建设收纳库,或租库收购、储存,掌握一手优质粮源。在销售渠道建设上,要本着"优势互补、互利双赢"的原则,与客户结成战略联盟,以优质的服务优先为大客户供应原料,争取大客户给予的优惠政策。根据客户的生产计划,充分利用采购优势合理安排粮食供应,为客户提供个性化服务,降低客户采购成本、原料短缺成本等,实现"互利共赢"。

此外,科学合理地规划粮食物流系统,建立规模适中、辐射面广、成本低廉、运转高效的区域粮食物流中心,达到既满足规划区域粮食物流的需要,又能最大限度地发挥基础设施投入效率和效益。为了顺应粮食经营主体和投资主体多元化的趋势,可以由一家或几家骨干龙头企业牵头,吸纳粮食生产、加工、仓储、运输、销售等企业加盟,组建跨地区、跨行业的股份制企业,也可以按功能要求,有重点地培育发展一些相互配套的粮食生产、加工、仓储、运输、销售企业,形成松散型的物流循环体系。不论是何种组织形式,基本目标都是通过中心企业的协调运作,把社会上分散的粮食物流资源按市场化要求重新整合配置,实现粮食生产、流通效益的最大化。

**六、切实加强粮食应急保供体系、粮情预警监测体系和粮食加工产业体系**

优化粮食应急供应、配送、加工网点的布局,建成一批规范化粮油配送中心、粮油应急加工企业和应急供应网点,以有效应对各种突发事件,形成布局合理、设施完备、运转高效、保障有力的粮食应急供应保障体系,强化应急处置功能,提升粮食应急保障水平。

强化粮食市场预警机制,加快建立健全涵盖国家、省、市、县四级的粮食市场监测预警体系,依托现代信息技术,准确把握国内外粮食形势,健全粮食市场监测网络,提供及时、准确、全面的市场信息服务,防范粮食市场异常波动风险。

坚持高质量发展要求,倡导推广粮食循环经济模式,发展粮食精深加工与转化,大力推进主食产业化,不断增加营养型粮油食品、绿色优质和特色粮油产品供给。着力推行优质粮源优先储存、优质原粮优质加工生产、优质粮油产品优先销售,加快形成现代粮食加工产业体系。

## 七、进一步重视从提高粮食商品质量入手加强对粮食物流成本的控制

商品粮食收购质量对流通环节的物流成本控制具有直接影响。在一线收纳库,如果入库的商品粮品质质量达到要求,就可以节省流通环节的许多费用,出库损耗也会减少许多。如果一线收购把关不严,品质质量不合要求,就会增加过筛、烘干、晾晒等二手处理费用,推高物流成本。解决这一问题:一是要增强一线收购人员的责任意识,严把商品粮收购质量标准,不合格的粮食坚决不能收购入库。二是在粮食收储企业推行保管员包仓责任制,综合考虑各种因素,确定用工、用药、数量、质量和生产作业安全的责任包干,调动保管人员的积极性。三是鼓励粮食储备库在粮食产区建立粮食生产基地,做到储粮与储地相结合。有了自己的生产基地,便于储备库对粮食生产进行全过程的监督,这对有效控制生产成本、确保商品粮质量十分有益。

# 第五章　创新粮食加工技术和产品

粮食加工业是农业的下游工业,又是食品工业与其他相关工业的上游工业,粮食加工是粮食再生产过程的重要环节,是国民经济的基础性行业,是连接农民与城市居民的主要纽带。发展粮食加工业,延长农业产业链,有利于提高粮食综合效益和增加农民收入;发展粮食加工业,提高产品档次,可以满足食品市场多样化、优质化、绿色化、营养化和方便化的需要;通过发展粮食加工业,吸纳农村富余劳动力就业,提高技术装备能力和水平,有利于推进粮食产业现代化。发展粮食加工业对粮食资源的科学、合理利用,对提高农业经济效益、稳定市场、提供有效供给,都起着十分重要的作用。

中国是世界粮食加工大国,粮食加工涵盖的面很广,包括稻谷、小麦、玉米三大主粮及其延伸的米、面食品加工,多品种杂粮及薯类加工也属于粮食加工的范围。粮食的初级加工是农作物加工的基础产业,在食品工业中处于支柱地位。总体来看,中国粮食品种丰富,各种档次的粮食很齐全,粮食质量安全水平逐年提高,整体质量良好。近年来,我国粮食生产口粮品种增加,品质普遍提升。国家对种植业的监测合格率达到 96.5%,体现了农产品质量有所提升。原国家粮食局在 2016 年全国粮食质量安全宣传日活动上指出,近年来,中国米面油产品抽检总体合格率稳定在 95% 以上。然而,我国优质粮食生产比例偏低。从《2015 年中国稻谷(大米)产业报告》公布的数据来看,我国优质稻的种植比例仍不高,市场上出售的大多数是普通稻。

加工技术是粮食加工产业发展的重要科技支撑。近 10 多年来,中国在稻谷碾米加工、小麦制粉加工、油脂加工生产技术、加工装备等领域取得了数以百计的重大科研成果,成果水平已达到或接近世界先进水平,有力支撑了中国粮食加工产业的迅猛发展。在粮食生产和加工快速发展的形势下,中国粮食加工科技已取得许多重大创新科研成果。中国粮食加工技术和设备工艺的持续提高,使粮食加工业在现代化道路上迈出了坚实的一步。

但当前中国粮食加工科技和产业与世界发达国家相比,尚有一定差距,主要表现在:粮食加工产业规模化生产、集约化经营有待提高;粮食加工产业链建设有待完善,粮食资源高效利用技术有待突破;产能过剩和节能减耗有待解决;科技自主创新能力需加强等。从全球范围来看,营养、安全、绿色、休闲成为稻米、小麦、玉米和油料加工的主流和方向。卫生和安全成为新世纪稻谷、小麦、玉米、油脂和油料蛋白加工企业的首要任务。同时,粮食安全问题一直是全社会关注的重大问题。在世界粮食安全问题日益突出的情况下,我国深入调整粮食产品结构,倡导加工技术、产品创新和突破,这是党中央、国务院的重大决策,是形势发展的要求。粮油加工技术和产品创新,改变农产品消费形式单调的状况,对于促进我国农业发展意义重大。

# 第一节　供给侧结构性改革与粮食加工

2015年11月,习近平总书记在主持召开的中央财经领导小组第11次会议上提出,"在适度扩大总需求的同时,着力加强供给侧结构性改革"。2015年12月召开的中央经济工作会议,将推进供给侧结构性改革提高到新的战略高度。《中华人民共和国国民经济和社会发展第十三个五年规划纲要》进一步明确要求,"以提高发展质量和效益为中心,以供给侧结构性改革为主线,扩大有效供给,满足有效需求,加快形成引领经济发展新常态的体制机制和发展方式"。2015年12月召开的中央农村工作会议要求"着力加强农业供给侧结构性改革,提高农业供给体系质量和效率,真正形成结构合理、保障有力的农产品有效供给"。2016年中央一号文件进一步提出,"推进农业供给侧结构性改革,加快转变农业发展方式,保持农业稳定发展和农民持续增收"。推进农业供给侧结构性改革,是加快转变农业发展方式的重要途径,也是加快转变农业发展方式在农业供给侧的聚焦和升华。因此,探讨推进农业供给侧结构性改革,对于深化加快转变农业发展方式的研究具有重要意义。

我国粮食加工供给侧结构性改革,既具有供给侧结构性改革的一般特点和要求,即要调整经济结构和转变经济发展方式,不断提高供给结构的适应性与灵活性,促进全要素生产率的提高,又具有粮食加工自身的特殊性和改革重点,即要围绕市场需求进行生产,进一步优化资源配置,不断扩大有效供给,着力增强供给结构的适应性和灵活性,使粮食加工产品供给更加契合消费需求,促进资源优势的充分发挥和生态环境的保护,努力形成效率更高、效益更好、结构更合理、保障更有利的粮油产品供给体系。

## 一、保供给

粮食是特殊的具有战略意义的重要商品,是人类生存、经济发展和社会稳定不可替代的物质基础,国以民为本,民以食为天。粮食安全是指,"所有人在任何时候都能够在物质上和经济上获得足够、有营养和安全的食物"。粮食安全不仅是一个经济问题,而且是一个政治问题,是关乎我国国民经济发展、社会稳定和国家自立的全局性重大战略问题。因此,保障供应,稳定市场,确保粮食安全成为国家和各级政府的一项重大任务。2004年以来,国家不断增加对粮食生产的政策支持力度。2015年我国粮食产量达到62 143万吨,成功实现了粮食生产的"十二连增"。然而,即使如此,我国粮食仍然不能完全自给,还有数百亿斤的供需缺口,中国人多地少,粮食具有特殊的重要性。国内经济的转型和发展,城市化、工业化的不断推进,人均收入的增长及生活方式的变化导致的粮食需求增加及土地、劳力、资本、技术等生产要素的转移,使我国粮食安全面临严峻的挑战。保障国家粮食安全的这根弦必须时刻绷紧,要在确保谷物基本自给、口粮绝对安全的前提下,推进我国粮食供给侧结构性改革。众多研究表明,解决中国的粮食安全问题必须要立足国内,通过加工技术和产品创新,提高粮食生产综合能力并维持较高的自给率水平。

我国农业发展后备资源数量不足,而且质量有下降趋势。我国人均耕地只有1.4亩,不足世界人均水平的45%,并且还在不断地减少,水资源严重匮乏,人均淡水资源量仅有2 300立方米,相当于世界人均水平的25%,是联合国公布严重缺水的12个国家之一。个别生态环境脆弱的地区,资源紧缺、生态破坏、环境污染的压力很大。从另一方面来看,由于我国人口基数较大,解决这些矛盾,我们既不能寄希望于农业资源,又不能指望人口的过度减少,只有增强粮油产品的创新才是可行的途径。同时也应该看到,我国通过多年来的农村经济体制改革,农业生产能力与现实的生产条件已基本吻合,在有限的资源上过多地要求产出也并非易事,而精深加工潜力却是非常大的。通过加工技术创新,来提高其转换率、有效成分利用率,达到产品的转换增值,做到物尽其用,以缓解农业资源不足与人口增长的矛盾。

## 二、调结构

当前,我国农产品供求的品种结构矛盾日益突出,农产品供给结构没能很好地适应消费者需求的变化。调结构已成为我国农业供给侧结构性改革的核心内容。调结构,一方面要在保障粮食及主要农产品有效供给的前提下,调整农业产品结构、生产结构及地区结构,树立大农业、大食物观念,根据各地的区位优势,合理开发各类农业资源,因地制宜,宜农则农、宜牧则牧、宜林则林、宜果则果,不断开创农业生产力与资源环境承载力相匹配的农业生产新格局;另一方面,要促进粮食、经济作物、饲草料三元种植结构协调发展,大力发展肉蛋奶鱼、果菜菌茶等,不断增加市场紧俏农产品生产,为消费者提供品种更多、质量更优的农产品,满足消费者的多样化需求。

鉴于我国粮食生产呈现出"玉米严重过剩、小麦基本平衡、大米略有盈余、大豆供需缺口巨大"的态势,应调减玉米种植面积,尤其是要把非优势产区的玉米种植面积调减下来;保障小麦与稻谷的目前生产格局,着力提升小麦与稻谷的供给质量和效率;通过价格体制及补贴政策改革,大幅度增加大豆的种植面积,增加大豆的供给。

农业战略性结构调整是新阶段促进农民增收的根本途径。提高种粮农民的收入,同样需要进行结构调整。调整的基点在于优化品种,提高质量。调整的驱动力来自粮食产业化"龙头"(即加工企业)的带动。因此,发展粮食深加工业并发挥其在粮食产业化中的龙头作用,从而为粮食生产提供深加工转化的产业基础,带动农民积极、主动地调整粮食生产结构,扩大用于工业深加工的优质、专用粮食品种比例,提高产品质量,通过优质优价促进农民增收,这是实现我国农业发展由生产导向型转向市场导向型、加工导向型的必然选择。

此外,我国粮食加工度低也是制约粮食安全的重要原因之一。粮食加工能力越低,越不利于农民增收,粮食生产越容易波动,国家粮食就越不安全;反之,粮食加工能力越高,越有利于农民增收,粮食生产越容易实现持续发展,国家粮食就越安全。粮食深加工及精深加工技术不仅可以解决中国的"三农"问题,更能缓解不可再生资源趋紧的危机,开发出新的可再生资源。以粮食、农副产品及生活垃圾为原料开发生产可再生资源作为不可再生资源的替代品,为人类创造幸福,推动社会科技进步,是每一位科研工作者及热爱粮食深加工行业的人士的根本职责和义务。要积极投身粮食深加工行业,提高自身科技实力,把科技转化为生产力,研制开发新产品、新工艺,造福人类,推动粮食安全的可持续发展。

总之,调整粮食产品结构,要尊重经济规律,实现科学发展;尊重自然规律,实现农业可持续发展。

### 三、提品质

我国传统粮油加工产业有着得天独厚的市场优势,但投入大、成本高。应积极利用高科技和新技术,依托自主创新,开发关键加工技术,研究现代、科学的加工方法,实现传统粮油加工业的产业升级,加强传统粮油加工业的市场竞争优势,摆脱国外企业的垄断。按照到 2020 年,粮油精加工产品所占比例提高到 90%,其中优质大米占总产量的 85%以上,专用粉占总产量的 80%以上,一级油和二级油占总产量的 90%以上的发展目标,必须加大对主食品工业化集成技术的研究力度,研究集约化生产工艺和装备技术,研究科学的生产、配送、连锁营销的质量控制技术,保证粮油产品的营养和安全。

我国农产品加工层次低,其增加值还达不到发达国家的 1/3。在目前我国粮食生产比较优势难以改变的形势下,大力开展粮油加工产品结构创新,挖掘加工潜力,缩短同发达国家的差距,有利于提高我国农产品国际市场竞争力。

随着我国农业发展的阶段性特征及主要矛盾的转变,人们对农产品的数量之忧已转变为安全之虞,农产品的品质安全时刻牵动着国人的神经。提品质已成为我国农业供给侧结构性改革的关键环节。提品质是实现我国农产品由低水平供需平衡向高水平供需平衡跃升的有效途径,是提升我国农业竞争力的重要举措。提品质就是要着力提升农产品质量安全水平,保障人民群众"舌尖上的安全"。一方面,要加强农产品质量安全监管,运用现代物质技术,如物联网、互联网等,完善农产品生产、物流、仓储、销售、加工各环节安全监管体系,实现从田间到餐桌农产品质量监管全覆盖。另一方面,尽快淘汰劣质、低档品种,着力扩大无公害、绿色、有机农产品的生产,适应城乡居民食品结构转型升级的需要,加快推进标准化生产、品牌化经营,促进农产品品质更优、质量更高,提高消费者对国内农产品的信任度。

加强粮油主产品的原料标准化、专用化和产品的精准化、营养化、方便化、优质化和工程化的技术研究力度,针对粮油原料加工性质和加工产品的质量要求,研究原料配置技术、原料预处理技术、科学加工方法、质量控制体系技术,加强粮油主食品精准化环节的技术开发和研究,实现粮油产品的绿色、营养、优质、安全,加强对粮油主食品工程化研究,以规模化、集约化扩大产业链条,实现循环经济。依托粮油加工科技支撑,以及国家良好的产业政策,稳定粮油加工快速发展步伐。

针对我国丰富的杂粮资源和特种谷物长期以来一直处于粗放式加工与流通、品质安全得不到保障、增值水平低、方便化食品缺乏等问题,应开展特色杂粮清洁加工技术装备及方便化食品产业化加工关键技术的研究,从而提升我国杂粮加工产业的整体科技水平。

粮油深加工和综合利用是粮油加工的最终目标,是实现粮食增值的最大环节。依靠科技创新和跨越式发展,加速产品升级换代,强化高技术集成创新和示范应用,是粮油加工业的科技创新和产品、产业升级的最佳选择。以发展粮油食品为重点的粮油深加工和综合利用将进一步加快,膳食方便化、营养化、多样化成为消费趋向,谷物复配、营养组合、副产物利用成为发展方向。

## 四、促融合

我国农村各产业相互之间的关联度较低,农村经济发展、农民收入提高,在一定程度上是以牺牲农业生产为代价的。农业产业链条短、农业生产效益低、农业资源与要素配置不合理等问题日益凸显。促融合已成为我国农业供给侧结构性改革的重要举措。促融合是践行创新发展理念的重要手段,是提高农业综合效益的有效途径,是增加农民收入的新引擎。促融合就是要促进农村一二三产业融合发展,促进农产品加工业转型升级,加快农产品流通设施特别是冷链物流和市场建设,培育多元化的农村各产业融合主体,积极发展休闲农业和乡村旅游,拉长农业产业链条,完善农民利益联结机制,在促融合过程中增加农产品的附加值,让农民更多分享农产品运输、加工、销售等环节的利润,不断增强农民收入提高的后劲。

粮油加工企业有多年闯荡市场的经验,其原料的需求状况可直接为农民传递市场需求品种信号,引导农民调整种植结构。大型加工龙头企业,既可以直接与农民开展订单收购,也可以用龙头带基地、基地带农户方式,实现原料品种区域化生产,进而引导农户调优种植结构。另外,农产品加工还能为农民提供很大的增收空间。据测算,由于我国农产品产后加工和贮运设备不足,粮食产后损失率达10%以上。粮食通过加工使损失率每降低一个百分点,就可节约粮食500多万吨。就目前来讲,我国农产品的加工率不到10%,而发达国家却达到50%以上,粮食通过加工,可增值1~4倍。我国的整个农产品产值约为25 000亿元,如产后加工能提高10个百分点,按增值1倍计算,农民收入就可增加2 500亿元。

我国辽阔的国土和巨大的南北气候差异造成粮食种植的地域分割。北方以玉米、大豆和小麦为主(东北地区稻米种植量也很大),南方则以稻米为主,中部的江西、湖南、湖北等地成为我国重要的粮食主产区。此外,我国粮食生产地域重心也在发生由南向北、由东向中的逐步转移,"北粮南运""中粮西运"的态势日趋明显。目前,黄淮海地区保持着商品小麦的主体供给地位,东北地区已成为主要的粳稻、玉米等商品粮供应地。

我国粮食产业链目前呈现出"两端散、中间小"的格局,其主要表现在生产和销售两个环节,即粮食生产的分散性和粮食消费的普遍性并存。在生产方面,目前一家一户的土地耕种制度,造成粮食行业生产农户数量众多,粮食收购面对一家一户,粮食种植形式粗放,无法达到规模效益。销售方面,粮食作为低值易耗的生活必需品,除集体单位采购外,大多购买用户是单个的家庭,这也就决定了粮食销售终端决胜的特点。

现如今,我国粮食生产加工企业整体表现为数量多,但是加工的规模比较小。更多的粮食加工企业主要表现为家庭式的粮食加工小作坊以及更加小型的粮食加工点,中华人民共和国成立前全国各地粮食加工的作坊点比较多,覆盖面比较广,粮食加工的分布比较集中。中华人民共和国成立之后发生了改变,特别是改革开放以来发生了巨大的变化,粮食加工产业在我国实现了从无到有,从小规模到规模不断变大,粮食加工由比较弱逐渐发展强大。现如今在整体粮食加工产业上还和国外比较发达的国家有着比较大的技术差距。

从乡镇整体的分布上来看,县级的粮食生产以及加工的企业主要集中在一起,这种粮食加工方式还存在生产上的不稳定性。我国粮食加工还存在自动化程度比较低的现象,其中大型的加工成套化的比较节能的主要加工设备严重匮乏。同时我国粮食加工普遍存在自主开发综合能力比较薄弱的现象,如粮食加工中比较自主知识产权严重缺少,对高新技术的运用非常少,对粮食加工的新材料以及新开发的工艺进行大众化的推广非常缓慢,导致没有办法实现对相关的运行参数进行有效精准的控制以及对加工系统持续稳定运行情况进行有效把握。

在粮食加工行业,基础性的技术研究项目严重缺乏,现如今国内还没有对粮食加工装备的机械特性进行比较的专门实验室,导致粮食加工的有关关键技术严重缺乏,制约了我国粮食加工企业以及粮食装备制造企业的整体发展,所以迫切需要开展对相关技术以及粮食加工装备的具体研究。从粮食加工企业的整体数量上看,粮食加工规模庞大,占有的市场份额也非常大,但我国粮食加工自创品牌非常少。

随着粮食生产规模化程度大幅提升,出于对粮食仓储成本等因素的考虑,未来农户对于拥有烘干和仓储网点优势的下游粮商的依赖度也会有所提升,这将有效增强产业链上下游企业间联系的紧密程度,提高大粮商作为粮食供应链核心企业在产业链中的影响力和控制力,促进产业链融合。

粮食加工业是食品工业和其他相关工业的上游工业。粮油加工技术创新对实现食品市场多样化、安全化、优质化、绿色化、营养化和方便化,改善食物结构和营养结构,提高全国人民生活和健康水平起着重要作用,同时对确保国家粮食安全、优化粮油生产结构、实现粮食行业产业化、促进粮油企业增效和农民增产增收具有十分重要的意义。随着我国经济的快速发展、城乡一体化的加速、生活水平的显著提高,人们的生活方式也在不断发生深刻变化,以粮油为原料的主食品加工已由家庭制作向集约化加工和工业化生产发展,成为粮油加工向食品加工延伸的新兴产业。

当今,现代科学和技术的发展,特别是一系列高新技术如信息科学技术、生命科学技术、新兴能源科学技术、再生能源科学技术、环境保护技术和管理科学技术等的涌现,正在世界范围内诱发社会经济、政治文化、生产方式、生活方式,甚至思想观念的深刻变革。随着人口、食物、能源、环境等危机的日趋严重,实施科技自主创新,推动我国粮食行业经济发展,把我国的粮食深加工业甚至整个粮食产业提高到新的水平,将会是必然趋势。

综上所述,科技创新能力是科技发展的决定性因素,是国家综合竞争力的核心,是强国富民的重要基础,是维护国家安全的重要保障。持续振兴和提升粮食深加工业甚至整个粮食产业,既是保障市场供应、保障社会稳定、保障"足食强兵"的战略要举,也是保障国家经济安全甚至国家安全的战略要事。因此,创新技术是粮食产业安全发展的必备要素。目前,我国粮油加工的国产技术和装备水平,基本达到20世纪末发达国家的水平,部分装备达到同期国际先进水平的目标。通过对我国传统粮油加工装备的创新科研投入力度增大,鼓励技术创新,促使一批具有自主知识产权的粮油加工装备制造企业实现规模化、国际化、装备精良化、生产现代化、技术先进化、经营信息化。通过对我国粮油技术的不断创新、对传统粮油产业结构的不断调整,我国的粮油会变得更加安全、更加健康,我国的粮食安全会更有保证,我国的粮食产业会更好地持续发展。

## 第二节　粮食加工技术和产品结构的现状分析

### 一、我国粮食加工总体发展状况

改革开放以来,尤其是进入21世纪以来,中国以稻谷和小麦产量占世界第一的粮食资源优势和自主创新的粮食加工科技,使中国稻米和小麦加工产业取得了突飞猛进的发展。其发展速度、发展规模和发展质量,在中国历史上,乃至世界历史上都是前所未有的。目前中国有大米加工企业8 500多个、小麦粉加工企业3 000多个,年处理稻谷和小麦能力为4.03亿吨,均居世界首位。中国大米、小麦面粉加工的科技水平、装备水平、主要经济技术指标以及产品品种和质量等诸多方面已经达到或接近世界先进水平,当然距离粮食加工科技与产业强国尚有一定差距。

从供给结构看,正常年份的粮食产量基本可以支撑国内消费。以2014年三大谷物为例,稻谷、小麦、玉米合计产量5.08亿吨,足以覆盖2014年4.63亿吨的国内消费量;三大谷物进口量合计仅0.11亿吨,主要用作粮食储备的辅助手段以及平抑国内外价差之用。

从需求结构看,随着国内人口的增长,饮食结构的变化,农产品加工、能源产业的发展,我国包括口粮消费、饲料消费、工业消费在内的粮食需求持续增长。三大类消费中,工业用粮和饲料用粮增长较快,近几年增速分别保持在6.0%、1.5%;而口粮需求增速缓慢,同比保持在0.7%。

从消费结构占比上看,口粮消费、饲料消费、工业消费占比分别约为50%、30%、20%;从粮食品种上看,目前稻谷仍是第一大消费品种,约占38.9%,玉米、小麦分别占37.6%、23.5%左右。

我国现阶段粮食种植主要有两种模式:一是国有农场的种植,二是建立在家庭承包责任制基础上的以农户为单位的种植。目前阶段,建立在家庭承包责任制基础上的以农户为单位的种植,是我国粮食生产的主要模式。农户种植粮食总产量占全国粮食产量的比重约为94.2%,粮食播种面积占比约为95.7%;但由于单个农户生产规模小,资金能力有限,规模化和机械化作业很难实现,其粮食种植仍然处于粗放式的生产阶段。国有农场因其单个农场种植面积较大,故能够较好实现机械化和规模化作业,但受限于其在粮食总产量中的比重小,并非我国主要种植模式。

目前,全国规模以上粮食加工企业约为6 000家,完成现价工业总产值9 890.7亿元,同比增长21.0%,占食品工业总产值的11.0%。全年全行业实现利润506.46亿元,行业平均利润率5.1%。

### 二、我国目前粮食产品结构

我国农产品已由短缺变成相对过剩,粮食行业发展受到需求的约束。粮食行业的出路不再是生产量的增加,调整种植结构、发展农产品加工、加快产业化经营成为粮食行业现代化的课题。农产品生产规格化、标准化才是粮食行业产业化经营的基础。生产规格化、标准化也要求粮食行业经营组织化、生产规模化、技术现代化。近年来,我国无论是粮油产品还是畜产品,甚至水产品都普遍出现了难卖的问题。粮食行业的发展不仅受到资源的约束,还越来越受到需求的约束。随着市场状况的变化,连食品工业的增长势头,也受到日益突出的需求制约。价格低迷、产品滞销、仓库爆满是相对过剩的表现,我国的粮食行业生产能力已进入供大于求的时代。

据中国粮食行业协会统计,我国目前日处理小麦能力400吨以下的中小型制粉企业占93.7%以上,日处理能力400吨以上的大型企业仅占6.3%。行业年生产能力9 500万吨左右(未计算农村的小作坊),年生产商品小麦粉5 000万吨,开工率仅53%。大多数企业规模过小,受资金、技术、设备、人才等因素的制约,很难在工艺及研发方面不断创新,生产出高质量的产品,这必然造成资源利用率低、能耗高、效益差的局面。

我国的粮食产品结构相对单一,绝大多数企业依然停留在通用粉生产阶段,通用粉比例占到85%以上。专用粉品种少且同质化现象严重,产品质量稳定性差。行业内从原料到产品的标准很粗放,技术含量偏低,与下游食品加工业发展的实际需求相差较远。改革开放以来,中国粮食加工科技和产业虽取得了飞跃发展,但离国际先进水平尚有一定差距,粮食深加工业总体上还属于粗放型产业。中国目前粮食加工的机械化水平和生产效率与欧美等发达国家差距较大,粮食加工主体主要是遍布城乡的小型企业,其加工的粮食数量约占粮食加工总量的70%。全美国面粉加工企业劳动生产率为中国面粉加工企业的2倍以上。全美国只有约100家面粉加工企业,日加工能力超过1 000吨的面粉厂却占总生产能力的50%以上,另外,美国的面粉加工企业集约化程度高,有的企业生产几十个品种的面粉,却只有100多名员工。中国粮食深加工业对米、面加工片面注重外观的白度和亮度,致使粮食过度加工,这既使粮食中的营养素大量流失,又大量浪费宝贵的粮食资源。还有,中国米、面质量标准尚停留在传统的物理指标阶段,缺乏营养和卫生标准,食品质量安全追溯体系尚待建立。另外,过度加工还造成了能耗高、环境污染、资源浪费等问题。

我粮食产业结构不够合理,发展方式仍较粗放,深加工水平较低,粮食食用率只有65%~70%。过度加工现象较普遍,小麦加工精制面粉出品率约70%,稻米加工精制米出品率约65%,剩余部分浪费严重。稻壳、麸皮、米糠等具有的营养价值和能源价值没有被充分地开发利用。目前,发达国家正在掀起全谷物食品的热潮,因为全谷物食物保留了谷物皮层中丰富的$B_1$和$B_2$等B族维生素、矿物元素和膳食纤维,有利于防止多种慢性疾病。而目前中国对粮食资源的高效、科学利用及其基础理论和应用技术研究还比较薄弱,致使大量的粮食资源被浪费。

粮食加工对稻米和小麦等粮食资源的副产物综合利用率较低,深度开发利用缺乏,产品附加值低。中国粮食加工副产品资源丰富,稻谷加工产生的稻壳年总量达4 000万吨左右,米糠1 000多万吨,小麦加工面粉所产生的麸皮2 000多万吨,还有营养丰富的稻米、小麦胚芽等副产物。但由于缺乏有效的深度开发与利用研究,产业链短或不完善,副产物综合利用率低,副产品附加值低。稻壳用于发电和锅炉直接燃烧的不到33%,米糠用于制油和深加工的不足10%,小麦加工副产物更缺乏有效利用。这充分说明中国粮食加工产业链与发达国家的差距,因而抓紧建设粮食加工产业链已经迫在眉睫。

我国大米、面粉产品的质量标准尚停留在一些物理指标阶段,如水分、杂质、灰分、碎米含量及色泽等感观指标,缺少营养和卫生指标,质量安全的追溯制度尚未建立。20世纪90年代开始,许多发达国家通过建立追溯制度来推进粮食产品质量安全管理。中国目前迫切需要借鉴美国、欧盟和日本等较早开展食品追溯标准化工作的经验,尽快建立起健全的法律法规和执行机构,全面形成以预防、控制和追溯为特征的食品质量安全监管体系,保障人民对食品安全日益增长的需求。

我国几千年传承下来的面、米主食品种样式繁多,制作方法具有丰富多彩的文化底蕴,为现代米、面食品工业的发展提供了丰富的资源库。但传统主食品的开发需要创造性和高科技,其并非简单的规模化生产与自动化改造。肯德基、麦当劳的汉堡包,方便面等就是成功开发的范例。它既包括了对产品从营销学角度的定位和设计,也需要运用现代营养学、加工学、工程学等知识和技术生产出受市场欢迎的新产品。中国本土的馒头、饺子等,在标准化、规格化等方面与商品性要求尚有一定差距,其发酵工艺、老化控制、风味和营养增强等加工工艺方面的深入研究尚需加强。

## 三、主要谷物加工技术与产品结构现状与存在的问题

### (一)我国稻谷加工技术与产品结构的现状

稻谷是我国种植面积最大、单产最高、总产量最多、涉农最多、消费面最广、敏感度最高的粮食作物。我国稻谷的产量占我国粮食总产量的38%以上。稻谷加工的主产品——大米是我国三分之二以上人们的主食原料,大米的消费量占我国人民口粮消费总量的60%以上。因此,稻谷加工学科的发展是关系到我国约10亿人民的口粮消费、6.5亿种稻农民的收入,是农产品加工、食品工业领域最重要的分支。

**1. 计划发展阶段**

自20世纪初从西方引进砂盘砻谷机、铁辊筒碾米机,在苏、浙、粤等沿海产稻区先后建立机制米厂起,我国稻谷加工业开始进入现代机械加工阶段。但各地发展极不平衡,到中华人民共和国成立时仅苏、浙、粤、川4省的稻谷加工能力就占了全国的60%。中华人民共和国成立后,国家分别在1956—1958年和1961—1962年对粮食加工进行了两次计划布局调整。

**2. 快速发展阶段**

我国稻谷加工业的快速发展以乡镇中、小型加工成套机组迅速发展为标志。党的十一届三中全会以后,尤其是20世纪90年代初,随着粮价的放开,小型成套碾米设备大量进入农村乡镇。据农业部统计,农村乡镇拥有的成套碾米设备已达60多万台(套)。

**3. 高水平发展阶段**

20世纪90年代中期以来,稻谷加工进入了高水平发展阶段。虽然农村的小型加工机组保有量仍然很高,其加工量占稻谷总量的50%以上,但城镇稻谷加工企业的规模逐年扩大。大批企业直接引进日本佐竹和瑞士布勒等国外公司的稻谷加工工艺和装备,部分大型、特大型稻谷加工企业在引进工艺技术、装备的同时,还积极采用当今国际最先进的生产控制和管理技术,部分稻谷加工企业已经接近或达到国际一流水平。

## （二）我国稻谷加工技术与产品结构存在的问题

大米是稻谷加工的主要产品，也是我国最重要的主粮，是保障国家粮食安全的基石。"十一五"期间，我国大米行业快速发展，对满足城乡居民消费需求，促进稻谷生产、农民增收，带动粮食主产区经济发展和改善城乡居民生活，保障国家粮食安全发挥了重要作用。在快速的发展过程中出现了产品精度偏高、碎米率偏高、能源消耗偏高等问题。碾米工业是一个历史久远、与人民生活息息相关的重要行业。碾米效率——碾米的质量、产量和电耗等方面的工艺指标反映了碾米工业技术含量的高低，在提高碾米质量的同时降低单位产品的电耗是碾米技术发展的必然趋势。

### 1. 精度偏高

据统计，进入21世纪以来，我国入统大米企业所产大米产品中，上报产品加工精度为最大两个等级的产品一直在90%左右，变化的只是最高一个等级的产品的比例，2011年由2009年30%左右猛增到近70%。精度过高，严重制约了出米率，减少了稻谷加工成品的可食部分，危及我国粮食安全。因此，研究稻谷加工新工艺，减少过度加工带来的损耗，是稻谷加工的趋势所在。

### 2. 能耗高、碎米率高

据2011年国家粮食局开展的"稻谷加工企业专项调查"，稻谷加工成大米时，单位产品电耗为55.9千瓦时/吨大米，比2011年全国统计的我国入统大米企业生产1吨大米平均消耗电力53.40千瓦小时还高。受调查大米企业的设备总功率为94.8万千瓦，其中碾米工段设备总功率为25.8万千瓦，占比27.2%，居各工段之首。因此，要降低大米生产电耗，首先需要降低碾米工段的电耗。

我国大米企业碾米工段至少采用三道碾米，主机碾米机的装机容量占碾米工段装机容量的80%左右。因此，为降低碾米工段的电耗，首先需要降低主机设备电耗。为解决碾米机电耗过高，申报单位借鉴"金属表面处理技术"研发了"高性能节能型碾米机"，取得了阶段性成果，节能效果明显，减碎5个百分点。但是，对该装备的碾米作用机理国内外均无研究，目前只有一种规格，限制了该装备的升级和推广应用。因此，急需对高效节能碾米技术的机理进行研究，探索其影响碾米产能、效果和能耗的关键参数，提出适合我国主要稻谷类型的低能耗碾米工艺技术路线和工作参数，完成国内主要稻谷产区应用性试验，为大米行业节能减排、产业升级提供技术支撑。

## 四、其他粮食品种加工技术与产品结构存在的问题

由于自然、历史、经济、技术等多方面的因素，其他粮食加工还存在不少问题，突出表现为：

### （一）粮食制成品质量不高，产品品种单一

食品质量不仅关系到城乡居民的健康与安全，而且关系到粮食的国际竞争力。近几年江苏连续发生的有毒大米、掺假面粉等事件，造成了极其恶劣的影响。

粮食加工产业链短，后延伸少，小麦加工成面粉即行销售，就地进入深加工的比例较少，深加工转化滞后。同时，粮食加工产品结构不合理。小麦加工中，专用粉加工严重不足，面粉多停留在特一粉、特二粉等产品上，而高筋粉、低筋粉、饼干粉、饺子粉等专用面粉

较少。发达国家专用粉品种多达上百种,其产量占面粉产量的90%以上,而我国生产的专用粉只有几十种。在粮食二次加工及深加工食品方面更是缺乏,新产品、新技术的研发能力不足,经济效益差。目前,世界上变性淀粉的品种已有2 000多种,产量占淀粉总产量的20%左右,美国每年应用的变性淀粉在200万吨以上,日本在25万吨以上,而我国还处在比较落后的阶段,约有变性淀粉品种数十种,其中多数是实验室产品,产量只占淀粉总量的1.5%。

**(二)粮食资源精深加工与综合利用水平低,经济效益不高**

由于对新产品开发投入不够以及技术"瓶颈"的制约,粮食深加工、精加工和综合利用与发达国家相比存在较大差距。农产品加工的产业链短,粮食加工集中在少数几个大宗产品上,品种比较单一,未能形成琳琅满目、百花齐放的格局。比较而言,以粗加工为主,科技含量低且雷同化的粮食产品格局已成为粮食工业企业在经营中陷入困境、在竞争中难以立足的重要根源所在。从横向看,产品研发能力低,新开发产品少,农产品专用程度和品质不能满足加工业的需求。从纵向看,产品加工深度不够,精品、名品不多,加工转化和增值率低,因而产品附加值相对不高。

# 第三节 世界粮食加工业的发展概况

## 一、世界粮食加工技术现状

### (一)工业化生产的米面制食品品种繁多

在日本、美国、德国、法国以及韩国等国家,工业化生产的米饭等米制主食品品种繁多。日本市场上主要是盒装保鲜米饭、复水型方便米饭等,其中保鲜米饭约占80%;韩国市场上主要是盒装保鲜米饭;欧美市场上也主要是配菜类的保鲜米饭、炒饭类的保鲜米饭。

我国贵州领先食品公司、吉林香香仔、四川得益等公司近年来开发生产复水型方便米饭,与保鲜米饭相比,其口感和营养价值还有一定的差距,而且干燥工序的能耗较大。上海乐惠等公司引进日本生产线,生产保鲜米饭,但由于引进的生产线价格昂贵,导致产品价格明显高于复水型米饭,从而影响销售和推广。

面条种类繁多。在面制食品领域,工业化水平相对较高的是方便面。我国是世界方便面生产第一大国,在科研和产业化方面都走在前列,已形成巨大的消费市场,方便面加工业已成为最大的面制品工业;方便面品牌集中度较高,形成了康师傅、今麦郎、白象、统一四大品牌主导市场的局面。但是,方便面仅占面制食品总量的4.5%左右,而且与传统的鲜湿、即食的饮食习惯不相符合。面条工业化的另一个主体是挂面。挂面的发展相对落后于方便面,大部分企业采用的还是20世纪80年代的工艺和设备,其生产效率和品质难以符合需求。鲜湿面条是我国传统的、受消费者喜爱的面条品种,但由于缺乏系统研究,褐变、霉变等关键技术未得到攻关,工业化水平很低,设备简陋,卫生状况堪忧。鲜湿面条加工依然是以小作坊为加工主体,经营分散,未形成规模。尤其是褐变问题,它是鲜湿面条加工流通中存在的主要瓶颈问题之一。国内外为抑制褐变,主要采用酒精和乳酸,但煮沸后汤有异味,无法再食用,不符合我们的饮食习惯。如何结合我国小麦的品种优势,结合传统饮食习惯开发鲜湿面条生产技术和产品,已经成为重要的研究课题。

**(二)深加工技术水平和资源利用率不断提高,形成了规模化、集约化、现代化的粮食加工格局**

(1)稻米加工及利用。稻米的加工程度决定着稻米的增值程度,越是深加工,增值程度越大。国际上,大米可被精加工成为几十种产品,增值程度是其原料产品价值的十几倍至几十倍,有的可达几百倍。这表明,稻米深加工是未来的发展趋势,这也表明稻米加工业的科技含量也越来越高。日本、美国及大米出口量世界第一的泰国,大米加工企业的规模都在日产200~1 000吨左右。稻米产品以满足市场需求为目的的专用米生产形成系列。稻米制品有各种米制品(米酒、米饼、米粉、米糕、速煮米、方便米饭、冷冻米饭、调味品等)、大米粉(包括高蛋白米粉)。延伸产品有留胚米、发芽米。从稻谷副产品综合利用的价值看,米糠有近100种食用和工业用产品,最高附加值可提高60倍;稻壳增值3倍;碎米附加值增加5倍;谷物胚芽增值10倍。稻谷深加工产品有各种米淀粉、米糠食品、米糠营养素、营养饮料和营养纤维、米糠多糖、米糠神经酰胺、以米糠为原料的医药产品、以米糠为原料的日化产品、米糠高强度材料、稻壳制环保材料等。

(2)小麦加工及利用。美国规模最大的4家面粉公司的生产能力目前占全国总生产能力的63%,全美国面粉企业的开工率达90%以上。法国制粉行业的产能利用率达到80%,最大的3家面粉集团公司所生产的面包粉占全国市场份额的44%。美、法等国小麦深加工除了加工面包粉、蛋糕粉、饺子粉、面条粉等专用粉外,还推出了利用小麦生产小麦淀粉、小麦谷朊粉、小麦膨化食品、小麦胚芽和小麦麸皮等用于食品开发。小麦胚芽被提取,用于加工小麦胚芽油,制油后的胚芽粕再碾磨成粉,用作饼干、豆浆粉、咖啡等食品的配料。小麦麸皮的综合利用可使麸皮增值5~10倍。

(3)玉米加工及利用。美国饲料用于加工玉米的比例稳定在59%左右,玉米深加工的比例逐年提高,深加工产品的产量不断增加。年湿法加工的玉米量为3 556万吨(不含饲料),主要由9家公司的28个企业占据,其中最大的4家企业加工量超过2 600万吨,市场集中度达到74%。玉米是全球最具深加工前景的产品,除燃料酒精和高果糖浆等深加工主要产品外,深加工产品的种类得到极大的丰富,特别是采用生物发酵工艺生产的各种深加工产品在食品和医药行业得到广泛的应用,提高了食品和医药行业的档次。同时这也促使下游行业形成巨大需求,尤其是对食品、化工、发酵、医药、纺织、造纸等工业增长和升级的需求,拉动直接关联产品体系共3 500多种。

(4)大豆加工及利用。美国虽有380多家公司涉及大豆加工业,但主要是由ADM公司、嘉吉公司、杜邦公司、中央大豆公司、国际蛋白公司等约十大企业组成较为稳定的大豆产业生产经营格局。美国和巴西油厂的规模多在1 000~3 000吨/天,美国等发达国家已有每天处理1万吨以上的大型加工企业。规模化经营使得粮食用于深加工的比例逐年增加,副产品得到较好的利用,如美国大豆磷脂产品已有几十个系列,已成为重要的出口产品。大豆膳食纤维产品主要有可溶解性纤维物质、大豆纤维蛋白合成的药物、减肥大豆纤维的营养组合、休闲膳食纤维饮料等。油脚作为生物柴油原料在美国、欧盟等已被广泛开发利用。大豆加工不再局限于榨油,而是被广泛地应用于食品、医药、日化、纺织、化工等行业。

### (三) 产品品种向安全、绿色、休闲方向发展

从全球范围来看,安全、绿色、休闲消费大米成为人们的主流和方向。日本工业化生产的保鲜米饭口感、方便性等方面优于家用电饭锅、餐厅用小型蒸饭设备制作的米饭,因此保鲜米饭已经开始配送进入家庭、餐馆。随着人们工作和生活的不断变革,在众多的消费者中出现了有钱无闲的现象,这就使休闲食品逐渐成为一种国际化的趋势。Leatherhead Food RA 最近针对全球 12 个主要市场做了统计,显示休闲产品的总产量达 440 万吨,约合 300 亿美元。美国每年每人的平均消费量达 8.6 千克,其次是荷兰和英国,分别为 6.5 千克和 5.7 千克,较低的是意大利和巴西,分别只有 1.5 千克和 1.7 千克。各国、各企业看好的休闲食品的生产,致使休闲食品市场竞争非常激烈,这使全球休闲市场相当集中,跨国性的企业和品牌对休闲食品市场占有绝对优势。百事公司旗下的 Fritoby 就宣称占有全球 40% 的市场,第二位的 Procter & Gamble 有 5% 的占有率,另外一些具有 2%~5% 占有率的公司则包括美国的 Nabisco 公司、德国的 Intersnack 与 Bahlsen 公司等。

### (四) 建立完善的质量标准和检测技术体系

发达国家建立了较完善的质量标准体系。根据已制定的标准,开发新型的检测技术和采用现代信息管理技术,建立粮食流通全过程质量和安全标准化管理。政府管理服务意识强,行业协会等中介组织作用突出,粮食标准和检测方法在国际贸易中发挥重要的作用。如日本的稻米质量标准有 112 项指标,往往根据其国内市场情况或多或少地利用这些指标控制进出口贸易。

### (五) 信息化技术在粮食流通领域得到广泛应用

美国、加拿大、澳大利亚等国,粮食市场化程度高,信息化技术在粮食流通领域得到广泛应用。有专门的机构利用高新技术,如卫星遥感技术装备,预测世界农业生产情况,通过网络信息和电子商务平台,分析国内和国际期货和现货市场信息,预测全球粮食的需求形势,及时调整粮价和贸易策略。在粮食仓储及流通过程中,通过研究粮食品质测定方法,运用信息处理技术,开发数据管理系统,把粮食流通中品质测定各个环节与信息系统结合起来,进行粮食品质跟踪管理。对从农场收购粮食、粮食流通到最终消费的全过程实施质量品质跟踪和安全控制,基本上达到信息化管理。

## 二、世界粮食加工业的发展

粮食生产始终是农业生产的主导产业,粮食加工业必须适应科学技术突飞猛进和现代农业快速发展的新形势,并在保证粮食营养、卫生、安全,满足人类膳食结构调整和变化的需求,规模化生产和集约化经营,提高粮食资源利用率等方面,迎接新的机遇和挑战。

### (一) 保障粮食营养、卫生和安全

近几年来世界相继发生的二噁英、疯牛病和口蹄疫事件,都与动物食用不安全饲料密切

相关,这些动物的恶性病疫直接危害着人类的健康。确保粮食加工主导产品大米和面粉的营养、卫生和安全必将成为新世纪粮食加工企业的首要任务。

以专业研究机构前瞻性和基础理论研究为引导,大型企业的技术开发能力不断强化,粮食科技持续的研究开发成为发达国家科技发展最基本的特征。美国的 ADM 公司、嘉吉公司、杜邦公司和日本的佐竹公司等除委托专业研究机构为企业发展作专项研究外,企业本身也建立了实力较强的研究机构,对企业发展所需的技术、产品等分专业不断深入研究,确保产品和技术始终处在领先地位。20 世纪 80 年代以来,杜邦公司的分离蛋白产品已在开拓应用领域,并不断改善产品质量和应用适应性。美国正在提升以向中国出口馒头为目的的小麦质量,组织研究满足中国馒头质量要求的小麦质量标准,引导美国农业生产。

### (二) 满足人类膳食结构调整和变化的需求

人们越来越认识到人类的生存环境和饮食起居对人类健康和生存的重要性,特别是西方发达国家从长期以来的饮食习惯和膳食结构造成现代"三高症"等文明病的经验教训中逐渐醒悟,又重新注重谷物在膳食结构中的地位和作用,而且越来越认识到粮食宜吃粗不宜吃精的科学道理。所以,目前美国、日本等发达国家十分强调食品回归自然的重要性,不论面粉、大米或谷物食品都不再像以往那样强调"过精""过细",而是非常重视粗细搭配、粗细混食的膳食结构。他们相继在市场上推出混合面粉、糙米全粉、留胚大米等粗米面产品。纤维素作为人类第七营养素,也备受人们的青睐和推崇。

### (三) 规模化生产、集约化经营

美国是世界上面粉工业发展的强国,面粉产量逐年上升,国内市场稳定,出口贸易势头良好。其主要原因是注重规模化生产和集约化经营。近几年来,随着我国经济与世界逐步接轨,我国粮食加工的大型龙头企业迅速发展,公司加农户、订单农业、产加销一体化的产业群正在迅速形成,在规模化、集约化经营等方面正显示出强大的优势,极大地提高了龙头企业在国内外市场的竞争能力。

### (四) 提高粮食资源利用率

以生物技术和精细化工作为工艺技术方向,集成细胞工程、基因工程、发酵工程、酶工程、蛋白工程技术的应用和相互渗透,为粮食科学技术研究开拓了新的领域,以有效应对基因产品的生产发展。在基因农产品与人类健康、基因产品利用和加工、基因产品质量标准和检测技术等方面投入较大研究力度;利用分子技术深入研究粮食组分和分子特性,不断完善产品的用途,针对主要粮食进口国市场需求研究粮食质量体系,引导农业生产,扩大粮食出口。现代生物技术将作为粮食产业深加工和产品链条延伸的核心技术,生物技术、膜技术、超临界萃取技术、微波技术、微胶囊技术、高压处理技术、冷冻干燥技术、真空浓缩技术、超微粉碎技术等将在粮食加工、深加工和综合利用中得到广泛应用;随着世界石油、煤炭资源的日益枯竭,以石化、煤化为原料的能源产业面临着挑战,利用粮食作为生物质开发新能源、新材料的技术将成为各国科研发展的重点和趋势。产品应用的多元化也为粮油加工业科技发展拓展了领域。

### (五) 技术装备的智能控制和节能增效

粮食加工、储运等技术装备向机电一体控制、微机智能控制等现代化方向发展,促使生产工艺和技术的稳定性提高。同时,生产规模的大型化和机械装备的现代化,使生产过程的能耗大大降低,资源、能源得以充分利用,生产效率和效益大大提高。粮食流通的清洁和环境生产正在日益受到重视,对环境的保护、粮食流通环节的清洁生产和保持环境生产技术,特别是节能、节水工艺技术,以及防粉尘、防噪声、防污染技术和智能控制技术将成为粮食流通科技发展的突出需求。

### (六) 注重产品质量标准与质量控制体系建设

发达国家越来越重视采用国际标准,不断提高本国的采标率,推动本国标准尽早与世界接轨。要求建立的标准必须能够反映粮食的最终使用品质,粮食的质量和安全标准要能够保证粮食及其制品在市场上快速流通和效益最大化。根据已制定的标准,开发新型的检测技术和采用现代信息管理技术,建立粮食流通全过程质量和安全标准化管理,并将越来越重视以最终食品品质评价粮食的质量。如欧美除了一贯重视面包和糕点烘焙品质的评价研究以外,为了增强本国小麦在国际市场上的竞争力,将加大在东方食品如面条和馒头品质的评价研究,并在小麦品质测报结果中增加相关的指标测试结果,为粮食生产和流通企业提供准确的粮食适用信息,以指导本国粮食生产、粮食贸易和粮油工业的发展,提高本国粮油产品在国际市场的竞争能力。

### (七) 重视粮食流通的信息化建设和应用

信息化将贯穿粮食的生产、收获、储藏、加工、管理的全过程。实现数字化、网络化和智能化,以实现粮食生产和流通的全过程质量安全控制,是国外粮食质量安全科技发展的趋势。信息和电子商务等高新技术的管理系统将被广泛应用,以提高粮油产后流通技术体系的效率。决策支持系统将得到广泛应用,它有利于帮助决策者分析问题、建立模型,调用各种信息资源和分析工具,帮助决策者提高决策水平和质量。

## 第四节 创新粮食加工技术和产品的思路

### 一、依靠科技创新,提升粮食加工技术水平

#### (一) 高度重视大米过度加工,开展低能耗碾米技术及装备研究

高产优质是碾米工业的基础目标,围绕这一目标国内外碾米设备生产企业进行了大量的研究。日本佐竹公司以提高整精米率及白米质量为中心做了大量工作,研究了欧式的大直径立式砂辊碾米机,并就碾米工序的自动控制、自动监测系统做了研究。大米加工过精过细,既造成大米数量损失,又使大米的原生营养素流失。因此,我国粮油加工企业应高度重视大米过度加工问题,采用新技术、新工艺、新设备,多采取适度加工等有效措施,取消大米抛光工艺,进一步规范大米的产品开发、加工流程。提倡适度加工,坚决淘汰落后的粗加工、高能耗、低利用率的生产能力,在不降低大米营养价值的前提下改善口感,更好地满足消费者需求。针对我国稻谷加工企业碾米工段能耗高的现状,开展低能耗碾米技术及装备

研究，不仅可以大幅减损、减碎、节能，还能够大幅提高大米加工企业的综合经济效益，提升大米加工企业的竞争力，具有重大的社会经济效益和生态效益。我国稻谷主产区分布区域广，稻谷品种、粒型差异大，根据主产区稻谷的品性，研究适用于不同粒型稻谷的高效节能型碾米系列装备，并在国内主要稻谷产区加以推广应用，可以为大米行业节能减排、产业升级提供技术支撑。

与传统的碾米设备相比，高效节能碾米装备的使用可以突破传统工艺的局限性，促进大米加工技术的进步，提升我国粮油机械的制造水平。

在稻谷加工过程中，粮油设备的技术质量的稳定可靠性、耐久性等对粮食产品品质有着不可忽视的影响。粮油设备的综合性能差会给粮食产品品质带来不良影响。提高粮食装备质量，保持加工过程中生产产品质量的稳定，能够减少粮食的损耗。同时，结构设计的可靠性提高，也能相应提高粮食成品率，从而减少粮食加工中原料的损耗。重点解决好粮食机械装备发展的"瓶颈"，提高粮食行业的加工技术水平，可为我国现有丰富的粮油资源的加工生产提供重要的物质基础，同时，丰富的粮油资源也推动着粮油加工装备业的快速发展，以满足巨大的市场容量的需求。从发展趋势看，粮油加工机械装备业及其前后延伸和配套产业大有可为。

**（二）加大研发投入，提高小麦加工资源综合利用率**

技术创新需要大量研究资金的投入，反观我国粮油加工业与发达国家的差距，资金短缺是限制技术创新发展的主要原因。通过加大研发资金投入力度，利用技术创新手段，对引进的国外小麦加工生产线进行改良，能够极大地提高资源综合利用率，最终提高粮油加工业整体经济效应。政府和企业应该更为重视小麦加工资源综合利用对促进整个粮油加工产业的作用，在扩大企业加工生产规模的同时更应该把提高综合利用率作为一个重要课题来研究。同时加强粮食加工产品科技创新平台建设和基础设施建设，加大对加工关键技术的研究支持，优化和完善加工工艺，降低加工成本，提高副产物及相关产品的质量。

**（三）提升对油脂加工无污染代替方法的开发**

**1. 完全压榨法**

完全压榨法，即不采用溶剂浸出，只是单纯使用连续式螺旋压榨机制油的方法。世界上主要的榨油机厂商装置能力多在10～200吨/天左右，压榨饼粕残油率为5%～12%。因饼粕残油率较高，完全压榨法目前仅在200吨/天以下的小规模工厂中使用，可控制初期投资，适于有机农业原料和特殊油料及非转基因原料的处理。然而，单纯用物理方法（即利用螺旋压榨原理）破坏植物组织，以提高油脂回收率的可能性极其有限；但充分利用这种机械方法，与超临界$CO_2$浸出法相结合，可能会得到双赢效果。完全压榨法虽然是一种古老的制油方法，出油率也不如溶剂浸出法高，而且油饼的利用受到高温热处理影响食用品质的限制，生产过程动力消耗相对较大，但它具有工艺简单灵活、适应性强等特点，因而依然广泛应用于小批量、多品种或特种油料的加工。尤其对于高油分油料的预榨、浸出工艺，完全压榨法有着广阔的应用前景。此外，压榨油风味独到、无溶剂残留，是深受消费者青睐的"绿色食品"。

**2. 膜分离技术**

膜分离技术在粮油加工中主要用于谷物蛋白的分离和大豆乳清中功能性成分的分离,以及谷物油脂的精炼,即油脂的脱胶、脱酸、脱色。对于截留分子量10 000的新型无机陶瓷膜超滤大豆混合油,发现其对磷脂的截留率超过了98%,而且膜通量比相同截留分子量的有机膜要大。超滤在油脂的脱胶和脱色方面的应用,节约了热量,降低了脱色白土用量,减少了对中性油脂的吸收。油脂脱酸膜分离处理采用物理精炼工艺,与常规的碱炼相比,设备投资低、工艺过程补水低、废水处理量低、电耗低、精炼损耗低,此外还有脱臭作用。超滤虽不能完全代替碱炼、脱色工艺,但可以降低碱液和脱色白土的用量。

膜分离技术直接从植物毛油中制取磷脂,简化了精炼工艺,替换了离心分离。膜分离技术应用于油脂精炼,用膜除杂,膜分离代替离心分离既可降低能耗,又可取得良好的除杂、分离效果;用酶解法去除二蒸油中的残余磷脂,省去了原工艺中的水化脱胶、碱炼脱酸等工序,杜绝了废水的产生;粉末磷脂未经高温处理,保留了天然生物活性。

**3. 超临界流体萃取技术**

超临界流体萃取技术作为新型分离技术,具有萃取效率高、传质快的特点,尤其是超临界$CO_2$流体萃取技术,同时具有无毒、无害、无残留、无污染环境,可避免产物氧化和萃取温度低等优点,成为国际上备受关注的高新技术之一。目前,米糠油制取方法有浸出法和压榨法,应用超临界$CO_2$流体萃取技术提取米糠油具有提取率高、选择性好、无溶剂残留等优点。超临界流体既有与气体相当的高渗透能力和低黏度,又具有与液体相近的密度和对物质的优良溶解能力。采用超临界$CO_2$流体萃取技术制出的米糠油色泽比己烷浸出油浅得多;油中游离脂肪酸、蜡和不皂化物量极少;油中植物甾醇含量会随着压力和温度增加而增加。利用超临界$CO_2$流体萃取小麦胚芽油,与传统有机溶剂相比,具有工艺简便、易分离、无溶剂残留等特点,所得小麦胚芽油色泽浅、风味好、酸价低。利用超临界$CO_2$流体萃取得到的大豆油具有良好的质量,且不用脱胶,可减少脱胶过程的油损失,而且油中磷和铁含量低。

**4. 水酶法**

水酶法是一种新兴的提油方法,具体而言,是将油料粉碎后,在水中分散,使有的酶失去活性,并进而采用湿式粉碎,在形成微粒化状态中,通过酶的作用,将细胞壁和蛋白质分解,最后经离心机将游离出的油分离回收。它以机械和酶解为手段降解植物细胞壁,使油脂得以释放,可以满足食用油生产"安全、高效、绿色"的要求。其最大的优势是在提取油的同时能有效回收植物原料中的蛋白质(或其水解产物)及碳水化合物。与传统浸出法相比,减少了浸出及去杂精炼设备,简化了四分之三的设备与工序,投资仅为浸出法油脂生产厂家的25%;而且出油率较高、油质好,使制油效益明显提高。水酶法提取油的同时回收(水解)蛋白粉这项高新技术,对于促进植物油料加工业的发展具有深远意义。回收的(水解)蛋白粉中除油脂低外,其余的营养成分全部保留,这是对全球植物蛋白资源进一步开发利用的一项重大贡献。

1978年Alder-Nissen提出了大豆蛋白酶法改性制备等电可溶水解蛋白工艺,为酶法分离大豆油和蛋白质奠定了理论基础。至今,酶法提油已在多种油籽或油果(花生、葵花子、玉米胚芽、可可、棕榈核等)中都得到了应用。王瑛瑶等对水酶法从脱皮花生中提取油和水解蛋白进行了研究。华娣等研究了直接选用未脱皮花生,用水酶法提取油与水解蛋白,酶解完直接升温灭酶,乳状液很少,无须进行破乳,并对工艺中所得的渣和少量的乳状液进行二次酶解,得到更高的游离油得率和水解蛋白得率。湿法分离的玉米胚纯度较高,所以出油率也较高。魏义勇等在研究酶法提取干燥玉米胚芽中胚芽油的基础上,研究用胶体磨粉碎与酶法提取相结合的工艺。该工艺与压榨法和浸出法相比省去了烘干等工序,节省了能源,也减少了蛋白的变性。提高出油率与产品品质的具体办法包括:

(1) 利用复合纤维素酶,降解植物细胞壁纤维素骨架、崩溃细胞壁,使油脂容易游离出来。复合纤维素酶尤其适合于纤维、半纤维质含量较高的油籽细胞,如油菜籽、玉米胚芽等多种带皮、壳油料。

(2) 利用蛋白酶等对蛋白质的水解作用,对细胞中脂蛋白,或由于在磨浆制油工艺(如水剂法制花生蛋白、椰干和油橄榄浆汁制油)过程中,磷脂与蛋白质结合形成的、包络于油滴外一层的蛋白膜进行破坏,使油脂释放出来,因而油脂容易被分离。

(3) 利用淀粉酶、果胶酶、β-葡聚糖酶等对淀粉、脂多糖、果胶质的水解与分离作用,不仅有利于提取油脂,且由于其温和作用条件(常温、无化学反应)、降解产物不与提取物发生反应,从而可有效保护油脂、蛋白质及胶质等可利用成分的品质。此外,由于酶液处理工艺除去了油脂中大多数水溶性抗营养因子和毒性成分,其所得产品比传统方法所得产品更安全、可靠。

**5. 超声波**

超声波是指频率大于20 000赫兹的声波。在超声波传播时,弹性介质中的粒子产生摆动并沿传播方向传递能量,从而产生机械效应、热效应和声空化。声空化是超声波机械效应的一种特殊现象,它可以导致分子破碎等化学反应的发生。

Shan等人证实了这一点,他们认为超声波在水酶法当中的应用可以将出油率由67%提高到74%,同时可将处理时间由18小时降低到6小时,因而具有极大的发展空间。研究发现,超声强化超临界流体中并未产生空化现象,但超声波在其中传播时,会引起体系压力波动和流体质点快速振动,破坏了颗粒表面的滞留膜,同时颗粒内部的分子扩散形成一种"微搅拌"作用,从而使体系传质过程加快、得率提高。超声强化超临界流体萃取小麦胚芽油,提取率提高约10%,而且不会引起油脂降解;萃取海藻中的二十碳五烯酸(EPA)和二十二碳六烯酸(DHA)时与单独超临界流体萃取相比,流体流量减少、萃取时间缩短、压力降低而萃取率反而提高。

## 二、通过技术创新,实现粮油加工产品结构优化

合理的粮食产品结构可以加大粮食产销平衡系数,提升粮食供给质量,同时为粮食加工提供优质原料。粮食加工增值水平的提高、粮食新产品的不断涌现,反过来又可促进粮食产品结构的优化和完善。因此,应采取积极措施,除了在生产领域搞好粮食种植结构调整、增加优质原粮的比重外,在粮食流通领域应加大实施技术创新和设备更新改造的力度,推动粮食企业重视技术引进和新产品开发及科技成果的转化、应用,调整和改造现有的以

粗加工为主、科技含量低且雷同化的产品格局,淘汰落后的粗加工、高能耗的生产能力,增加粮油产品的科技含量,提高副产品的综合利用率。研究发现,粮食经深加工、精加工和综合利用后,传统意义上的主产品的价值远不如长期被认为是不值钱的副产品或废弃物经过深度开发所创造的价值大。

**(一) 大米主食工业化**

稻谷是我国种植面积最大、产量最多的大宗粮食作物,近5年我国大米的产量在1.75亿～1.99亿吨,占我国粮食总产量的38%以上。我国60%多的人群以大米为主食,人均年消费大米已超过90公斤,人体所需能量的50%～60%从大米及其制品中获得。大米及其制品在我国人民的食物构成中占有十分重要的地位。

随着我国经济的持续增长,城镇化水平将进一步提升,速度会稳定在年均增长0.8至1个百分点,城镇人口的数量和比例上升,城镇居民核心家庭的比例也随之上升,家庭劳动将更加趋于社会化,工业化生产的米制主食品的需求量将不断上升。随着我国高铁和动车组的运行,对于保鲜米饭等工业化生产的方便米制主食品的需求也越来越大。主食米饭工业化进程可以形成一条原料产地—生产流通—供应销售全产业链,产品质量可以全程监控,为消费者提供健康、安全的米制主食品。这进而促使现在分散、低效、浪费的家庭蒸米方式向集约、高效、低碳的主食米饭工业化转变,同时,有利于倡导国民优质化、便捷化、节约化的低碳生活方式。

稻谷加工最主要的产品是大米。国外的大米一般分为十几个等级,而我国大米仅分为3～4个等级,不利于优质优价,提高质量。并且加工大多停留在"砻、碾"水平,碎米含量高,整齐度差,杂质含量高,品种混杂,口感与食用品质低。因此,必须学习借鉴外国先进技术,增加精碾、抛光、色选等工序,进一步清除米粒表面浮糠,使米粒表面光洁细腻,同时剔除混杂在白米中的其他颜色的米粒,提高大米外观与食用质量。此外,还应逐步开展米质调理及强化大米的生产。米质调理是指采用生物技术和深加工天然添加剂复合技术,对陈化大米进行再处理或对大米品质进行改良,使其成为色香味皆佳的食用大米。添加剂主要有品质改良剂(如环糊精)、增香剂、陈米返鲜风味剂、表面活性剂等。同时根据各类人员对大米营养成分的不同要求,生产系列强化大米,如添加维生素而得到维生素强化米,还可生产富锌、富钙、富铁大米等。

当今社会,食品安全问题时有发生,部分厂商在原料生产和产品加工过程中过度使用化肥、农药、生长激素、化学添加剂、化学色素和防腐剂等化学物质,给国民健康饮食带来隐患。食品质量安全和健康饮食问题已引起人们的极大关注,消费者除关心市场上食品的营养外,更加注重食品安全,渴望得到纯天然、无污染的优质原生态食品。同时,由于人们物质生活水平的提高,在膳食结构中对精米、精面摄入量大大增加,致使膳食纤维和微量营养元素的摄入量显著减少,糖尿病、肥胖症等"文明病"增多。有效解决这个问题的方法是多食用粗粮(糙米、全麦粉)和杂粮,但是,市场上难见糙米,一些城市超市虽有"糙米"销售,但这种"糙米"其实是大米加工过程中的在制品,其食用品质差,且蒸煮时间长,消费者不认可。因此,通过利用生物技术和食品加工新技术,生产安全、营养的原生态食品,确保国民优质生活,成为当今稻谷加工业的发展潮流。

稻谷加工业作为稻谷再生产过程的重要环节和食品工业的基础性行业,与人民生活密切相关。新时期,经济社会和人们生活发生重大变革,这对稻谷加工业提出了更高要求,不仅仅是满足国民吃饱和吃好问题,更应该注重社会生产节约化和国民生活便捷化的低碳、高效需求。发展现代稻谷加工业,对于提高人民生活质量,适应国民生活节奏,调整和优化稻谷生产结构,实现粮食增值、农业增效、农民增收,确保国家粮食安全,促进农村经济和国民经济持续快速健康发展,都具有十分重大的意义。

### (二) 面制主食工业化

小麦粒由麦皮、糊粉层、胚乳和胚芽四部分组成,麦皮约占12%~18%,糊粉层占5%~10%,胚乳占75%~82%,胚芽占1.5%~4%。糊粉层蛋白质含量高达50%以上,故有蛋白层之称,且含有丰富的维生素;麦胚一般长约2毫米,宽1毫米,它含有丰富的蛋白质和维生素E,是天然的营养源;麸皮含有大量的蛋白质、维生素E和植酸。因此,小麦加工必须考虑如何充分利用糊粉层、麦胚和麸皮。

面粉是由小麦加工成的粉状物。面粉加工(制粉)工艺已有100多年历史,传统制粉工艺是把整颗麦粒轧破研碎,然后再从麸皮上刮取胚乳磨成面粉,这种面粉加工方式在理论上和工艺上已相当完善,但仍存在明显不足,主要是工艺流程长、设备多,同时无法克服小麦皮层上残留农药或微生物对面粉的污染,糊粉层也不能磨入面粉,既降低出粉率又损失天然营养成分。因此,先进的分层碾磨制粉新技术应运而生,其加工特点是先将其皮层刮掉,然后用含有胚乳及糊粉层的去皮麦粒来制粉,这样可简化工艺流程,减少设备,同时可使出粉率提高2%~5%,增加小麦的营养成分,还增加麦香味。现在我国小麦制粉大多数是短线的传统制粉工艺,制成的面粉精度较差。因此,必须大力改造,推广采用新的分层碾磨工艺技术。

面粉的蛋白质含量较低,维生素也不高,人体所需氨基酸中的赖氨酸含量偏低,营养不够全面。在美国、加拿大等国家,政府都要求对面粉进行营养强化,通过添加大豆粉、玉米胚芽粉、小麦胚芽粉或其他营养成分,以增加面粉的蛋白质、氨基酸或维生素、微量元素含量。营养强化面粉也应作为我国小麦加工的发展方向。

我国面制主食工业化水平低。作为我国传统主食的馒头、包子、面条、米饭等的工业化程度较低,尤其是馒头、面条等大众消费的面制主食品,其工业化生产水平更低,仅为20%左右。而且产业化规模偏小,生产方式仍以手工小作坊、集约化的小企业为主,技术水平落后、标准体系缺失、机械化程度低,手工制作仍然占绝大比重,同时主食的卫生、营养、安全状况得不到保障。

随着人们生活水平的提高和生活节奏的加快,食品行业向着方便、营养、健康、安全、工业化方向发展。目前,国际上发达国家食品的工业化已达到75%,有的国家已经达到90%以上。如美国主食面包工业化已经形成集原料供应、生产加工、食品添加剂修饰、生物发酵、机械制造、标准评价、科技创新以及教育培训等为一体的庞大产业体系。

利用生物技术手段,改造分子结构,可提高国产原料品质,达到优质主食品(馒头、鲜湿面条等)生产要求;通过开展面制主食老化机理研究,攻克面制食品易老化、易霉变的共性关键技术难题,设计适应工业化、规模化需求的现代工艺;通过定向调控等技术,减少有效微量营养成分的破坏和流失,提高食品的营养、口感、风味;吸收传统手工工艺精华,采用智能仿生等多项先进技术,开发可超越手工馒头综合品质的成套装备;以产业化推广为出发点和目标,生产出受市场欢迎的新产品,实现机械化、规模化生产。

### (三) 玉米食品主食化

玉米是世界上主要的粮食资源。我国玉米种植面积超过了4.5亿亩,产量约为1.6亿吨,仅次于美国,居世界第二。玉米食品主要包括即食玉米食品(鲜食玉米、熟制鲜玉米、速冻玉米、玉米罐头)和玉米专用粉及其面制品等。美国玉米食品产量占世界第一,玉米食品达1 000多种,占食品货架量的10%。

随着我国玉米产业的快速发展,玉米食品的生产取得了长足的进步,产品主要包括即食玉米食品、玉米粉及其面制品和玉米饮料130余种。按《中国居民膳食指南》建议的每人每日粗粮摄入量为50克的指标要求,玉米食品需求将达到2 000万吨,具有巨大的发展空间。

虽然我国玉米食品工业的发展前景十分可观,但现阶段在我国主要停留在粗加工阶段,其粗加工转化率仅有10%左右,玉米食品产量远低于玉米食品的市场需求和玉米产量,工业化生产的主食化玉米食品规模小,处于起步阶段。这是因为玉米食品的加工、品质提升机理和关键技术研究,以及新产品开发严重滞后于市场需求,缺乏适合主食化玉米食品生产的关键技术和装备,因而造成玉米食品科技含量低、产品不稳定、产品单一、食用加工品质低、口感粗糙等缺点,严重限制了玉米食品产业的发展和消费者对玉米食品的需求,成为抑制我国玉米食品产业发展的瓶颈。随着我国人们生活水平的不断提高,对玉米食品营养性、保健性、多样性的需求不断增大,这对玉米食品技术研究和产品开发提出了更高的要求。针对我国玉米食品加工中存在的主要问题和制约玉米食品主食化发展的技术瓶颈,围绕国家玉米食品加工重大技术需求,应用生物修饰、场辅助物性修饰、质构重组和老化控制技术,开展高品质玉米粉、全营养重组米、主食系列专用粉及玉米主食产品关键技术研究及产品开发,玉米食品主食化加工关键装备研制;集成国内外主食工业化生产新技术与新工艺,研究制定玉米主食品产品质量标准与生产操作规范;建立专用玉米粉、全营养重组米以及玉米食品加工生产线,构建玉米主食化加工示范体系;为企业提供可转化的技术产品,提升企业的技术水平,创造良好的经济效益,促进我国主食化玉米食品加工产业的健康发展。

### (四) 油脂生产清洁高效化

节约能源是油脂加工企业的共同目标,逐步淘汰能源消耗高的企业是市场经济发展的规律。近几年来,我国油脂工业的发展有目共睹。由于先进工艺和重大装备的逐步采用,油脂工业的能源消耗指标取得较大的进步,但与国际先进水平相比仍有差距,主要是能源消耗高,特别是我国拥有自主知识产权的节能技术相对比较匮乏。油脂产品安全已经引起生产企业和消费者的极大重视。我国油脂生产由于过度追求烟点等指标,造成营养物质极大的损失和有害物质的生成。

用膨化技术代替传统的蒸炒工艺,可有效缓解轧坯的压力,降低了预榨机负荷,解决了菜籽水量较低时不易成饼、粉末度大的难题。膨化后的预榨饼渗滤性好,溶剂用量明显降低、混合油浓度提高,减轻了溶剂蒸发系统和溶剂回收系统的负荷;料层的沥干性好,湿粕中溶剂含量低,降低浸出车间能耗、溶耗;同时提高了毛油质量和出油率、精炼率;另外,菜籽膨化过程,避免了长时间高温蒸炒过程中蛋白质的过度变性,减少了赖氨酸的损失,提高了菜籽饼粕的蛋白质量。因此,其应用前景广阔。

目前,我国工业能耗占全国总能耗的70%以上,节能减排形势严峻。油脂精炼过程中蒸汽、电、水等能源消耗占精炼生产成本的20%~35%,为降低成本,油脂精炼车间的节能降耗已受到人们的高度关注。

植物油料生物低温制油技术更重视对油料中各成分的保护利用,尤其是对蛋白基植物油料,低温过程不仅保证了植物油的品质,而且能同时得到优质的蛋白产品,这是对全球植物蛋白资源进一步开发利用的一项重大贡献。

生物酶低温提油技术在油脂工业上的利用主要有两个目的:一是从油料中同步提取用传统技术难以得到的蛋白资源及生物活性物质;二是节省能源,减少排放物,这有利于生态环境,符合油脂工业的发展趋势。随着公众对食品安全和质量要求的提高,对大气环境质量的要求不断提高,环保意识不断增强,这种工艺上的重大变革具有极大的环境效益。一旦推进新工艺的工业化生产,只要有约10%的厂家采用新工艺进行工业化生产,每年就会减少正己烷排放7 200吨。

**(五) 蛋白饲料开发利用科学化**

我国是世界第一畜牧、水产养殖大国,据农业部统计,养殖产品总值约为2.3万亿元,由于饲料成本约占养殖业成本的70%,因此全年饲料产值达1万亿元以上。饲料业前承种植业、粮食行业,后接养殖业,关系到动物产品的数量和质量,涉及居民的生活水平,一直受到党和政府的高度重视,在国民经济发展中具有举足轻重的战略地位,对解决"三农"问题、维护农产品价格稳定、促进农村经济社会的和谐发展极其重要。我国传统养殖业利用青饲料及秸秆等非常规饲料饲养畜禽,消耗精饲料较少。据专家预测分析,我国年精饲料实际消耗为3亿吨以上,饲料的"数量安全",相当于我国的粮食安全,而饲料的"质量安全",相当于食品的安全,饲料行业的发展对促进我国经济社会发展意义重大。通过研究不同来源和品质的蛋白饲料资源,包括粮油加工副产物、水产加工下脚料、畜禽屠宰下脚料、轻工业副产品糟渣、青绿木本植物资源等,开发一批替代鱼粉、豆粕等优质蛋白源以及常规蛋白源的专用蛋白饲料原料,降低饲料和养殖成本,为缓解我国蛋白饲料原料短缺,加快建立资源节约型和环境友好型饲料体系提供技术支撑,为保障粮食安全、饲料安全、生态环境安全做出贡献。

## 三、通过技术创新,迅速提升粮食加工装备水平

随着我国科技水平的整体进步,通过自主创新和引进消化吸收,粮食加工设备和工艺已经达到了国际先进水平,并且已经走向国外市场。通过应用计算机辅助设计和制造、精密铸造、数控加工、数控折弯冲压、激光切割、机电一体化和自动化控制等先进技术和手段,产品创新正不断涌现,质量和性能不断提高。大型粮食加工成套设备制造技术提升较快,不仅能满足国内粮食深加工业发展需要,而且还远销国外。

积极采用快速制造、精密加工、表面处理、数控加工等先进制造技术和装备,实现关键

工序智能化、关键岗位机器人替代、生产过程智能化控制、供应链优化,建设重点领域智能工厂、车间,搭建智能制造网络系统平台,提高关键零部件的制造质量,实现粮油加工装备制造的现代化。

对共性关键技术与通用装备进行研发创新。对量大面广的通用装备的关键技术进行深度研究,开展绿色加工技术研究,通过技术创新与集成,提升共性关键技术与通用整备的水平。

对粮油加工产品装备制造与食品加工网络化自动管理系统进行创新。基于粮油加工产品、原料快速检测及分级技术、MES制造执行系统、SCADA系统和互联网技术等,开发粮油加工产品和原料质量无损快速检测仪器,开发加工过程质量在线监控装备。

对湿法超细粉碎技术进行创新研究,解决传统湿法粉碎设备效率低、能耗高的缺陷,研发高效节能的食品粉碎装备,提升产品综合品质、生产效率,降低能耗。重点开展干法超细粉碎技术研究及大型装备研发、气流冲击磨粉碎技术与装备研发,解决目前干法超细粉碎物性不稳、产量低、能耗高、效率低的问题。

以保证品质、提高效率、降低能耗为出发点,对食品物性与干燥方法进行优化及集成研究,优化食品干燥工艺,提高设备智能化水平。重点开发节能高效的热风干燥技术与装备、负压红外热辐射干燥技术与装备、高效热泵干燥技术与装备、太阳能干燥技术与装备、真空微波干燥技术与装备、连续真空冷冻干燥以及多热源组合节能干燥技术与装备,实现产业化应用。

对粉体阀口防静电包装、超细粉体高精度计量包装、浓酱高效灌装封盖、抗氧化气调包装、异性物料混合包装、多轴伺服数控和机器人视觉识别系统等关键技术进行研究,研发高粉尘物料防尘包装等,以加快改变我国粮食加工装备现状。

对粮油品质检测、果蔬农药残留检测、茶叶质量在线检测、水产品检验与检疫、畜禽产品品质快速无损检测和加工质量、安全信息在线检测以及食品品质分析等检测仪器与设备进行研发,不断提高质量和水平,逐步推进产业化,满足食品加工企业和流通行业对食品外观品质和内部品质检测的需求,并实现替代进口。

开发粮食加工在线检测、自动拣选、杂余清理等大型成套技术和装备,营养强化米、糙米、留胚米等大型制米成套技术装备,营养早餐、杂粮主食、半干面条、挂面、方便食品、面制主食化、米制主食化等传统主食工业化成套技术装备,薯类速冻制品、全粉制品、干制品、快餐食品等主粮化及废弃物处理、综合利用自动化成套技术装备,进一步提升薯类全粉、淀粉、大豆食品和大豆蛋白制品加工成套装备的自动化水平。

开发绿色制油的大型智能化膨化、调质器、双螺杆榨油装备以及低温节能脱溶和节能脱臭成套装备,油茶籽油、核桃油、橄榄油等木本油料加工关键装备,以粮食加工副产品为原料的玉米油、米糠油等加工关键装备,油脂蛋白联产成套装备,油料综合利用及深度加工成套技术与装备等,以加快实现我国油脂加工装备的现代化。

## 四、通过粮油副产品深度开发,实现粮食加工提质增效

粮油加工是对原料(包括原粮食、原油料等)的深加工和精加工,是提升粮油附加值的

过程。粮油加工副产物主要包括麸皮、稻壳、米糠、油料皮壳、饼粕、油脚和皂脚及脱臭馏出物等。我国是粮油生产及加工大国,现阶段粮油加工业在我国国民经济发展中越来越重要,逐渐成为国民经济的基础性产业。粮油加工企业在生产米、面、油等产品的同时,生产出大量加工副产品。由于粮油加工副产品中含有丰富的生物活性物质及营养物质,其营养价值和经济价值较高;但由于粮油加工主体对粮油副产品认识不足,再加上粮油副产品利用技术处于起步阶段,副产品综合利用率较低。随着粮食加工技术的不断发展,充分利用粮油加工过程中副产品的多种营养因素,开发更具经济价值的营养食品,使粮油加工副产品向着更加健康、绿色、环保的方向发展将成为一种趋势。

(一)稻米的副产品

稻米的副产品主要指米糠、稻壳和碎米。米糠可以开发米糠油、米糠油衍生物、米糠饲料和米糠食品;稻壳综合利用领域比较广泛,可以制成碳化稻壳、碳棒、糠醛及环保制品,还可以发电;碎米可以制再制米、人造米、米面包、米饮料等。米糠中不仅含有丰富的蛋白质,而且含有丰富而优质的脂肪,在米糠的脂肪酸组成中,不饱和脂肪酸占70%以上,必需脂肪酸(主要指亚油酸)高出糙米和碎米几倍,而且米糠必需脂肪酸的配比含量高于一般植物油,同时也胜于动物油。米糠中亚油酸接近不饱和脂肪酸的一半,对于维持人体正常生长、保持动脉血管及神经和大脑的健康有重要作用,同时亚油酸可以防止人体水代谢功能紊乱而产生的皮肤病变。

米糠油具有气味芳香,耐高温煎炸,耐长久贮存和几乎无有害物质生成等优点,是任何一种植物油所无法比拟的。正因为米糠油的性能优越,它已成为继葵花子油、玉米胚芽油之后的又一新型保健食品用油,其脂肪酸最为接近人类的膳食推荐标准。

米糠中油脂含量较高,是一种来源广泛、价格低廉的饲用油资源。饲用油脂在我国进展缓慢,在生产上的应用尚属少数,且油脂添加量多数偏少。在世界上发达国家的动物饲养成本中,其饲料成本仅占30%,而在我国饲料成本约占60%,差距是明显的。降低饲料成本的一项有力措施,是在饲料中增加植物蛋白的用量,减少动物蛋白用量,增加油脂用量,以提高饲料的能量浓度。由于米糠中纤维和植酸含量较高,目前在饲料中添加量还不是很大。在欧洲鱼饲料中只添加2%~3%,畜禽饲料中添加5%左右;目前国内外还没有以米糠为大量添加成分生产米糠饲料的技术。

稳定的米糠是营养浓缩的含有各种维生素、矿物质微量元素以及抗氧化物的混合物,具有促进消化、降低血脂的作用。目前国内谷物早餐食品多以燕麦或麦麸为主要原料,以米糠或碎米为主要原料的产品几乎没有。米糠的营养价值高于燕麦或麦麸,而米糠的价格与燕麦或麦麸的价格持平或者略低。

稻壳作为谷物加工的主要副产品之一,占稻谷质量的20%左右,是一种量大面广价廉的可再生资源。稻壳体积大、密度小、不易于堆放。目前我国利用稻壳的水平较低,通常情况下,都是将稻壳焚烧,不但污染环境,而且极大浪费了资源。稻壳的深度开发应用领域相当广泛,可以制成碳化稻壳、稻壳制碳棒、稻壳制糠醛、环保制品等,还可用稻壳发电。碳化稻壳是将稻壳经过特殊处理而得到的一种黑色闪光的颗粒状粗粉,是一种良好的保温剂,可以大量应用在冶金、铸造业上,并在土壤改良、升高地温、疏松土壤、调节土壤酸碱度、补充土壤中的硅酸盐等方面具有良好的效果。稻壳含有丰富的木质素、戊聚糖和二氧化硅等成分,是制备白炭黑、活性炭和高模数硅酸钾的良好原料。以稻壳为原料生产的活性炭,不仅成本低,而且含杂少,特别适用于食品工业。稻壳中的硅在一定条件下燃烧,可以形成多孔性的无定型二氧化硅微粒,具有很大的吸收表面和活性,可作为多种载体或高级复合材料的原料。稻壳中还含有多种维生素、酶及食物纤维,对促进皮肤的新陈代谢有重要作用。稻壳中的另一种有效成分——肌醇,则对预防直肠癌、乳腺癌等有一定效果。稻壳制碳棒可直接用作生活燃料,与稻壳相比,它体积小,便于贮藏运输。利用稻壳发生的煤气是一种廉价的能源,尤其在碾米厂中利用稻壳煤气发电,经济效果更为显著。稻壳制糠醛,可以大量用于塑料石油精制、合成纤维的添加剂,也可利用它生产合成橡胶、染料、油漆等产品。稻壳还可以用来制作环保餐具、环保包装箱育苗钵、花盆等。

碎米为大米产量的2%~5%,其经济价值只有整米的1/3~1/2,如果将碎米加以利用,经济效益就可大大提高。碎米还可以用来开发再制米、米粉、米面包、米饮料等。

人造米是利用米粉或淀粉,与黏结剂、营养强化剂等混合,通过挤压机形成米粒大小的颗粒,再经过老化、干燥制成成品。这种人造米克服了浸渍、包裹等方法强化营养成分而造成均匀性差、易流失等缺点,且营养成分和风味均可人工控制,还可制成速食米,是一种很有发展前途的营养性食品。目前瑞士布勒公司已有成熟技术开发此产品,国内正在对此项技术进行开发。再制米项目主要是为转化碎米及进行大米营养强化而开发的项目,碎米的价格大致相当于整米价格的一半,如果经过再制和营养强化,价格可以高于整米价格或与整米的价格持平。

在面包中添加米粉,开发米面包是为了解决谷物过剩或谷物不足的需要。米粉替代面粉后虽然面包蛋白质含量降低了,但蛋白质质量却提高了,这是因为米粉提供的氨基酸使之获得了更好的平衡。

米饮料是植物蛋白型营养饮料,具有饮用方便、保质期较长、冷热皆宜、不损坏牙齿的优点,在饮料市场已经占有一席之地。

### (二) 小麦加工副产品

小麦加工副产品有麦麸、麦胚等,对小麦加工副产品综合而有效的利用,如制备低聚糖、麸皮膳食纤维、戊聚糖等,可提高粮食生产效率和农副产品的产值,有利于提高生产生活水平。

小麦胚芽即麦胚,含有丰富的营养成分,被国外营养学家形象地誉为"人类天然营养宝库"。麦胚是一种理想的食品原料,美国科学家早在20世纪50年代就提倡将麦胚开发为优质食品供人类食用,世界上许多国家都积极开展对麦胚的研究开发和利用。在国外,麦胚通常加工成全脂胚(或胚芽粉)和麦胚油。全脂胚(或胚芽粉)是将精选的麦胚通过烘焙,使胚中酶(脂肪氧化酶、蛋白分解酶)失活,并将水分降低到临界值(3%~3.5%)后贮存备用,或磨粉后贮藏。麦胚可添加到许多食品中,如糖果、点心、面条、面包等,这些产品不仅营养价值高,而且色泽好、口感爽。麦胚还可加工成调味品、饮料、水果制品等。脱脂胚的营养成分也十分丰富,具有脱脂奶粉的成分,可作为脱脂奶粉的替代品。

麦胚油可通过压榨法或浸出法制得,是营养价值很高的食用油,它富含天然维生素E,

具有特殊的保健作用。麦胚油可改善人脑细胞功能,增强记忆力,还具有增强细胞活力、提高肌肉持久力等功效;麦胚油也可作为天然化妆品的原料,国外用麦胚油制成的胶囊很受消费者欢迎。

小麦加工过程中,小麦麸皮,即麦麸,成为面粉生产的一大宗副产品,具有原料高度集中、数量庞大的特点。目前,这些麸皮一般作为饲料工业的原料,经济价值不高,而小麦麸皮中含有许多极具利用价值、对人体有益的成分。

由于麦麸直接食用时口感和风味较差,过去大都用作饲料。在农副产品深加工快速发展的今天,如何充分利用小麦麸皮已成为研究的热门课题。麦麸中富含纤维素、半纤维素、木质素,而这些均是构成膳食纤维的成分。大量研究证明,膳食纤维在胃肠内吸收水分后体积增大,使人产生饱腹感,在肠道内形成胶态,促进大肠蠕动,延缓葡萄糖和脂肪的吸收,逐渐使血糖和血脂水平下降,从而减少许多"文明病"的发病率。因麦麸富含天然食品中的膳食纤维,以麸皮为原料制成的食物和健康产品也在国际市场上日益流行。

小麦膳食纤维不仅可以用来开发保健品,而且由于它具有良好的持水性,还能改良食品品质。如制作蛋糕时,在配料中加入面粉质量的6%左右的膳食纤维,可以得到体积理想的、耐老化的蛋糕;肉制品加入小麦膳食纤维,可以提高持水性,并延长其货架寿命。可见,小麦膳食纤维在食品生产中的应用也具有广泛的前景和重要价值,但它在特定食品生产中的应用量和应用方法还有待于进一步研究。

麦麸可用来制作面筋。面筋作为添加剂与其他谷物混合或掺入肉类,充分利用面筋的多功能性,可生产出各种各样的食品。麦麸蛋白具有鸡蛋蛋白的功能,可作发泡剂用于面包、糕点的制作,能防止食品老化;麦麸蛋白用于制作鱼肉、火腿肠时,可增加产品的弹性和保油性;麦麸蛋白可作乳化剂,制作乳酪或高蛋白乳酸饮料,别具风味。

麦麸中酶类丰富,含量较高的有β-淀粉酶、植酸酶、羧肽酶和脂肪酶等。β-淀粉酶也称糖化酶,可作为饴糖、啤酒和饮料生产上的糖化剂。植酸酶是一种能促进植酸或植酸盐水解成肌醇和磷酸的一类酶的总称。植酸酶既能将植酸磷转化为无机磷,促进磷的吸收,又能解除植酸对钙、镁、铁等矿物元素机体吸收的抑制,因此在营养学上也很有价值。次粉与麦麸相比,蛋白质和脂肪含量较高、粗纤维含量较低。因此,次粉具有较高的能量和营养价值,是一种良好的饲用资源。在预混合饲料生产中,由于次粉的颗粒较小,是维生素、矿物质等饲料中微量成分的良好载体,可确保微量预混料在饲料中混合均匀。胚乳含量较高的次粉可进一步加工制造面筋、蛋白、淀粉,或制造酱油、醋、酒,此外还经常用于培养食用菌等。

(三) 玉米深加工

玉米是我国三大粮食作物之一,主要用作饲料和工业原料。国内外常规的玉米深加工,一般是先分离得到玉米淀粉,然后糖化制淀粉糖,再进一步将糖用于发酵工业,或氢化制糖醇。关于深加工副产品,除少数企业用胚芽榨油外,玉米副产品一般作为粗饲料直接销售,缺乏进一步深度加工。

我国玉米深加工副产品综合利用技术水平低,开发的产品附加值不高。尽管国内资源、人力成本均低于国外,但由于技术水平跟不上,国内的产品质量即使达到了国际先进水平,也造成了产品开发成本高、国际市场竞争力差等问题。因此,加速玉米深加工副产品的综合利用的研究意义重大,可以在我国食品市场上增加新品种,改善高蛋白饲料的短缺现状,增加玉米深加工企业的经济效益,做到资源的最大化利用,也符合国家循环经济的发展方向,具有重大的社会效益和环保效益。

玉米皮是玉米加工淀粉的副产品,约占玉米总质量的7%～10%。玉米皮中脂肪含量为6%,可用溶剂提取玉米脂肪即得玉米纤维油,其含植物甾醇高达10%～15%,具有很强的抗氧化能力。玉米皮中纤维素、半纤维素含量丰富,其中纤维素占11%,半纤维素占35%,葡萄糖占32%,可作为生产功能糖——木糖、木糖醇等产品的原料,生产功能糖后的残渣可用于发酵生产燃料乙醇,实现玉米皮的全部利用。

玉米蛋白中含有60%的蛋白质,其中醇溶蛋白和谷氨酸含量较高。玉米蛋白呈黄色,是因为含有玉米黄色素。玉米蛋白现主要作为饲料销售,附加值较低。研究开发玉米蛋白高附加值产品,用于功能性食品发展方向,具有重大的社会效益和环保效益。

## 五、通过粮食加工企业升级改造,实现粮食加工节能减排

《国家中长期科学和技术发展规划纲要(2006—2020年)》明确指出:能源在国民经济中具有特别重要的战略地位。我国目前能源供需矛盾尖锐,结构不合理、能源利用效率低,对能源科技发展提出重大挑战。

大米是稻谷加工的主要产品,也是我国最重要的主粮。我国大米行业的快速发展,对满足城乡居民消费需求,促进稻谷生产、农民增收、带动粮食主产区经济发展和改善城乡居民生活、保障国家粮食安全发挥了重要作用。但其在快速的发展过程中出现了产品精度偏高、碎米率偏高、能源消耗偏高等问题。

碾米工业是一个历史久远,与人民生活息息相关的重要行业。碾米效率——碾米的质量、产量和电耗等方面的工艺指标反映了碾米工业技术含量的高低,在提高碾米质量的同时降低单位产品的电耗是碾米技术发展的必然趋势。据研究,从稻谷加工成大米,单位产品电耗约为55千瓦时/吨大米,因此,要解决大米生产电耗偏高的问题,首先需要降低碾米工段的电耗。

我国大米企业碾米工段至少采用三道碾米,主机碾米机的装机容量约占碾米工段装机容量的80%。因此,为了降低碾米工段的电耗,首先需要降低主机设备电耗。通过对高效节能碾米技术的机理进行研究,探索其影响碾米产能、效果和能耗的关键参数,提出适合我国主要稻谷类型的低能耗碾米工艺技术路线和工作参数,完成国内主要稻谷产区应用性试验,为大米行业节能减排、产业升级提供技术支撑。

# 第六章　矫正粮食价格机制

## 第一节　供给侧结构性改革与粮食价格机制

2018年,随着农业供给侧结构性改革,特别是粮食价格形成机制的深入推进,粮食流转出现了诸多新变化。主要体现在以下三个方面:

一是粮食收购量连续下降,市场化收购比重继续提高。国家粮食和物资储备局的最新数据显示,2018年我国各类粮食企业的原粮收购量接近3.6亿吨,比上年减少5 000万吨以上,收购量连续两年出现了下降。粮食价格形成机制的改革进一步优化了粮食交易市场的供求结构,市场配置粮食资源的作用也日益凸显,市场流通秩序更加顺畅,收购方式由政策性主导转向常态化的市场化收购。全年政策性粮食收购较上年明显下降,比重也由上一年的12%下降5个百分点,改革的效果明显。

二是国有粮食销售量连年攀升,政策性粮食拍卖成交活跃。2018年,国有粮食销售企业累计销售粮食超过4亿吨,同比上升超过20%。国家消化不合理库存力度进一步加大,全年国家政策性粮食实际销售出库近1亿吨,同比增加约60%。国有粮食销售量的持续增加和政策性粮食拍卖成交量的爆发性增长,都说明了粮食价格形成机制改革的成效斐然,是供给侧结构性改革的重要成果体现。

三是粮食年末库存近年来首次减少,粮情保持总体稳定。受粮食价格形成机制和粮食收储制度改革的影响,粮食库存总量在经历了连续8年的连续增长后于2018年首次出现高位回落,较上年下降了近15%。但总体而言,当前我国粮食库存依然充裕,粮情相对稳定,质量有所提升,同时结构性矛盾也有所缓解。

此外,各级粮食部门还通过创新粮食收购方式、支持和引导多元主体积极进入市场来促进粮食价格形成机制的市场化改革。订单收购、预约收购等多元化、个性化服务不断涌现。各地通过建立粮食市场化收购贷款信用保证基金、担保公司等方式,帮助企业多渠道收集粮食市场化收购资金,粮食收购资金保障能力不断加强。但同时也不得不看到,目前我国的粮食价格形成机制改革还存在诸多问题尚未解决,需要在供给侧结构性改革的大背景下进一步发力。

## 第二节　我国粮食价格机制的演进与现实状况

粮食价格体系是粮食在生产和交换过程中价格的形成体系。研究我国粮食价格体系,就是研究粮食价格的形成机制,分清市场机制和政府调控机制发挥作用的空间和大小,为未来制定更好的粮食价格政策提供现实依据。

## 一、我国粮食价格形成机制的演变

研究我国的粮食价格形成机制,可以从粮食价格历史波动背后的深层原因入手。改革开放40多年来,粮食市场经历了数次价格波动,其调控措施反映了政策导向的变化,梳理具有代表性的粮食市场波动节点,并对同期发生的与粮价变化有联系的重要事件进行简要剖析,总结调控工具的使用及效果,有助于回顾改革至今的思路与导向。

### (一) 1983—1984年:统购统销制度松动

第一次"卖粮难""储粮难"和"运粮难"始于1984年前后。经过连续六年的丰收,1984年粮食产量与收购量均创下历史最高纪录,形成相对过剩的局面。全社会粮食收购量超出储备能力,当年年末的库存超过仓容能力的一半以上,又因流通政策限制农民自行到外地销售,粮食价格出现波动。

**1. 波动原因**

"统购统销"制度松动是粮价开始波动的根本原因。1983年中央一号文件规定,农民在完成国家统购任务后可多渠道经营;除小麦、玉米、稻谷仍实行统购外,其他品种放开。1984年10月,党的十二届三中全会做出经济体制改革的决定,价格改革起步,市场小幅放开,粮价长期不变的僵局被打破,供求决定价格的市场机制显现。价格激励下,粮食增产导致供给超过当时较低水平的有效需求。受国家粮食流通计划管理体制和经济实力的制约,没有形成专项粮食储备制度,储备作为粮食市场价格波动的"熨平"机制没有发挥作用。这一时期粮食自由市场规模较小,消费群体对市场波动的直接推动作用有限。

**2. 应对措施**

根据对当时国内粮食"总量平衡有余"的形势判断,为解决"卖粮难"、减轻财政负担,1985年国务院决定粮食流通体制实行双轨制,长达32年之久的统购改为"合同订购",订购以外的粮食自由上市,价格随行就市。当市场粮食价格低于原统购价时,国家按原统购价敞开收购,以保护农民利益,这是我国粮食政策历史上第一次提出价格保护。但这一措施经历了曲折和反复,随后四年采取了"委托代购"、"三挂钩"奖励、"议转平"收购等生产支持措施,以提高农民的生产积极性。直到1989年产量恢复稳定后,为了再度解决"卖粮难"与财政负担问题,开始了第二次粮改。1990年,国务院决定建立调节供求和市场价格的国家专项粮食储备制度,重点在粮食调出省和地区收购国家专项储备粮,并实行最低保护价政策,增加主产区的保护价收购。

**3. 应对成效**

粮食统购统销政策是在小商品经济和商品短缺的基础上缓和粮食供求矛盾的一种特殊政策,也是在特殊历史条件下处理国家与农民关系的特殊政策(王瑞芳,2009)。这一时期正值宏观经济调整,通货膨胀达到高峰,改革开放以后CPI首高于10%。粮价在计划经济时期长期被压制在较低水平,统购制度松动催生了重要的价格激励。"卖粮难"之后的几年,粮食产量和市场价格持续震荡。在市场初步放开且市场发育不足、价格扭曲的环境下,

20世纪80年代后期粮食市场调控的计划经济与市场调节手段相继占主导位置,体现为双轨制的形式,但没有触及价格形成机制本身,低于市场价的合同订购价对生产激励作用难以持续,直至1990年粮食产量才稳定在较高水平。粮食宏观调控更多体现在行政手段而非经济手段上。

### (二) 1993—1995年:双轨制时期的增量改革

1993年11月出现粮价短时间内大幅上涨并波及全国的情况。南方沿海省市的稻米价格上涨,并带动玉米和小麦价格的全面上涨,并从南方销区向北方产区扩散。仅一个多月,全国粮食价格上涨80%左右。1994年3月起再度上涨,南方地区多地出现"卖粮难"现象,与1984年相比,波及范围更广。

这一轮粮价上涨持续了20个月,粮价达到有史以来最高的2.155元/公斤(卢锋,1999)。

#### 1. 波动原因

价格的频繁波动也是市场放开后被动调节或调控滞后的结果。1992年,粮食购销体制实行"粮价放开、保量放价",国务院同意采取以"分区决策、分省推进"的方式促进,取消省际间粮食计划调拨。在不到一年的时间完成并轨改革,改变了二十多年粮食购销价格倒挂的状况。粮票取消、销售价放开对消费者带来心理预期变化,多地出现抢购。粮食周期性波动与通货膨胀交会,局部地区供求失衡是引发市场波动的原因之一。尽管1993年全国粮食总产量突破9 000亿斤,达到历史最高水平,但广东、浙江等务工人数激增的省份减产较大,增加了供需缺口和运输压力。粮源集中于"惜售"的农户和承担订购任务的粮食企业,中间粮商囤积抬价与期货市场存在的过度投机,形成对粮价上涨预期的共振放大。与此同时,由于国际市场减产、进口补贴取消等因素,进口粮源减少,进一步加剧国内市场的粮源紧张。

#### 2. 应对措施

为了巩固正在形成的适应市场经济需要的购销体制,1993年下半年起加强了中央和地方储备体系的建设,建立健全了灵活的粮食吞吐调节机制。配套建立粮食风险基金,对粮食收购资金实行封闭式管理,支持保护价收购形成的粮食储备,作为平抑粮食市场的专项调控基金。1994年国家决定放弃"保量放价"的改革目标,提高粮食订购价,保障生产积极性。当年下半年购销体制回归价格"双轨制":一方面,再度强化对市场的管理,恢复并加强了粮食购销、价格和市场方面的控制和干预。除承担国家粮食收购任务的单位和具备规定资格并经核准的粮食批发企业外,其他单位和个人都不许直接到农村采购粮食。另一方面,实行米袋子省长负责制和粮食风险基金制度,在储备分级管理的基础上探索粮食管理体制的地方事权分权。其他调控措施还包括探索国有粮食企业政策性业务和商业性经营两条线运行彻底分开、整顿粮食期货市场和暂停粳米期货交易等。

#### 3. 应对成效

如何利用宏观调控手段稳定开放市场下的粮食价格是至为重要的关键问题。这一时期处于计划经济向市场经济转型的起步阶段,传统的行政干预长期没有遇到真正的挑战,面对市场放开后的短期波动,表现得被动且应对不足。比如:调运与储备能力有限,风险基金运作实际规模较小,无法有效发挥作用,客观上弱化了缓冲市场波动的政策效果;"分省决策"的制度安排削弱了统一调度的合力。针对市场不稳定的情况,加强对粮食生产和流通环节的行政管理,是政策过渡时期的必然选择。长达一年半的价格上涨期间所出台的一系列调控措施以激励生产、稳定并扩大粮食供给为导向,尤其是明确了在国内粮食总量供不应求的形势下,南方销区省份的增产责任相对产区省份更重。这一时期逐步形成由保护价政策、粮食风险基金、国家储备体系等组成的较为系统的粮食调控体系。

### (三) 2003—2004 年:全面放开粮食市场

2003 年 9 月秋粮上市及 2004 年 3 月粮价两次迅速上涨,引起全国性粮食市场猛涨,并于 2004 年上半年涨至峰值。

**1. 波动原因**

国内外粮食生产及库存同时降至低位,叠加效应下粮食供求关系趋紧。2003 年,粮食产量降至 1990 年以来的最低点,连续 3 年产不足需,两大口粮——稻谷连续六年减产、小麦连续五年减产,稻谷产量降至 20 年内的最低水平,部分主销区的粮食库存已降至低位。同期的全球粮食库存创下 30 年来的最低纪录。此外,铁路运力紧张制约东北稻谷和大米的及时外运,加剧区域性供求失衡,也是推动销区价格上涨的因素之一。

**2. 应对措施**

前一阶段逐年增长的粮食需求压力强化了保障粮食供应的政策目标。在产量库存双下降的形势下,提振生产、保护农民利益是调剂供求关系的根本。2004 年 1 月,国务院公布《中共中央 国务院关于促进农民增加收入若干政策的意见》,时隔 18 年再次将农业和农村问题作为中央一号文件。明确加大农业税减免力度,建立种粮农民直补机制,决定适时对短缺的重点粮食品种在主产区实行最低收购价,防止粮价的剧烈波动伤害农民及消费者利益。临时性的措施还包括调整进出口政策。2003 年底开始对粮食出口实行配额管理,取消各种出口补贴,采取免收进口增值税等临时关税政策。2004 年是全面放开粮食收购市场的一年,加入 WTO、"放开销区"等措施都对粮食市场产生深刻影响。为更好地发挥政府作用,国务院出台《粮食流通管理条例》等管理办法,在储备动用、应急体系等方面加强粮食市场体系建设和流通规范管理,并加大了地方在粮食流通环节的事权和责任。比如,各省可组建国家粮食交易中心,承担国家政策性粮食竞价交易任务;明确粮食储备动用机制的央地事权,当局部地区出现粮食供给短缺或"卖粮难"时,主要通过销售或收购地方储备粮等方式调节;较大范围出现粮食供不应求或"卖粮难"时,动用中央储备粮调控。

**3. 应对成效**

加入 WTO 使我国粮食供求模式从根本上发生改变,增加了国内粮食供求波动的外部因素。这一时期,以市场化为导向的特征更加明显,各项政策致力于推进开放型经济的发展。国内市场整合程度提高,非国有企业等社会多元主体参与粮食收购。在粮价波动之际放开市场,政策特征表现为组合调控,对粮食价格的调控由直接定价向以间接调控为主转变。2004 年起连续出台的最低收购价等农业支持政策,对粮食增产、农民增收发挥了积极作用。临时收储政策、国家粮食交易中心均形成于这一时期,这意味着在调控预见性方面的强化,稳定市场预期成为调控的重要目标。

### (四) 2007—2008 年：全球经济危机

2007 年以来，特别是 2008 年上半年，国际粮价短期内波动明显，实际价格上升至近 30 年来的最高水平。国内粮价与国际粮价上涨趋势一致，其中，玉米、大豆两大非口粮品种的市场价格出现明显波动。

#### 1. 波动原因

这一轮的粮价上涨与前几次有明显差异，主要表现为与国际市场联动加强。2006 年下半年起，美元贬值、原油价格大幅上涨以及欧美国家生物燃料政策均是推动粮价上涨的重要因素。国内外粮食库存处于近年来的低点，且印度、越南、乌克兰等粮食出口国采取限制出口措施。此外，国内经济处于通胀时期，生产成本上涨和基础价格上涨加剧了市场波动。

#### 2. 应对措施

由于国际市场粮源偏紧，影响有效供给的不确定性因素较多，稳定国内粮食生产仍然是中长期调控的主要目标。《国家粮食安全中长期规划纲要(2008—2020 年)》《全国新增1 000 亿斤粮食生产能力规划(2009—2020 年)》先后发布，确立了提高粮食综合生产能力、确保供给、留有余地的原则，提出"以需定产"的理念和"立足国内，基本自给"的原则。针对玉米深加工行业发展过快、受国际生物燃料行业影响较大的情况，政府加强对玉米加工业的宏观调控，从规模和布局方面限制深加工发展。参考口粮的托市收储预案办法，2008 年，玉米、大豆也相继纳入临时收储范围，通过敞开收购、提高最低收购价、采取运费补贴和定向销售补贴等多种方式，刺激中间需求解决东北地区新产粳稻、玉米"卖粮难"问题，短期内迅速扭转了市场供求关系。当年起调整贸易政策，对粮食出口征收关税，并实行出口配额制。

#### 3. 应对成效

自上一次粮食市场波动至此，宏观调控重新体现出以行政力量为主导、以市场力量为补充的特征。WTO 关于外资企业进入国内粮食流通领域的过渡期行将结束，这一时期的调控重点在于保障农民利益和稳定市场，并逐步形成以最低收购价和临时收储政策、农业补贴制度、进出口调节为主要内容的调控体系。通过启动托市政策，政府掌握了大部分粮源，有效隔离了国际市场波动较大的粮价行情。后期介入玉米、大豆市场的干预效果显示出宏观调控发挥了正向调节作用，减少了国际市场向国内的价格传导，但大豆进口依赖度显著高于国内其他主粮，因此受国际市场影响较大。

### (五) 2011—2014 年："政策市"的形成与扭转

#### 1. "政策市"的特征及成因

由于国内粮食生产成本逐年上涨，而国际粮价处于下行状态，为保障粮食生产积极性，托市政策择机启动的原则演变为常态化启动，收购价格脱离供求基本面，价格形成机制扭曲，形成国内外、产销区、原粮与成品粮价格"三个倒挂"的现象。三大主粮全部转为净进口，形成过量库存，政府调控陷入"国家收储—进口增加—国家增储"的不利局面。

#### 2. 应对措施

2014 年以前的粮食调控重点是避免农民"卖粮"，兼顾缓解政府库存压力。一方面，粮食收购市场进一步放开。2011 年起政策性收购主体范围多次调整，向非国有主体扩大。另一方面,实施运费补贴政策调整收购进度。多部门联合调控玉米深加工产能规模,包括:暂停托市收购、采取严格的行业限制和准入制度、取消部分深加工产品的出口退税等;最低收购价政策首次不执行"敞开收购",转为有计划地控制收购。2014 年起实施收储制度改革,取消大豆临时收储政策,在东北启动大豆目标价格改革试点。2016 年玉米临储政策调整为按照"市场定价、价补分离"的原则实行直接补贴,首次下调早籼稻最低收购价。2018 年下调小麦和稻谷最低收购价,修订最低收购价执行预案,突出发挥市场机制作用的改革导向。

**3. 应对成效**

连续启动多年的托市政策体现了保护农民利益的政策导向,对粮食增产起到了强有力的支持作用。但偏离市场的收购价不但没有缓解供求关系的失衡,反而更加大了库存和财政压力,削弱了保障价格稳定的基本目标。直至 2014 年实施收储制度改革,价格机制的调整改变了激励方向,通过与市场调节相结合的政策疏导,理顺粮价形成机制,发挥其协调产业链上下游资源配置的决定性作用,政策市的现象才逐步得以扭转,出现与调控方向一致的市场预期。

**(六)总结**

改革开放 40 多年的粮食市场发展经历了全面放开的通货膨胀、21 世纪初加入世贸组织、2008 年前后的金融危机等重大事件,粮食市场的几次典型波动也基本与之对应。其间形成的较为系统的市场调控思路对研究市场波动具有一定的启示作用,可归纳为以下几点。

其一,稳定价格是调控的基本目标。粮价作为百价之基对社会稳定起到重要作用,尤其是在通货膨胀时期;但同时,粮价作为物价之一也必然与宏观经济同频共振,具体表现为价格波动强度在通货膨胀时期放大,且主要集中在价格上行阶段。在我国经济体量还极为有限的情况下,粮食市场调控涉及宏观经济的多个方面。随着国内经济体量不断扩大,粮食在宏观经济中的地位逐步下降,市场调节的政策目标进一步明晰。

其二,坚持市场发挥配置资源的决定性作用与更好地发挥政府作用相结合是调控的基本原则。有效的价格形成机制使市场在资源配置中起决定性作用,但防范外部冲击是基本前提,尤其是生产之于产区、储备之于销区,是政府调控的重点内容。目前常用的调控手段包括储备、调运、贸易政策及价格干预,其中,前两者是近年运用较多的调控方式,并已形成长期性的制度安排。随着调控手段从以行政手段为主向以经济手段为主转变,调控的预期引导作用进一步体现。

其三,调控方式更注重主动性、灵活性。从几次粮价的波动幅度与持续时间来看,仅 20 世纪 90 年代初出现了明显持续上涨现象,调控体系和核心调控手段在这一阶段逐步建立。随着市场化程度的提高,粮价波动相较于过去更为稳定,波动周期缩短,体现出从被动调控向主动调控的转变。2004 年是全面开放的重要转折期,在强调顺应经济规律、注重市场功能发挥的同时,调控重点逐步向销区和西南地区、非主粮品种倾斜,形成了全面覆盖、分品种施策的思路。由于城乡经济社会转型,粮食市场相机调控的频率提高,2010 年起在引入多元主体方面几乎逐年调整,调控对象从价格向供求关系转变,有效调节了市场预期。

## 二、我国粮食价格机制的现状

近年来,我国的粮食价格形成机制改革效果明显,按照市场定价、价补分离、主体多元的原则,分品种施策、渐进式推进粮食价格形成机制改革。其中,粮食价格支持政策是政府稳定粮食市场、保障粮食安全的有力措施。为扭转我国粮食产量逐年下滑的局面,政府于2004年开始相继出台粮食价格支持政策,即谷稻、小麦最低收购价格政策和玉米临时收储政策,以此来抬升粮食价格,提高农民的种粮积极性,以实现粮食产量恢复性增长。分析粮食价格支持政策近年来的变化,就可以从根本上了解我国粮食价格机制的现状。

### (一) 价格支持政策执行

2004年,政府首先对稻谷施行最低收购价格政策,稻谷品种涵盖早籼稻、中晚稻(包括中籼稻、晚籼稻和粳稻)。2004—2007年,早籼稻最低收购价格为70元/50公斤,政策执行地区为安徽、江西、湖北和湖南等4省份,4省早籼稻产量约占全国早籼稻总产量的60%(按2009年数据计算,下同);中晚稻最低收购价格政策在吉林、黑龙江、安徽、江西、湖北、湖南和四川等7省份执行,7省中晚稻产量约占全国中晚稻产量的57%,中晚籼稻和粳稻的最低收购价格分别为72元/50公斤和75元/50公斤。2008年最低收购价格政策执行力度加大,早籼稻政策覆盖范围扩大至广西,覆盖地区数量由4个变为5个,早籼稻产量份额由原来的60%提高到75%,增加15个百分点,最低收购价格提高到77元/50公斤,每50公斤的价格比原来增加7元;中晚稻执行地区新增了辽宁、江苏、河南、广西等4省区,执行地区的数量由原来的7个增加到11个,产量份额由原来的57%增加至78%,提高21个百分点,中晚籼稻和粳稻价格分别提高到79元/50公斤和82元/50公斤,每50公斤的价格分别比原来增加7元。2008年以后稻谷最低收购价格执行地区保持不变,最低收购价格则逐年提高直到2014年。2014—2016年,早籼稻、中晚籼稻和粳稻每50公斤最低收购价格分别保持在135元、138元和155元的水平。

小麦最低收购价格政策启动于2006年,执行地区为河北、江苏、安徽、山东、河南、湖北等6个省份,执行地区的小麦产量约占全国小麦总产量的77%,小麦最低收购价格政策执行以来,政策执行地区一直保持不变。2006—2007年小麦平均最低收购价格为70元/50公斤,2008年以后小麦最低收购价格逐年提高,直到2014年达到历史高点118元/50公斤,2014—2016年小麦最低收购价格保持不变,维持在最高水平。

2008年,我国开始在东北三省及内蒙古自治区实行玉米临时收储政策,4省区玉米产量约占全国总产量的53%。2008—2009年4省区玉米平均临储价格保持在75.3元/50公斤,2010年以后玉米临储价格逐年提高,并于2013年达到最高水平112.3元/50公斤,2014年玉米临储价格水平与上年持平,2015年下调至100元/50公斤。随着玉米临时收储政策的实施,我国玉米产量逐年快速增加,库存压力逐步加大,玉米国际国内价格出现倒挂,且国内外价差有进一步扩大的趋向,玉米临储政策难以为继。2016年东北三省一区的玉米市场调控政策调整为"市场化收购"加"补贴"的新机制,玉米临时收储政策实施了8年,至此正式退出历史舞台。

表6.1 粮食价格支持政策执行情况及变化

| 品种 | 执行时间/年 | 政策执行地区 | 地区总产量/百万吨 | 产量份额/% |
|---|---|---|---|---|
| 早籼稻 | 2004—2007 | 安徽、江西、湖北、湖南 | 19.62 | 60 |
| | 2008— | 安徽、江西、湖北、湖南、广西 | 25.16 | 75 |

续表

| 品种 | 执行时间/年 | 政策执行地区 | 地区总产量/百万吨 | 产量份额/% |
|---|---|---|---|---|
| 中晚稻 | 2004—2007 | 吉林、黑龙江、安徽、江西、湖北、湖南、四川 | 91.19 | 57 |
| | 2008— | 吉林、黑龙江、安徽、江西、湖北、湖南、四川、辽宁、江苏、河南、广西 | 124.71 | 78 |
| 小麦 | 2006— | 河北、江苏、安徽、山东、河南、湖北 | 88.46 | 77 |
| 玉米 | 2008—2015 | 辽宁、吉林、黑龙江、内蒙古 | 60.35 | 53 |

注：地区产量及份额为 2009 年统计数，产量份额是指政策执行地区产量占全国总产量的比重。
数据来源：《中国农业年鉴 2010》。

粮食价格支持政策执行时间并非全年，而是集中在新粮收获后的一段时期内。因地区间粮食的收获时间不同，各地政策执行时间也不尽相同，不同年份间政策执行时间也略有不同。早籼稻主要在南方地区种植，收获时间较早，政策的执行时间为当年的 7 月中旬至 9 月底（2015 年政策执行时间，下同）；中晚稻遍布的地区较广，南方及华北地区的政策执行时间为 9 月中旬至次年 1 月底，而在东北地区的执行时间为当年的 10 月中旬至来年的 2 月末，执行时间晚于南方水稻产区一个月左右。小麦最低收购价格政策覆盖的地区主要集中在华北及长江中下游地区，该地区的小麦收获时间较接近，政策执行时间统一为当年的 5 月下旬至 9 月底；玉米临储政策执行地区集中在东北三省及内蒙古自治区，政策执行时间统一为当年的 11 月至来年 4 月末。通常支持价格水平在政策执行期前数月发布，以 2015 年为例，稻谷最低收购价于当年 2 月初由国家发改委公开发布；小麦最低收购价于上年 10 月中旬发布；玉米临时收储价于当年 9 月中旬发布。政策价格的提前发布有利于市场形成价格预期，引导农民开展粮食生产，强化价格支持政策的执行效果。国家每年度的价格支持水平的发布事件能对粮食价格产生一定影响（朱喜安等，2016）。

表 6.2　2015 年各地区粮食价格支持政策执行时间

| 品种 | 执行时间 | 发布时间 | 政策执行地区 |
|---|---|---|---|
| 早籼稻 | 7 月 16 日—9 月 30 日 | 2 月 | 安徽、江西、湖北、湖南、广西 |
| 中晚稻 | 9 月 16 日—1 月 31 日（次年） | 2 月 | 四川、江苏、河南、广西、安徽、江西、湖北、湖南 |
| | 10 月 10 日—2 月末（次年） | 2 月 | 辽宁、吉林、黑龙江 |
| 小麦 | 5 月 21 日—9 月 30 日 | 10 月（上年） | 河北、江苏、安徽、山东、河南、湖北 |
| 玉米 | 11 月 1 日—4 月 30 日（次年） | 9 月 | 辽宁、吉林、黑龙江、内蒙古 |

注：不同年份的政策执行时间略有差异，本表为 2015 年各地区政策执行时间，发布时间为国家发改委发布当年最低收购价、临时收储价的时间。
数据来源：国家粮食局。

## (二) 价格支持政策与粮食市场价格变化

2004年,我国最早对稻谷施行最低收购价格政策,当年各类稻谷平均最低收购价格为73.2元/50公斤,2004年稻谷市场价格出现明显上涨,从2003年的60.1元/50公斤上涨到79.8元/50公斤,涨幅达32.8%。2004—2007年,稻谷最低收购价格水平维持不变,稻谷市场价格小幅上扬。2008年为贯彻落实中央一号文件精神,引导农民合理调整种植结构,保护农民种粮积极性,促进粮食生产发展,国家开始并连续7年提高稻谷最低收购价格水平。2007—2014年,稻谷最低收购价格年均增长率达到10.4%,2014年稻谷平均最低收购价格达到146元/50公斤,较2007年增长了近1倍。在此期间,稻谷市场价格快速同步增长,随后增速放缓并出现下降。2007—2011年稻谷市场价格增长速度较快,年均增长速度达到12.1%,从2007年的85.2元/50公斤上涨至134.5元/50公斤,提高了57.9%;2012年稻谷市场价格上涨速度放缓,涨至138.1元/50公斤,仅较上年提高2.7%;虽然2013年国家仍然在提高稻谷最低收购价格,但稻谷市场价格出现下降,降至136.5元/50公斤,较上年减少1.2%,稻谷市场价格首次低于稻谷支持价格水平。2014—2016年,稻谷最低收购价格保持不变,稻谷市场价格则由2014年的历史高点140.6元/50公斤,逐步降至2016年的136.8元/50公斤,稻谷市场价格稳低于支持价格水平(见图6.1)。

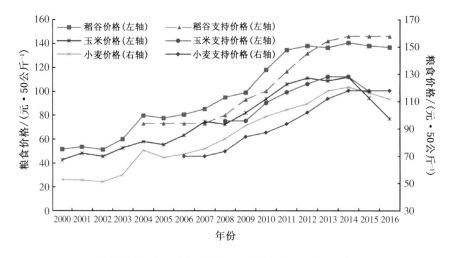

数据来源:《全国农产品成本收益资料汇编》,国家发改委。

**图6.1 粮食价格支持水平及全国粮食市场价格变化情况**

小麦最低收购价格开始执行于2006年。2006—2007年小麦最低收购价格保持不变,平均支持价格保持在70元/50公斤;2008—2014年国家逐年提高小麦最低收购价格,年均提高幅度达7.7%,在此期间小麦市场价格也同步经历了持续快速增长,年均增长率约为6.9%,2014年小麦价格达到120.6元/50公斤,较2007年提高了59.6%。2014—2016年小麦最低收购价格水平保持不变,小麦市场价格则开始出现下滑,2015年跌至116.4元/50公斤,较上年下降3.5%,小麦价格首次低于当年最低收购价格;2016年小麦价格进一步下跌至111.6元/50公斤,较上年下降4.1%。

玉米临时收储价格政策开始实施于2008年。2008—2009年,东北三省及内蒙古自治区玉米平均临时收储价格维持在75.3元/50公斤,2010—2013年国家逐年提高玉米临时收储价格,年均提高幅度达10.5%,2013年到达历史高点112.3元/50公斤;2009—2012年,全国玉米市场价格逐年大幅上涨,从2009年的82元/50公斤涨至2012年的111.1元/50公斤,年均增长幅度达到10.7%;2013年虽然玉米临时收储价格仍在提高,但玉米市场价格开始出现下降,降至108.8元/50公斤,首次低于平均临储价格;2014年玉米临储价格保持不变,玉米市场价格小幅涨至111.9元/50公斤,略低于临储价格;2015年国家下调玉米临时收储价格至100元/50公斤,玉米市场价格大幅降至94.2元/50公斤,较上年下降15.8%;2016年玉米临时收储价格政策正式取消,玉米市场价格则进一步降至77元/50公斤,较上年大幅度减少18.3%。

从粮食价格支持水平变化及粮食市场价格变化趋势中可以看出,价格支持政策对全国粮食市场价格产生显著影响。当大幅提高价格支持水平时,粮食市场价格也同步保持大幅增长,但2012年以后即便价格支持水平继续提高,粮食市场价格却增长乏力,似乎触及价格的天花板。当最低收购价格保持不变时,粮食价格则出现稳中有降趋势;当取消玉米临储价格时,玉米市场价格则出现大幅下滑。分析表明,价格支持政策对粮食市场价格的形成产生了重大影响。

### (三) 价格支持政策作用机制

粮食最低收购价格政策的主要内容是政府每年公布不同粮食品种的最低收购价格,在政策执行期间,当粮食市场价格低于最低收购价格时,政府委托国有粮食企业入市按照最低收购价格收购符合等级标准的粮食,并对不同等级的粮食实行差价收购;当市场粮食价格恢复到当年最低收购价格水平以上,国有粮食企业则退出市场,停止收购农民余粮,由农户和收购方双方按照市场定价的原则进行粮食交易。玉米临时收储政策的主要内容是在新粮上市、价格下行压力较大时,国家指定收储库点按照当年公布的收购价格敞开收购玉米,以稳定玉米市场价格,保障农民合理收益;在后期市场玉米供应减少、价格面临上涨压力时,国有粮库开始抛售玉米,实现顺价销售,熨平市场价格。临时收储政策实质上是通过调节玉米储备稳定玉米市场价格,起到蓄水池的作用。当新粮上市、供给增加时,通过收购将农民余粮转为储备,减少市场供应量,维持市场价格水平;当市场供应减少、价格面临上行压力时,则抛售玉米储备,增加市场供给,平抑市场价格,最终实现市场平稳运行。

图 6.2 描述了最低收购价格政策执行时,政府干预导致的粮食市场变化。新粮集中上市时,粮食市场价格面临下行压力,此时粮食供给曲线由 $S_0$ 右移至 $S_1$,粮食市场价格下降至 $P_1$,低于最低收购价格 $P_0$。此时政策预案启动实施,政府委托粮食收购企业入市收购粮食,政府购买行为实际上是增加了市场需求,将粮食需求曲线 $D_0$ 向右平移至 $D_1$,直到市场价格位于最低收购价格之上;当市场价格高于最低收购价格时,政府则退出市场,停止收购粮食。最低收购价格政策实质上是

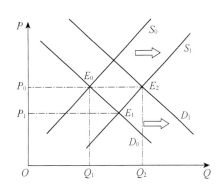

图 6.2 最低收购价格政策下政府干预
行为及粮食市场供需变化

政府通过购买的手段,干预粮食市场,增加粮食需求,从而达到提升粮食市场价格的目的。

图 6.3 描述了临时收储政策运行机制。为简化分析,图中未体现新粮上市时市场供给变化以及上市结束后市场需求变化。左侧供需曲线反映新粮集中上市时,政府购买干预行为带来的市场变化。新粮集中上市时,市场粮食供给增加,供给曲线位于 $S$ 位置,此时市场价格位于 $P_1$,低于临时收储价格,此时政府入市按临储价格敞开收购农民余粮,收购行为实质上增加了市场粮食需求,将需求曲线由 $D_0$ 右移至 $D_1$,市场价格向 $P_0$ 靠近。右侧供需曲线反映新粮上市结束,市场需求增加时的情形,此时市场需求曲线位于 $D$,粮食市场价格为 $P_2$,高于政府预期价格,此时政府在市场上抛售粮食,政府抛售实际上增加了市场粮食供给,将供给曲线由 $S_0$ 右移至 $S_1$,市场价格得到平抑,重新回到 $P_0$ 水平。临时收储政策中,政府通过买进和卖出行为,调节市场粮食供求关系,从而调控粮食价格,实现政策目标。

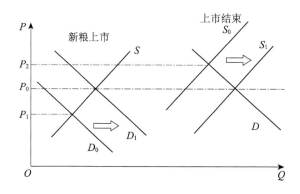

图 6.3 临时收储政策下政府干预行为及粮食市场变化

提前公布价格支持水平所形成的市场预期,也是价格支持政策影响粮食市场价格的重要机制。政府提前公布当年价格支持水平,释放了市场信号,形成市场预期,所公布的支持价格会引导买卖双方进行交易。此时若市场价格较低,卖方会参考最低收购价格水平,惜售粮食产品,市场价格会逐步回升至最低收购价格水平;若此时市场价格明显高于公布的最低收购价格,则买方会参考当年最低收购价格水平,进行压价,促使市场价格向最低收购价格回归。这样的预期往往能贯穿整个市场年度,通过干预买卖双方市场博弈,引导市场价格向价格支持水平回归。在某些年份,最低收购价格政策预案没有启动执行,即市场价格一直位于最低收购价格之上,这种情形往往是价格支持政策通过形成市场预期,引导市场交易来起到支撑粮食价格的作用。因此,并不能依据最低收购价格执行预案没有启动就轻易否认价格支持政策的作用。

总之,当前我国粮食价格支持政策对粮食价格的作用机制主要有两个方面:一是通过市场干预手段,改变市场供求状况来支撑粮食市场价格。对于最低收购价格政策,当粮食价格下跌至最低收购价格水平时,政府通过入市购买增加市场需求,支撑粮食价格;对于临时收储政策,则是通过价格低时买入、价格高时卖出的手段来平稳市场价格。二是通过提前公布支持价格水平,释放市场信号,形成市场预期,改变买卖双方市场博弈,最终影响粮食市场价格走向。

## 第三节　我国现行粮食价格机制存在的主要问题

改革开放以来,我国的粮食政策逐渐从以农补工、工农业取予平衡向以工补农的方向开始转变,开始对农业进行全面补贴。由粮食最低收购价、粮食直补、农资综合补贴等共同构成的农业政策支持体系有效促进了我国粮食产量的增长,保障了我国的粮食安全。其中,粮食最低收购价政策和粮食临储政策对粮食增产起着基础性的作用。

但在粮食最低收购价的实践过程中也暴露出了不少问题。首先,粮食最低收购价政策启动是为了解决粮食供给相对不足的问题,因而将最低收购价格设定在市场均衡价格之上,以促进粮食生产的发展。为了进一步稳定粮食生产,最低收购价被迫逐年增加,推动了粮食价格刚性上涨,造成了市场对政策的依赖性越来越强,而市场自身条件的空间越来越小。其次,国内粮食价格只涨不跌,而国际市场粮食价格随着供求关系不断变化,国内外粮食价格倒挂的现象频繁发生,尤其是近几年来国际粮食价格持续走低,对于市场完全开放的粮食品种而言,国外低价产品的涌入迅速占据了国内市场,国内生产的粮食只能转化为政府的库存,库存的大量积压增加了政府的财政负担,即使没有完全开放的市场也面临着前所未有的进口压力。再者,国内粮食加工行业面临着巨大的成本压力,原粮市场上粮食价格被政府行政定价左右,最低收购价带来的刚性上涨推动了加工企业的生产成本不断增加。最后,在粮食最低收购价政策下,尽管连年增产,但是也造成了农民生产的盲目性,一味地以增产为目的的生产大大增加了农户对化肥、农药等生产资料的使用,这给自然环境带来严重影响的同时,也在透支着土壤的肥力,严重影响了未来我国的粮食生产潜力。所以,健全现有的粮食价格体系、建立科学的粮食价格形成机制,依然是当前深化我国农产品流通体制改革的重要内容。从图6.4也可以看出,在开放市场的条件下,国内粮食市场受国际粮食价格的直接影响,从最低收购价的市场环境来看,只有在国内供给相对不足、国际市场粮价较高的情况下才能取得最优的效果,而在国内粮食供给相对过剩或者国际粮食价格较低的时候,会造成粮食库存急剧增加、政府的财政负担加重等问题,特别是当前国内供给过剩和国际粮食价格较低同时发生的情况,会导致库存过度增加和财政负担过重。

另外,我国粮食价格体系的特殊性,使得国家在运用储备粮、进口粮对市场进行调节时,也存在诸多问题。粮食储备和粮食进出口是国家粮食价格宏观调控的重要手段,对于调剂国内粮食市场的供给量具有十分重要的意义。然而,由于现行的粮食价格形成体系存在一定的不合理性,在某些年份里,粮食储备和粮食进出口并没有发挥应有的调节粮食市场供求矛盾的作用,反而加剧了粮食市场的供求矛盾。本书将这种状况称为粮食储备和粮食进出口的"逆向调节"现象。这种"逆向调节"现象非常不利于稳定粮食市场、不利于保障国家的粮食安全,也不利于粮食产量的稳步增长。本节接下来的内容,将分别运用实证与描述统计的方法从粮食储备和粮食进出口两个角度,来验证由粮食价格形成机制不合理造成的"逆向调节"现象。

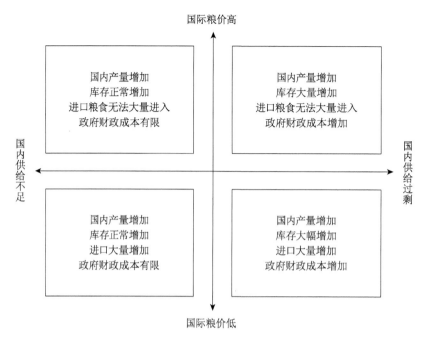

图 6.4 最低收购价政策效应

## 一、储备粮的逆向调节现象

粮食储备的主要作用是在年度内和年度间保证粮食稳定供给,缓解市场的供求矛盾,平抑粮食价格过度波动。可以将粮食储备看成一个"蓄水池",当粮食供给大于需求时,粮价下跌,此时吞进市场上供给超过需求的部分,增加库存,减少供给,使粮价不至于过低,起到保护粮食生产者的作用。当供给小于社会有效需求时,粮价上涨,此时抛出库存,减少储备量,增加市场供给,使粮价不至于过高,起到粮食消费者的作用。国家粮食储备正是通过这种吞吐来平衡供给和需求,稳定粮食价格,保证经济平稳地发展。

粮食储备数据是一个国家的机密,一般不向社会公布。目前不仅对农民存粮的数量及其变化缺乏令人信服的估计,对各级政府储备粮规模及其变化同样缺乏权威数据。我们只能通过考察储备粮的年度变化总量,进而考察粮食储备量的变化与粮食价格变化的关系。本文采用下面的公式来粗略地估计我国粮食储备量的变化:当年粮食储备变动量=粮食产量+净进口量-消费总量。为了更加准确、详细地研究粮食储备量的变化与粮食价格的变化之间的关系,本书统计了 1995—2014 年的相关数据,并且对数据进行了处理。粮食总产量和粮食净进口量均可以从历年的统计年鉴上查询到,数据比较准确;关键在于粮食消费量的估计,许多客观因素导致粮食消费量的估计存在很多的困难。这里采用钟甫宁在《我国粮食储备规模的变动及其对供应和价格的影响》一文中所采用的粮食消费量估计方法,本文假设粮食消费量逐年增长,并且在 20 世纪 90 年代以后增长速度趋于稳定,增长速度为约 1%。此外,本文用粮食零售价格指数来反映粮食价格,同时剔除通货膨胀的影响,单独考察粮食储备变动量和粮食价格变动率的相互影响。

下面就粮食储备变动($X$)与粮食零售价格变动率($Y$)进行计量分析。

## (一) 单位根检验

在进行两个变量的协整检验和 Granger 因果检验之前,首先分别对两个变量进行 ADF 检验,检验结果如下:

表 6.3　ADF 单位根检验结果

| 变量 | 模型(C, T, K) | ADF 检验值 | 1%临界值 | 5%临界值 |
| --- | --- | --- | --- | --- |
| $X$ | (C, N, 3) | −2.835 297 | −4.728 363 | −3.759 743 |
| $\Delta X$ | (C, N, 3) | −3.988 480 | −4.616 209 | −3.710 482 |
| $P$ | (C, N, 3) | −2.475 064 | −4.571 559 | −3.690 814 |
| $\Delta P$ | (C, N, 3) | −4.295 967 | −4.616 209 | −3.710 482 |

$X$ 和 $P$ 分别在 1% 和 5% 的显著水平下,ADF 检验值均要大于临界值,因此无法拒绝存在单位根的原假设,两者都是非平稳序列。为此,分别计算它们的一阶差分序列,并且分别对差分序列进行 ADF 检验,在 5% 的显著性水平下,ADF 检验值均小于临界值,所以它们的差分序列都为平稳序列,或者说变量 $X$ 和 $P$ 都是一阶单整序列,所以可以进行 Granger 因果检验。

## (二) Granger 因果检验

检验结果如下:

表 6.4　Granger 因果检验结果

| 变量 | 滞后阶数 | F-Statistic | Probability | 结论 |
| --- | --- | --- | --- | --- |
| $P$ 不是 $X$ 的 Granger 原因 | 3 | 4.569 14 | 0.033 01 | 拒绝 |
| $X$ 不是 $P$ 的 Granger 原因 | 3 | 2.425 21 | 0.132 73 | 接受 |

Granger 因果检验表明,粮食价格变化率可以较好地解释粮食储备变化量的变动,而粮食储备变化量的变动却不能较好地解释粮食价格变化率。

## (三) 脉冲响应函数

脉冲响应函数是在向量自回归模型的基础上,考察随机干扰项的一个标准冲击对内生变量当期值和未来值的影响。图 6.5 是模拟的脉冲响应函数。

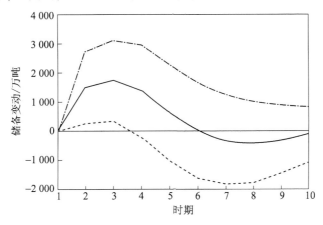

图 6.5　粮食储备变动量对粮食价格增长率的响应函数

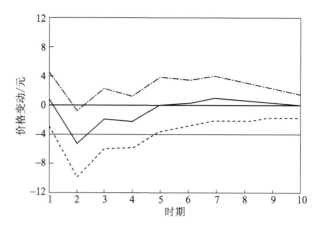

图 6.6 粮食价格增长率对粮食储备变动量的响应函数

从图 6.6 可以看出,在当期对粮食价格增长率一个标准冲击后,粮食储备变动量的响应存在时滞,在第 2 期存在一个正向响应,第 3 期该响应有所增强,其后的响应逐渐减弱并且趋于稳定。其所反映的经济含义为:当粮食价格上涨时,相当一部分的粮食企业为了避免以后会购入价格更高的粮食,反而在粮食市场上大量地购入粮食。这就意味着储备粮对粮食价格具有"逆向调节"作用。同样,粮食价格变动率也对粮食储备变动量的变化存在时滞,粮食价格变动率在第 2 期出现了负响应,然后从第 3 期开始,该响应逐渐开始减弱并且趋于稳定。其所反映的经济含义为:国家在粮食市场上用储备粮进行宏观调控时,粮食价格的变动存在一定的时滞性。

(四) 预测方差分解

表 6.5 粮食储备变动量与粮食价格变动率的预测方差

| 滞后期 | 粮食储备变动量 | | | 粮食价格变动率 | | |
| --- | --- | --- | --- | --- | --- | --- |
| | 预测标准误差 | 粮食储备变动量/% | 粮食价格变动率/% | 预测标准误差 | 粮食储备变动量/% | 粮食价格变动率/% |
| 1 | 1 989.343 | 100 | 0 | 7.763 02 | 1.263 443 | 98.736 56 |
| 2 | 2 576.682 | 66.166 85 | 33.833 15 | 9.958 052 | 28.206 40 | 71.793 60 |
| 3 | 3 154.465 | 47.414 21 | 52.585 79 | 10.314 17 | 29.567 28 | 70.432 72 |
| 4 | 2 447.76 | 40.200 95 | 59.799 05 | 11.184 14 | 29.088 04 | 70.911 96 |
| 5 | 3 511.898 | 39.361 28 | 60.638 72 | 11.803 62 | 29.132 80 | 73.867 20 |
| 6 | 3 534.992 | 40.150 54 | 59.849 46 | 12.017 74 | 25.294 11 | 74.705 89 |
| 7 | 3 559.124 | 39.934 35 | 60.065 65 | 12.080 11 | 25.718 10 | 74.281 90 |
| 8 | 3 585.420 | 39.423 48 | 60.576 52 | 12.104 79 | 25.860 07 | 74.139 93 |
| 9 | 3 559.696 | 39.127 55 | 60.872 45 | 12.147 64 | 25.793 22 | 74.206 78 |
| 10 | 3 603.251 | 39.099 99 | 60.900 01 | 12.179 75 | 25.657 43 | 74.342 57 |

根据表 6.5,在第 1 期和第 2 期,粮食储备变动量主要受自身变动的影响,第 4 期以后稳定在 40% 左右;在第 1 期中,粮食价格变动率对粮食储备变动量的影响为 0,以后影响逐渐增大并且逐步稳定在 60% 左右。粮食价格变动率一开始就受自身变动的影响,并且受产量的影响逐渐递增,最后稳定在 26% 左右。

## 二、粮食进出口的逆向调节现象

### (一) 粮食净进口稳定性差

如图 6.7 所示,在 2005 年之前我国粮食净进口量年度波动显著。该现象的原因可以归纳为两点:其一,我国粮食进口来源国太过于集中,比如我国小麦的主要进口来源国为加拿大和澳大利亚,而大豆的进口来源国主要为美国、阿根廷和巴西。这就意味着其中一个国家与我国的粮食贸易发生意外(比如发生贸易摩擦或粮食减产等)时,将会对我国的粮食进口量产生显著的影响。其二,粮食价格形成机制不健全也是重要的原因之一。粮食进出口量主要受国内粮食的供求现状以及粮食市场价格等因素的影响。我国粮食市场结构不完善、市场信息不充分,导致我国粮食净进口量大起大落。

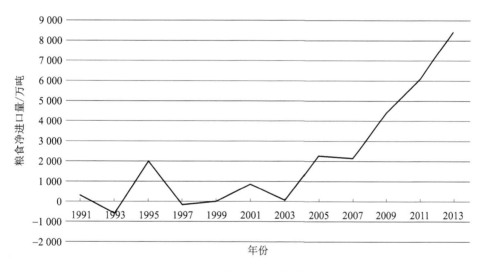

图 6.7　历年粮食净进口量走势图

编者绘制。数据来源:国家统计局数据库。

### (二) 粮食进出口的逆向调控问题

从理论上讲,粮食进出口是国家调控国内粮食余缺和防止国内粮价发生剧烈波动的手段之一。当国内粮食供给紧张时,应该增加进口并且减少出口;反之,应该增加出口并且减少进口。粮食净进口量的增减方向与粮食产量的增减方向应该是保持一致的,而现实的情况并非如此。也就是说,粮食进出口并没有发挥调控余缺和平抑价格的作用,而是发挥了逆向调节的作用。如表 6.6 所示,1990—2013 年间,只有 6 年的粮食净进口量增减方向与当年的粮食产量以及粮食市场价格的变动方向相协调,其他的年份都是相冲突的。粮食净进口逆向调节比较突出的年份有:1992—1994 年间,粮食价格是持续大幅度上涨的,而这三年的粮食却是净出口的;1996 年,我国的粮食产量较上年有了较大幅度的增长,粮食价格也出现了回落,而当年我国却大量地进口粮食;2001年,在我国粮食价格连续几年出现持续下跌的情况下,我国又开始大量地进口粮食。2003年以来,粮食价格出现了恢复性的上涨,粮食产量也出现了连续的增长,我国在这一阶段大量地进口粮食。

表6.6 粮食生产量与进出口量(1990—2013年)

单位:万吨

| 年份 | 生产量 | 进口量 | 出口量 | 净进口量 |
| --- | --- | --- | --- | --- |
| 1990 | 44 624 | 1 372 | 583 | 789 |
| 1991 | 43 529 | 1 345 | 1 086 | 259 |
| 1992 | 44 266 | 1 175 | 1 364 | −189 |
| 1993 | 45 649 | 743 | 1 365 | −622 |
| 1994 | 44 510 | 925 | 1 188 | −263 |
| 1995 | 46 662 | 2 070 | 103 | 1 967 |
| 1996 | 50 454 | 1 196 | 144 | 1 052 |
| 1997 | 49 417 | 706 | 854 | −148 |
| 1998 | 51 230 | 709 | 907 | −198 |
| 1999 | 50 839 | 772 | 759 | 13 |
| 2000 | 46 218 | 1 357 | 1 401 | −44 |
| 2001 | 45 264 | 1 738 | 903 | 835 |
| 2002 | 45 706 | 1 417 | 1 514 | −97 |
| 2003 | 43 070 | 2 283 | 2 230 | 53 |
| 2004 | 46 947 | 2 998 | 514 | 2 484 |
| 2005 | 48 402 | 3 286 | 1 059 | 2 227 |
| 2006 | 48 404 | 3 187 | 723 | 2 464 |
| 2007 | 50 160 | 3 238 | 1 118 | 2 120 |
| 2008 | 52 871 | 3 898 | 235 | 3 663 |
| 2009 | 53 082 | 4 570 | 173 | 4 397 |
| 2010 | 54 648 | 5 642 | 167 | 5 475 |
| 2011 | 57 120 | 6 390 | 288 | 6 102 |
| 2012 | 58 957 | 8 025 | 277 | 7 748 |
| 2013 | 60 194 | 8 645 | 243 | 8 402 |

编者绘制。数据来源:国家统计局数据库。

发生这种逆向调控的原因是复杂的:一方面由于粮食进出口计划的制订过分地依赖于历史的数据,缺乏对未来粮食供给和需求形势的理性推测。另一方面,我国粮食价格与国际粮价的倒挂现象也是发生这种逆向调控的重要原因之一,当国内粮食丰收而粮价却因为定价机制的不合理导致居高不下时,如果此时国际粮价相对优势明显,那么种种逆向调控的发生便是顺理成章的事。

# 第四节　矫正我国粮食价格机制的对策建议

## 一、完善粮食储备调节机制和粮食进出口调节机制

灵活的粮食储备调节机制和粮食进出口调节机制有利于稳定粮食市场的供给总量,有利于防止粮食价格的异常波动,有利于维持粮食市场的稳定。然而,由于制度体制、决策体系的不完善,粮食储备和粮食进出口并没有发挥应有的调节作用,反而在有些年份加重了粮食价格的波动。因此,完善粮食储备调节机制和粮食进出口调节机制是我们必须解决的关键问题。

### (一)完善粮食储备调节机制

充足的粮食储备是实施粮食价格宏观调控、保持粮食市场稳定的基础。粮食储备的基本功能,除保证供求稳定以外,还能起到平抑价格波动的调节作用。然而,我国现阶段的粮食储备制度存在着很多问题。比如,我国粮食储备的吞吐机制不灵活,无法及时、合理地调整粮食供求和平抑粮食价格的大幅度波动。针对我国粮食储备制度所暴露出的诸多问题,完善粮食储备调节机制非常重要。

首先,要合理、科学地确定粮食储备数量,提高粮食储备能力和供给保障水平。合理的粮食储备水平必须综合考虑许多因素,这些因素包括国内粮食市场的供求状况、储备需求和储备供给能力、国际粮食市场形势等。根据国际上公认的存粮安全线,粮食生产年度末的粮食结转储备量应达到全年社会粮食消费量的16%~18%,即2个月左右的消费量。而根据有关专家的研究,按照我国年末"周转储备"库存量满足5.5个月至6个月的消费量计算,"周转储备"库存粮食应达到1.2亿吨左右,"后备库存"应达到2 600万吨。

其次,健全我国粮情预报警系统。国家有关部门要根据粮食的生产成本、粮食价格与其他农产品价格的比较、粮食生产的经营成本和经营利润来合理、科学地确定粮食价格波动的最高值和最低值,以便掌握储备粮合理的吞吐时机。为此,必须要建立健全我国的粮情预报警系统,从而能够在第一时间及时、准确地掌握全国各个地方粮食市场的价格动态,为政府的粮食价格宏观调控提供科学依据。

最后,改革储备量调控粮食市场的运作方式。改变过去主要重视对粮食市场供求总量的调整,转向更多地重视对粮食市场价格的调节,使公众形成对粮食价格的稳定预期,从而把粮食价格控制在合理的区间内。今后,储备粮的吞吐要直接通过粮食批发市场进行,公开业务操作,避免"内部人控制"。这样不仅可以减少实施环节,降低调控成本,而且调控的效果更直接、更有效。

### (二) 完善粮食进出口调节机制

从理论上讲,作为调节国内粮食供需和防止粮食价格异常波动的手段之一的粮食进出口,当国内粮食市场供应紧张或粮食价格大幅度上涨时,应该增加粮食进口;反之,应该增加出口。然而在许多年份,粮食进出口不但没有能够调节国内粮食供需和防止粮食价格异常波动,反而起到了逆向调节作用。也就是说,在国内粮食供给充足的年份,我国反而大量进口粮食,而在国内粮食供给短缺、粮价上涨的年份,我国反而会大量出口粮食。这都反映了我国粮食进出口调节机制的不健全,因此完善粮食进出口调节机制的任务十分迫切。

首先,实施粮食进口贸易伙伴多元化,建立相对稳定的粮食贸易关系。为了防止出现对某些国家粮食进口的依赖,建议在WTO框架内,积极发展与多个粮食出口国的贸易往来,防止出现粮食进口国过于集中的现象;建议将进口粮食来源地尽可能地扩大,减少从美国、加拿大进口的比例,增加从法国、澳大利亚、阿根廷等国家进口的份额,形成多元化的粮食进口渠道;充分利用粮食出口国之间的竞争,掌握进口粮食的主动权,降低进口粮食的成本和不确定性;增加中长期粮食的合同比例,减少贸易摩擦和不稳定性,发展贸易往来与合作关系。

其次,加强对粮食进出口总量的适时控制,建立中长期粮食供需总量平衡机制。在坚持95%左右的粮食基本自给的基础上,灵活地运用国际粮食市场来调剂国内粮食总量余缺。加强对国内外粮食生产、供求和价格的监测分析,有效利用"两个市场、两种资源",努力减缓国际粮食价格波动对国内粮食市场的冲击。加强对国内外粮食市场形势的调查、分析和研究,加强对粮食进出口总量和时机的适量、适时控制,把中长期的粮食供给政策与短期的调控政策结合起来,建立科学、有效、合理的粮食供需总量平衡机制,以应对粮食市场出现的各种突发事件。

最后,要协调好国内粮食政策与粮食进出口政策,避免出现"逆向调节"和"大国效应"。要对粮食内外贸易政策进行统一的协调,提高粮食进出口对国内粮食供需缺口的调剂效率,避免粮食的进出口与国内的供需状况发生背离,减少"逆向调节"。以往的经验表明,一旦出口国预期到我国国内供需严重失衡,我国进口粮食将会刺激国际市场粮价上涨,从而产生"大国效应"。在粮食进口量扩大并保持相对稳定的情况下,我们要改进进口的操作方式,把握好进口时机和节奏(进口量不骤升骤降),使较大的粮食进口规模对世界粮价的影响降低到最低水平。

## 二、完善粮食价格与其他相关商品价格的联动机制

近年来,我国粮食领域出现了"新剪刀差"现象,具体表现为三个方面:农资价格和粮食价格差距拉大,外出打工和种粮收益的剪刀差拉大,种粮和其他农产品收入差距拉大。该现象的出现扭曲了粮食价格的市场调节功能,使大量的土地、劳动力等生产要素流失或转向投入其他农产品的生产,破坏了"粮食生产力"。粮食领域中出现的"新剪刀差"现象降低了种粮的比较收益,其不仅会严重挫伤农民的种粮积极性,而且还对我国的粮食安全构成严重的威胁,从而会阻碍我国的可持续发展。要想消除这种"剪刀差"现象所导致的不利后果,提高农民的种粮积极性,必须要完善粮食价格与其他相关商品价格的联

动机制。

## （一）完善农资价格与粮食价格的联动机制

农资价格持续、快速的上涨引起种粮成本的快速增加。与此同时，粮价的上涨幅度远远低于农资价格的上涨幅度，从而造成农民种粮收益的下降。为了确保农民增产增收，保障国家的粮食安全，国家应该统筹考虑粮食价格和农资价格的变动情况，建立健全粮食价格与农业生产资料价格的联动机制。首先，继续完善化肥、农机等农业生产资料价格与农资综合直补的动态调整机制。具体的操作方法为：定期监测农资价格的上涨幅度，及时合理地给予农户相应的农资补贴；同时要扩大农资补贴的范围和标准，避免农资价格上涨大量蚕食农民的收益。其次，要适度地对化肥、农药、种子以及农机等农资产品的价格进行科学的限制，从而遏制愈拉愈大的农资价格和粮食价格的差距。此外，要进一步完善农资价格的调控机制，例如适度扩大化肥等农资淡季的商业储备规模，以此来平抑旺季需求旺盛所导致的价格大幅上涨。

## （二）完善粮食价格与经济作物价格的联动机制

我国的土地资源比较匮乏，粮食和经济作物形成了一种互竞关系。经济作物价格的相对上涨，导致粮食种植面积的缩减，从而影响到粮食生产和粮食安全。我国要建立健全粮食价格和经济作物价格的联动机制，最主要的是使粮食价格和经济作物的价格维持在一个相对合理的比价范围内，改变种粮和其他经济作物收入差距过大的问题。例如，生猪与粮食（主要是玉米）的合理比价应该在 6∶1 左右，小麦与棉花的合理粮经比价应为 1∶8～1∶9 左右。一旦粮食价格与经济作物价格的比率出现扩大，国家应该采取必要的措施进行干预。

## （三）完善粮食价格与打工收入价格的联动机制

建立健全粮食价格与打工收入价格的联动机制对于保障粮食产量的可持续增长意义重大。首先，建议政府加强农资价格监管，稳定农资价格，相关部门加大农资价格监测，及时了解农资供需情况，防止农资价格的无序上涨和劣质农资坑农事件的发生。其次，继续提高粮食保护收购价格，合理的粮食收购价格不仅是农民收益的基本保障，而且也是稳定粮食生产、确保国家粮食安全的重要手段。此外，建议国家不仅在种粮补贴资金的发放上加大向粮食主产区的倾斜，而且在新增补贴资金的分配中要直接与粮食产量、商品量和优质粮生产挂钩，产量越多、商品量越大、优质粮生产得越多，得到的补贴就应该越多。

## （四）完善国内粮价与国际粮价的联动机制

粮价是"百价之基"，是控通胀的基础。从现实来看，我国粮价相对国际粮价具有一定的独立性。不过在经济全球化的背景下，随着我国粮食供求结构的变化，粮食价格的逐步市场化，加上预期效应和比价效应的作用，国内粮价和国际粮价的关联程度趋于增强。我国的石油价格已经建立了一个比较成熟的国际联动机制，国内石油价格随着国际价格的上涨而上涨。借鉴我国石油价格的形成机制，我国粮食价格未来也应该建立起这样的联动机制。

要想彻底地解决粮食领域中新出现的"剪刀差"现象，需要国家制定符合我国国情的、切实可行的提高农民积极性的各种相互补充的配套政策，而且要清醒地意识到政策的制定、实施和预期效果的实现并不是一蹴而就的。

### 三、进一步加快粮食价格市场化进程,推进目标价格政策

**(一) 优化粮食价格支持政策,提高收入转移效率**

中国现有粮食价格支持政策主要实施于农产品流通环节,对农民收入的转移效率较低。据 OECD 测算,在这种支持体制下,每补贴 1 美元,农民只能得到 0.25 美元,收入支持的效率仅有 25% 左右,其余则消耗在了流通和储备环节。而且,中国的国有收储企业对粮食质量要求相对较高,网点分布有限,导致补贴政策带来的实惠多落入粮贩手中。然而,目标价格制度以生产者产量或面积为依据,采取差价补贴方式,直接对种粮农户进行补贴,减少了流通环节耗费,从而有利于提高财政补贴效率。

**(二) 推进粮食价格市场化,减少粮食市场价格扭曲**

作为直接补贴的核算标准,目标价格是由政府根据农作物生产成本与合理收益制定并预先公布的预期价格。与最低收购价格和临时收储价格不同,目标价格并不直接对粮食市场价格产生影响,而主要是通过给予生产者价格信号引导作用,间接影响农产品市场,从而减少因"托市政策"所造成的市场扭曲,更加符合市场经济的基本要求,有利于农产品市场价格机制的形成。

**(三) 降低财政补贴支出,促进粮食产业链各环节高效运行**

实行"托市收购"以后,中央财政用于粮油事务的支出(主要包括最低收购价格补贴利息和储备粮油包干费)逐年上升,2012 年达到 727.45 亿元。如果这一政策继续实施,最低收购价格需要维持每年至少 6%~8% 的增幅才能弥补执行成本。这将进一步导致粮食产业链陷入"国内外价差持续扩大、国产粮食被大量收储、加工企业原料越来越依赖进口"的畸形状态。倘若执行目标价格制度,通过实施"价补脱钩",将粮食的定价逐步推向市场,可为价格下行提供空间,避免下游企业陷入效益下滑与停产的经营困境。同时,目标价格公布于种植周期之初,对市场价格和粮食生产都具有一定的指导作用,规模农户的优势将进一步突显,从而有利于推动适度规模经营和种植结构调整,促进产业链健康发展。

# 第七章 推进粮食行业信息化建设

## 第一节 供给侧结构性改革与粮食行业信息化

### 一、粮食供给侧结构性改革

2016年1月,国家主席习近平同志在中央财经第12次会议上提出,社会生产力水平的提升,才是供给侧结构性改革的最终目标,各级政府要将以人民为核心的发展理念执行好、落实好。在对总需求进行适当扩大的过程中,将产能有效降低,将库存有效降低,将杠杆有效降低,将成本有效减少,使短板得到弥补。从生产行业入手,对优质供给进行强化,对于无效供给进行有效降低,使有效供给得到有效拓展,使供给结构的自主性得到有效提升,使全要素生产率得到有效提升,使供给体系的发展能够与需要结构的发展相符合。

习近平总书记在十九大报告中指出,将供给侧结构性改革不断推向深入。在对现代化经济体系进行构建的过程中,要将实体经济的发展作为经济发展的重心,将供给体系质量的提升作为主要的发展目标,使我国经济质量竞争力得到不断的提升。所谓供给侧结构性改革,就是以供给质量的提升为基础,通过改革的手段,将结构优化不断深入发展,对于扭曲的要素进行优化调整,使有效供给得到扩展,使供给结构对多样化需求的变化的适应力得到有效的提升,使全要素生产率得到有效的提升,使广大人民的多样化需求得到更好的满足,从而使社会经济能够不断深入的发展。利用改革这一手段来释放生产潜力,提升供给侧竞争力,促进经济发展质量的提升。在具体实践中,要淘汰落后的边界产能,将发展重心聚焦在创新性的、绿色化的、高质量的经济领域。与"需求侧"相互呼应的三个方面分别是消费、投资和出口。而对于供给侧改革来说,其主要有四个方面的内容:一是劳动力,二是土地,三是资本,四是创新。通过化解产能过剩、降低企业成本、消化地产库存和防范金融风险来提升经济发展质量。而供给侧结构性改革的重点就是将经济结构进行有效的优化,使之能够最佳地配置各项生产要素。

### 二、粮食行业信息化

粮食行业积极探索推进信息化建设、信息技术融合应用取得进展、行业信息化水平得到较大提升。一是信息技术对行业管理支撑能力有效加强。原国家粮食局相继开发应用了国家粮油统计、财务会计信息报送、重点联系粮食批发市场信息报送等信息系统。储备粮管理信息系统在行业内被逐步使用,部分省区市开展了省级粮食管理平台建设,有效提升了行业管理效率。二是粮食市场监测预警信息化水平明显提升。初步建立了国家、省、市、县四级市场信息监测体系,粮食市场信息采集手段日趋完善,重点地区、重要品种和关键时段的市场监测信息不断丰富,国际粮食市场信息监测取得长足进步。三是粮食仓储信息化建设稳步推进。各省区市和有关中央企业仓储信息化建设步伐明显加快,粮库智能化升级改造正在分层次、分梯次地有序推进。四是粮食交易信息化水平明显提升。全国粮食统一竞价交易平台与25个省级粮食交易中心联网运行,全国粮食统一竞价交易体系初步形成。粮食交易逐步向电子商务模式转变,信息技术在市场体系建设中发挥重要作用。五是行业信息化发展环境不断改善。信息化基础设施不断完善,信息化在部门高效履职和企业转型升级中的作用日益凸显,行业对信息化建设的共识度进一步提升,行业信息化进入快速发展阶段的条件已经成熟。

同时,粮食行业信息化发展也面临一定的问题和挑战:一是信息化发展不均衡,影响了行业信息化建设整体进程。二是信息化建设不规范,与业务结合不紧密,可复制性不强。三是要素资源数字化水平有待提高,信息采集时效性、准确性差。四是信息资源开发利用水平有待加强,国内外市场预警预测分析能力较弱。五是粮食行业信息化专门人才相对缺乏,制约了信息化建设的组织实施。

"十三五"时期是全面破解粮食供求阶段性结构性矛盾的关键期,是全面推进粮食流通能力现代化的攻坚期,是全面释放粮食产业经济活力的转型期,是全面促进国内与国际粮食市场深度融合的机遇期。新形势下,粮食行业信息化建设需求更加迫切:一是粮食流通能力现代化的需要。为进一步破解粮食流通各环节衔接不紧密、不协调等问题,有效监测和控制粮食市场异常波动,需要建设涵盖粮食收购、储藏、加工、物流、消费等各个环节,互联互通、协同共享的信息化体系,提升粮食流通效率和应急保障能力。二是粮食宏观调控精准化的需要。为进一步提升对国内外粮食市场的把控牵引能力,需要加强对涉粮信息的采集、分析和处理,及时发现市场供求失衡信号,科学应对粮食供需变化,在确保国家粮食安全的同时,搞活市场流通,降低调控成本。三是粮食流通监管常态化的需要。为进一步增强粮食收储供应安全保障能力,确保粮食数量真实、质量可靠,需要强化大数据技术在市场监测、库存监管、质量安全监测、企业信用管理等核心业务中的应用能力,为行业全面推行"双随机"监管提供支撑。四是粮食产业发展高效化的需要。为进一步激发粮食产业经济活力,需要推动互联网与行业的融合创新发展,构建"互联网+粮食"行业发展新引擎,催生企业生产经营新模式、新业态,形成企业转型升级倒逼机制,增强粮食企业的核心竞争力。五是粮食行业服务优质化的需要。为进一步提高行业信息服务能力,需要利用互联网思维,汇聚整合、开发利用大数据资源,形成多样化的行业服务模式、内容和手段,为生产者、消费者、经营者和政府提供综合、高效、真实、便捷的信息服务。

## 三、供给侧结构性改革与粮食行业信息化的关系

在当前粮食连年丰收的背景下,我国粮食总体安全,但同时在粮食流通、仓储、销售各个环节也面临着一系列的问题,比如在粮食主产区轮换销售不畅、库存爆满、粮食企业经营

效益不高、粮食质量安全追溯困难等。由粮食管理部门主导、广泛体现各参与主体利益诉求的信息化，是解决粮食问题、实现粮食安全的必经之路。

在理论上，粮食物流是一种联系交易方、用户方的物理媒介，具体结构为粮食运输、仓储、装卸、配送、加工和信息应用，粮食物流与普通物流不同，其结构更加复杂，因为粮食存在易变质、易损坏的特性，如果依照常规模式进行物流送配，容易因为时间过长、保存方法不当等引起粮食变质，同时粮食物流存在仓储量上的限制，即粮食仓储量是一个固定值，其在物流过程中会不断消耗，当仓储量消耗殆尽时，则无法开展物流活动。在此条件下，如果用户不了解物流情况，肆意创建交易订单，就会带来很多"麻烦"，有必要针对粮食物流条件，对原有信息化建设进行分析，了解其具体问题后再做改善。

近年来，随着信息技术的进步，尤其是云计算、大数据、人工智能的飞速发展，信息化已经深入社会的每个角落，几乎影响着每个行业。从粮食领域来看，相关工作也取得了长足的进步，市场监测分析和预测预警水平进一步提高，服务政府决策和社会需要的能力进一步增强，服务粮食行业信息化建设的功能进一步拓展，但面向未来，还有很多新问题和新挑战。2016年《国家粮食局关于规范粮食行业信息化建设的意见》《粮食行业"十三五"发展规划》等政策文件陆续颁布，粮食行业信息化正在提速。从国家到地方各层面对信息化的需求更加迫切。现实情况呼唤一个全国性的粮食信息化交流平台，发挥传递政策、交流经验、探讨方向的作用，使粮食从业者能够更好地了解、支持、参与到粮食信息化工作中来，促进信息化与粮食行业的深度融合，充分发挥信息化的倍增器作用。

根据《国务院关于加快培育和发展战略性新兴产业的决定》，物联网、信息技术成为我国今后支持的战略性新兴产业之一。信息技术已经成为促进产业发展和经济增长的重要力量，粮食行业应利用信息技术提升流通管理水平，提高粮食流通信息掌控能力。通过信息技术的应用，粮食储藏、流通、交易、销售的模式发生了重大的变化，不过，粮食流通过程涉及主体多，流通信息分散，信息获取方式复杂，给粮食行业应用信息化技术带来了一定的困难。我国有关省的粮食行政管理部门已经开展了有益的探索，并且摸索出了粮食信息化技术发展的技术方案，为粮食行业以信息化为手段，构建粮食信息管理体系提供了有益的经验。

## 第二节　我国粮食行业信息化建设现状与新要求

大力推进粮食行业的信息化，是粮食流通产业"转方式、调结构"的重要手段，是加强粮食质量安全监管、保障国家粮食安全的重要举措。而粮食安全始终是关系我国国民经济发展、社会稳定的全局性重大战略问题。在近几年，国家投入了大量的资金，采取了一系列推动粮食仓储信息化的建设和粮食安全保障工程。正是在这一背景下，我们进行了粮食仓储信息化建设的尝试，采用物联网技术，利用传感器采集关键节点的数据，通过信息化系统,使得各环节数据形成数据链,通过信息的传递和信息化系统的使用,使得粮食仓储业务运作规范、精细、协同,粮食出入库作业高效、自动、精准,粮食仓储保管自动、智能、低碳。应用现代化的信息技术,传统粮食企业可以对内部经营和管理环节进行进一步优化。另外,信息化建设下的粮食企业可以统一运作平台,及时更新数据,为管理层决策提供有效依据,以此适应经济市场的发展趋势。现代化信息技术给企业带来了诸多便利,传统粮食企业正在大力推进信息建设,但在信息化改革和创新中难免会遇到很多困境。

信息技术的发展不是一蹴而就的,而是一个循序渐进、不断探索的过程。信息技术的发展和应用深刻地影响了粮食行业收购、仓储、流通、加工等各个环节,更是影响到粮食产业发展的各个方面。在信息技术发展的大背景下,粮食行业开展了多种形式、规模的探索,将信息技术逐步在粮食流通管理中推广应用,实现了粮食流通管理的新局面。

## 一、粮食行业信息化建设的意义

### (一)信息化将引导粮食行政管理模式的创新

信息化技术的发展和应用离不开思想认识水平和技术发展方向的高度统一。粮食行政管理单位需要对粮食流通的实际情况进行及时、准确的了解,保障粮食仓储信息、价格信息、流速信息、流量信息能够及时、准确地得到反馈,支撑行政单位制定相应的管理政策。粮情测控系统作为信息化技术在粮食行业管理中的应用成果,彻底改变了粮食仓储管理形式,因此信息化技术的发展一定能提升粮食行政管理的水平,从原来计划调运、信息统计滞后的管理模式,向实时了解粮食流通储藏信息、现场可视化监督管理、流通信息可追溯的方式转变。在已有的示范试点及先行省份的代表作用下,在信息化发展的潮流背景下,粮食信息化管理将按照以点带面、以点成网的方式,实现粮食流通管理信息网络化以及粮食流通管理的信息化。

### (二)信息化发展将变革企业管理模式

信息技术是我国正在发展的高新技术,粮食行业应用信息化技术就是利用先进的技术成果改造传统产业,实现传统产业的升级。信息技术带来的是粮食流通管理方式革命性的变化,信息技术改变了以前纸质管理的方式,减少了人员,提高了效率,增加了效益。信息技术的应用与推广将把分散的、自然的、缺少组织化的粮食收购、流通、储藏、销售等环节进行连接,将各环节的信息进行集成,不仅能够提升粮食流通的效率,而且实现了信息透明,减少了粮食流通主体的风险。信息化技术使粮库作业信息得以实时、快速、准确地采集,实现作业过程自动化和作业流程的精准控制,提高了作业效率,减少了营私舞弊现象。通过应用 RFID 技术,实现作业管理规范化,同时集成各单位信息,实现中央控制信息化;在仓储保管业务中,实现信息实时、自动获取,同时集成自动控制,保证粮库作业机械化、自动化,实现了粮库管理集成化、协同化、精细化。因此,随着信息技术的应用推广,粮食行业经营管理模式将发生巨大的变化,粮食企业管理水平将显著提高。

### (三)不断完善技术是促进信息化发展的前提

信息技术的发展日新月异,因此需要不断完善信息化技术的开发与应用,将技术成果应用到粮食生产实践中。目前信息化示范主要应用 RFID 技术读写粮食收储、流通信息，实现粮食流通信息的获取与集成，保障信息使用者能够及时准确地获取信息，使粮库管理信息与粮食收购信息有机融合。随着信息技术应用范围的不断拓展，粮食信息管理不仅仅是对粮食温度、仓房湿度等信息的测定，还将对粮食数量、粮食质量、粮食变化的数据进行实时采集。因此，需要科研单位针对基层粮食用户的需求，不断开展技术开发创新，将技术成果不断向生产实际转化。粮食仓储信息化管理和应用需要以使用者为本，技术发展应分层面，抓重点，考虑不同主体的实际情况，形成应用模块，满足企业的差异化需求。

## 二、粮食行业信息化发展现状

### (一) 信息技术在粮食各环节的应用

**1. 信息技术在粮食生产环节中的应用**

(1) 粮食产量预测与估算。经过 20 多年的努力，我国粮食遥感估产研究取得了很大发展，从冬小麦单一作物发展到小麦、水稻、玉米等多种作物，从局部区域发展到大区域和全球尺度，监测精度不断提高，已达到实用化水平。

(2) 粮食价格信息采集。国家发改委、国家统计局、商务部等国家部门开发了相应的粮食价格信息采集系统；国家粮油信息中心在"十五"期间开发完成了大宗作物的价格信息采集系统；中华粮网开发了全国主要粮食市场的价格采集系统，实时搜集粮食价格信息，支持粮食价格的预测预警。

**2. 信息技术在粮食流通环节中的应用**

粮食流通行业涉及粮油收购、仓储、运输、加工、销售等多个环节，是一个较为完整的供应链。现代粮食物流应该是一个以安全、快捷、经济为目标，以先进的信息技术和物流设施为支撑，粮油运输、仓储、加工、配送等环节有机结合的流转系统；既不是某一环节的简单扩大，也不是各个环节的简单集合。

(1) 粮食交易信息化。各级粮食主管部门建立了粮食价格信息检测体系、粮食信息发布体系，初步实现了粮食财务核算和粮食流通统计的电子化。在粮食电子交易方面，我国在 6 大粮食物流通道聚集区，建成、开通了多个粮食电子交易系统，实现了粮食网上交易和电子支付，并以此为基础构建了网上粮食交易标准化模式，解决了粮食网上交易的安全技术问题和交易多用户规范化管理问题，保障了网上交易的灵活性、实用性和安全性。作为粮食网上交易代表的中华粮网是由中国储备粮管理总公司控股，集粮食 B2B 交易服务、信息服务、价格发布、企业上网服务等功能于一体的粮食行业综合性专业门户网站，其网上交易功能完善。

(2) 信息平台建设。粮食物流信息平台整合各个方面的信息资源，为粮食物流不同方面的参与者提供更好的决策依据，是粮食物流最重要的信息平台之一。信息平台可分为全国公共信息平台、区域公共信息平台和物流企业信息平台，前两种主要面向所有物流参与方，而后者主要面向粮食物流企业，兼顾满足客户等其他参与方的信息需求。

> 专栏1　深耕粮食行业信息化10余年,项目遍布15个省份,2 000多家粮库
>
> 　　航天信息股份有限公司是中国航天科工集团公司控股、国内知名的信息技术上市公司(股票代码600271):依托航天的技术、人才优势和组织大型工程的丰富经验,以信息安全为主业,承担了"金税工程""金盾工程""金卡工程""粮安工程"等国家重点工程,是大型信息化工程和电子政务领域的主要参与者。公司拥有研发、集成、服务、安全、管理等信息系统建设的完备资质,拥有遍布全国可延伸到乡镇级的强大本地化服务体系。
>
>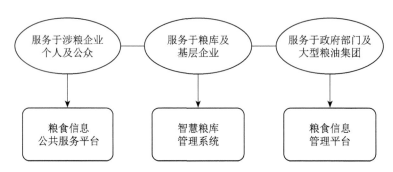
>
> 　　公司2005年参与粮食信息化工作以来,牵头承担了众多粮食信息化研发及产业化项目,是粮食行业信息化发展有关规划和标准的主要编制单位之一。相关成果已在15个省推广应用,取得了良好的经济效益和社会效益,得到了有关部门和单位的高度认可,获得了众多科技奖项。

资料来源:航天信息深耕粮食行业信息化10余年　项目遍布15个省份2 000多家粮库[J].中国粮食经济,2017(8):74.

全国公共信息平台包括国家粮油信息中心的中国粮食信息网、中华粮网等,主要提供粮油市场信息服务。区域公共信息平台主要是全国各省区市建立的区域性粮食物流公共信息平台,比如,河南省在原有"小麦流通网"的基础上,规划建设河南省粮食物流公共信息平台,另外还有九江米市、杭州粮网等区域平台。在企业信息平台方面,整体加入华粮物流的大连北良有限公司开发了一套粮食物流信息平台,能够实时显示产区库容、港口仓容、销区库容以及产区到港口的车辆运转、船舶动态,将产区与销区之间的物流、资金流和信息流有效结合起来。

**(二)中国加快粮食行业信息化建设,提高粮食流通环节效率**

中国粮食信息化顶层设计已基本完成,基础设施建设取得积极进展。尤其是江苏、安徽等地打造的智慧粮食云平台、数字粮库等创新尝试,不仅方便了农民卖粮,提高了粮食流通效率,也为宏观调控和粮食安全提供了有力支撑。2017年以来,中国粮食信息化建设步伐不断加快。省一级的粮食管理平台陆续建立并完善,山东、江苏、安徽等省级平台已建成并投入使用,粮食仓储、粮食交易等信息化建设也在有序推进。江苏省打造的智慧粮食云平台是全国粮食行业第一个基于云架构的数字粮食综合管理系统,有了这个云平台,省区市间的粮食信息互联互通更高效,也更透明了。

## （三）国家高度重视粮食行业信息化发展

近些年来，粮食行业信息化发展逐步加快。我国政府高度重视信息化建设工作，先后发布了《国家信息化领导小组关于推进国家电子政务网络建设的意见》（中办发〔2006〕8号）、《2006—2020年国家信息化发展战略》（中办发〔2006〕11号）、《国家电子政务"十二五"规划》、《国务院关于加快培育和发展战略性新兴产业的决定》（国发〔2010〕32号）等。近期，国家发改委印发了《"十二五"国家政务信息化工程建设规划》，明确提出：围绕"十二五"期间国民经济和社会发展的主要任务，以促进转变经济发展方式、提升治国理政能力为宗旨，以推动经济社会各领域信息化、保障和改善民生、维护经济社会安全为目标，加快推进国家政务信息化工程建设。目前，全国共有12个省份开展了信息化建设工作，构建了粮食信息管理体系，为粮食信息化技术的应用与推广提供了支撑。

## （四）粮食行业重视信息化技术创新

国家粮食行政管理机构高度重视粮食信息化建设发展，从粮食信息化编码标准到粮食信息化建设顶层设计开展了一系列的工作。在计算机刚刚引入我国时，粮食行业就积极响应，在粮食行业应用计算机开展粮食台账和业务处理，形成了具有粮食特色的粮库收购管理系统和粮库信息传输系统。20世纪80年代，计算器等信息技术产品已在粮库收购管理中广泛应用。20世纪90年代初，粮食行政管理部门组织开发了一套融合粮库经营管理、粮情检测系统、设备控制系统为一体的计算机网络化应用系统，并对联网管理系统进行了专门的研究和规划。围绕计算机技术的应用和功能拓展，粮食行业对计算机的应用进行了中长期规划，并结合粮食实际需要，完善了国家粮食储备信息管理系统和粮情测控及机械通风控制系统标准化软件的开发编制工作，为粮食信息化建设和信息化发展奠定了基础。

---

**专栏2　　　　　　江苏省建设粮食信息化推进管理创新**

2014年，全省粮食行业紧紧围绕打造安全粮食、智慧粮食、品牌粮食、法制粮食、廉洁粮食的"江苏五粮"，较好地完成了各项工作任务。严格执行国家收购政策，全省共收购粮食450亿斤，其中最低收购价收购小麦134亿斤、稻谷30亿斤，收购总量和最低收购价收购量均创历史新高，促进农民增收22亿元。积极推进省内外粮食产销合作，引导市场流通。全省国有粮食企业销售粮食435亿斤，其中销售最低收购价粮食91.4亿斤。按照打造精品工程、廉洁工程和样板工程的要求，全面实施并圆满完成危仓老库维修改造任务，全省总投入15亿元，共维修仓库627个、改造仓容136亿斤。

加快建设智慧粮食。省粮食局与航天科工集团所属航天信息股份公司签署智慧粮库建设战略合作协议，智慧粮库纳入智慧江苏建设总体规划。在省级储备库和物流产业园建成数字化智能粮库43家，在550家基层国有收储粮库建设可视化信息系统，实现与省级平台的业务数据互联互通和视频信息实时监管。2014年全省国有粮食购销企业经营效益不断提高，预计经营利润达到2.9亿元，居全国前列；全省粮油工业生产总值和销售收入双双突破2 400亿元，在全国名列前茅。2015年江苏将不断深化改革,推进依法治粮,全面贯彻落实粮食安全省长负责制,突出重点,扎实做好粮食流通工作。

以转变粮食经济发展方式为重点,推动粮食产业提质增效。积极推进粮食流通向两头延伸,连接生产和销售,引导扶持国有粮食购销企业由单一收储向基地、收购、储存、销售等一体化方向发展,打造粮食全产业链发展模式,实现整个粮食产业提质增效。围绕做大做强目标,继续深化地方国有粮食企业改革,推进国有粮食企业兼并重组,发展混合所有制,建立现代企业制度。支持民营企业和粮食经纪人发展,壮大粮食类农业产业化龙头企业,促进生产要素向优势企业集聚,培育江苏大粮商,积极实施"走出去"战略。

以建设粮食信息化为抓手,推进行业管理创新,打造智能监管平台。实施"1210"工程,建设全省智慧粮食管理中心,形成省、市、县及涉粮企业互联互通、信息共享的智能管理体系。今年建成储备粮可视化远程监管、粮食收储移动执法监管、库存粮食数量质量动态监管、市场监测分析预报4个子系统和全省智慧粮食综合管理平台,在所有储备粮库和无锡、苏州等市实现库存粮食代码运行全覆盖。

推进智慧粮库建设。运用信息化手段推动粮库管理变革和流程创新,分类制定智慧粮库建设标准。在粮食物流产业园区,重点应用储运监管物联网技术,实现全程追溯智能化;在储备粮库,重点应用最新储粮模型和专家系统,实现储备监管可视化;在收储库,重点应用视频监控、仓前专用设备和新型传感技术,实现收储管理科学化。今年要建成智慧粮库55个,对粮库收储可视化系统进行改造升级。

资料来源:胡增民. 江苏:建设粮食信息化推进管理创新[N]. 粮油市场报,2015-02-10(A01).

**(五)粮食行业信息技术应用逐步深入和系统化**

粮食行业信息技术的应用一直紧跟时代步伐,行业信息技术的应用与信息产业的发展节拍一致。随着硬件、传感技术的发展,粮食行业在粮库储藏中应用粮情测控系统已经有20余年了,并且在1998—2002年大规模粮库建设过程中,将粮情测控系统作为粮食储藏管理的必要技术手段纳入粮食建设规范中。在随后的粮库建设中,以粮情测控为代表的粮食信息采集技术应用成为服务粮食储藏管理的重要手段,减少了粮食储藏过程中散热不及时导致的粮食损失事故,同时规范了粮库管理工作,将粮食流通管理特别是粮库管理引导至新的规范化建设阶段。部分粮库结合粮食收购经验,购置应用了粮库收购信息系统,并将粮库内部管理信息进行整合,形成粮库流通管理内部信息系统,实现了粮食收购、储藏、管理一体化的信息平台。

**专栏3　　　　　　　　湖南移动助推粮食行业信息化**

湖南省粮食局与湖南移动在长沙举行了战略合作协议签字仪式。根据协议内容,双方将联合打造"粮价通""粮政通"等切合老百姓需求的新型业务,以提升粮食行业领域信息化服务水平。湖南移动将利用信息化手段切实提升全省粮食系统信息化建设,与粮食局共同打造"粮食仓储安全及粮情监测"业务,提升各级粮食行政管理部门的工作效率;与粮食局共同打造"粮价通"业务,提升粮食信息服务水平,为粮食生产者和粮食经营者及消费者提供以粮食价格信息为主的综合服务;与粮食局共同打造"粮政通"业务,为各级粮食行政管理部门、粮食经营者、生产者及消费者提供粮食政策服务;与粮食局共同打造彩信版"粮食工作简报",开展"湘粮政务网"服务提质项目合作。同时,湖南移动还将充分发挥自有业务优势,为省粮食系统打造包括集团彩铃、移动总机、手机邮箱等在内的一系列信息化应用服务,全面提升该省粮食行业领域信息化服务水平。

资料来源:周跃.湖南移动助推粮食行业信息化[N].人民邮电,2010-01-07(002).

信息化的发展依托于技术支撑,信息技术的发展服务于产业进步。信息技术已从计算机的应用、互联网和局域网的应用向云计算、物联网技术过渡,这也给粮食信息化发展带来了新的机遇和挑战。粮食信息化的建设不仅要满足粮库本身内部行政管理的需要,而且要更好地满足粮食宏观信息调控、清仓查库、粮食流通管理、应急粮食调运的实际需求。这对提高粮食流通管理水平,增强粮食行政管理力度提出了更高的要求。粮食流通信息的全面化、可视化、系统化、实时化、智能化的技术需求,促使粮食行业开展粮食调控信息管理系统特别是全国粮调系统的建设,将纵向的粮食信息网络建设起来,实现了粮食流通管理信息的实时交流,同时以中华粮网等技术单位为代表的粮食信息技术企业,在全国构建了网联化的粮食交易平台,拓展了粮食流通的信息量和内涵。"十一五"期间,以物联网建设为目标,开展了现代传感器、RFID、电子技术及网络技术,在对储粮数量变化情况进行实时检测的基础上,对检测数据进行智能化分析,对异常粮情提出处理决策建议,为科学、经济和安全储粮提供技术保证和科学决策依据。

## 第三节 粮食行业信息化建设中存在的问题

### 一、政府监管难,缺乏有效的信息化监督管理手段

近年来,党中央、国家领导人对粮食安全高度重视。由于各级粮食部门无法实时掌握储备粮数量、质量、种类和价格监控,难以满足粮食远程监管、粮食流通安全监测、放心粮油管理、粮政执法等核心业务需求和粮食应急保供的需要,因此急需通过信息化手段辅助储备粮监管,提高粮食政府监管水平,确保粮食安全。根据《国家粮食局关于规范粮食行业信息化建设的意见》(国粮财〔2016〕74号)的要求,需利用大数据、物联网、云计算等先进的信息技术,在整合我国粮食行业现有系统的基础上,满足储备粮远程监管、粮食流通动态监测、粮政执法、粮食质量安全追溯、放心粮油管理等核心业务需求,建设高效、实用的业务应用平台,通过先进的信息技术全面推进我国粮食行业的信息化和智能化。

## 二、粮食行业信息化技术尚不成熟

目前,粮食行业市场环境处在不断变化之中,因此粮食政策及业务需求也处于持续变化之中。这要求信息化能灵活、快速满足动态变化中的业务需求。而传统的信息化模式下,IT架构高度固化,系统一旦建成,其所能提供的功能也就僵化定型,使得信息化总是跟不上业务变化的步伐,从而导致业务与信息化脱节,形成"两张皮"。粮食物流当中的核心技术为运输技术、储存技术、流通加工技术,这些技术应用于物流的各个环节,说明相互之间存在紧密联系,任何一项技术出现问题,都代表粮食物流质量存在缺陷。在此前提下,通过信息化终端可以对这些技术进行全面监控,对其中相应问题进行及时改善。而实际上,我国当前粮食物流信息终端中的信息处理技术相对落后,经常引起粮食流通信息滞后、管理不善等问题,说明当前粮食物流信息化水平还存在改善空间。此外在改善方向上,因为现代我国信息化技术已经达到一个较为成熟的水平,在此条件下,物流产业应当针对粮食物流特征,采用先进的信息化技术来进行改善。

## 三、粮食信息化技术标准纷乱,没有统一模式

信息化建设工作是一项系统工作,需要有统一的标准进行规划和管理,保障各种信息化建设资源能够有机地结合。但信息技术的实现方式多种多样,各种相关的经济利益主体复杂,导致信息化技术在研发、推广、应用过程中的条块分割,造成技术不能通用、技术保障困难等问题,形成了现在技术不统一、功能不统一、标准不统一、目标不统一的局面,即使是应用多年的粮情测控技术也难以做到技术保障和产品通用化。信息化发展与信息技术的发展密切相关,信息技术的发展和创新引领了信息化发展的方向,但是在目前没有全面开展的情况下,几个孤立的信息化示范不能全面体现信息化技术对粮食流通发展的促进作用,也不能有效地发挥信息化技术促进流通效率、提高管理能力的效果。粮食信息化建设的基础是规范,但是目前信息化建设工作没有统一的指导,各建设主体自行编制建设规范、信息交换编码及系统构架,造成各信息化建设主体的建设系统不能有机结合,粮食流通信息只能在区域范围内进行采集,对跨区域的信息无法做到预留信息交换通道,这将会导致全面信息化建设工作难度增大和信息标准的不统一,同时还会导致各信息系统各自为政,重复投入的问题。

## 四、粮食信息建设投入大,效果显现慢

信息化技术在粮库中的应用能够满足粮库经营管理的实际需要,能够提高粮库生产经营效率,产生实际效益。当各个粮库的信息联系起来,形成信息网络时,特别是在保障信息数量增加和信息质量提高的前提下,粮食流通信息将会发生质的变化。高质量的信息能够支撑行政管理部门全面掌握和了解粮食流通的实际情况,因此粮食流通信息化建设应该满足行政管理单位的需要,突出管理单位的职责重点,保障信息能够服务粮食流通。但是,目前信息化技术为整体化建设,涉及技术内容和设备多,一次性投入较大,建设主体的经济负担重,对推广不利。地方粮食行政管理部门对信息安全高度关注,粮食经营企业对粮食市

场流通信息要求较高,两个需求主体的要求不同,因此在同一平台实施信息整合存在一定困难。由于近几年仓储设施更新、维修费用大,在信息化建设上投入不多,没有信息化建设专项经费,资金投入的方向大部分局限于信息化的基础设施建设,影响了信息化建设步伐。

控制项目开发、运维与总体成本,在有限的资金范围内获得尽可能多的业务能力,以提升粮食信息化的投资回报率,是粮食生态系统各方参与者的共同诉求。传统信息化建设投入了巨大的财力与人力资源,但总的来说投资效率不高。一方面,传统IT资产可复制性不强,导致重复投资问题突出。传统IT模式下,每个业务系统满足特定部门的特定功能。由于系统僵化的边界限制,以及系统功能的无法拆解性,导致只有在需求完全相同的部门之间才有IT资产复制的可能性。而实际上,绝大部分业务需求由共性需求与个性需求构成,导致传统IT资产极难复制。系统成为一次性产品,投资效率低下。以粮库信息化建设为例,粮库企业的业务流程有很强的互通性,但不同的粮库,在粮库规模、承储任务、储粮条件、地理环境、岗位设置等方面的细微差异,导致在业务需求上的大同小异,共性与差异并存。传统模式下,粮库个性差异的存在,导致需要为每个粮库独立搭建系统,各粮库系统实现的功能基本雷同、运维升级复杂,总投资大饼式叠加。另一方面,传统IT系统开发周期长、运维成本高、生命周期短,导致总体投资效率低。受限于传统模式固有的技术手段,每个系统的建设都是一个完整的"搭烟囱"过程,开发、部署流程烦琐,耗时冗长。每个"烟囱"建好后,都需要独立配备相应的运维资源,随着"烟囱"的增多,运维、升级难度大幅提升,成本剧增。更严重的是,随着业务的发展变化,烟囱式系统面临着"建设—集成—调整—推倒重来"的架构难题,单个系统生命周期短,项目收益不可控,信息化收益也难以体现。

## 第四节 推进粮食行业信息化建设的措施构想

### 一、粮食行业信息化发展趋势

目前,国家层面对粮食行业信息化顶层设计的高度重视,以及大数据、云计算等新信息技术的发展成熟,使得通过信息化全面支撑粮食业务能力成为可能。通过云计算的技术手段为支撑,结合自上而下的顶层设计与自下而上的业务梳理,可以解决粮食行业信息化面临的种种问题,实现粮食业务与信息化的紧密结合,彻底摆脱长期困扰粮食信息化的"两张皮"现象。

**(一)智慧粮库**

粮库智能化升级改造是整个粮食行业信息化建设的基础,通过物联网、云计算、大数据等信息技术,能够实现粮库日常业务由人工到智能再到智慧的转变。物联网技术解决了粮库作业过程中数据采集、数据传输的问题,使原来低效率、高误差的工作模式变得简单、高效。云计算技术能够让某市、某省,甚至全国粮库的数据互联互通,直接调用已有的标准化业务服务、快速定制开发新的特色业务服务,可实现 IT 资产可复制性,降低信息化成本。大数据技术能够对全国粮库多年产生的海量数据进行分析,为绿色储粮、粮油流通、政策性粮食监管、粮食安全等方面提供智能化决策支持。粮库信息化建设主要覆盖粮库四大业务领域：粮食出入库及库存管理、智能粮食仓储管理、库区安防管理和粮库综合业务管理。

**1. 粮食出入库及库存管理**

综合使用 IC 卡、身份证识别设备、车牌识别仪、自动扦样机、自动化地磅、扫码枪和手持移动终端等多种物联设备,对载粮货车在出入库区登记、扦样、质检、地磅称重、粮食卸车、装车等环节识别车辆身份、记录粮食出入库相关信息,并自动统计粮库的库存信息,进而实现粮食出入库过程及库存管理自动化。同时,通过扫描和记录粮食库存识别码,能够实现出入库粮食信息的安全、可追溯。

**2. 智能粮食仓储管理**

智能粮食仓储管理信息化建设的重点是将"多功能粮情检测""智能通风""内环流通风控温""低剂量环流熏蒸""低温储粮""充氮储粮"等新型、绿色储粮技术与信息化方式结合起来。例如：通过云平台,能够远程查看各个粮库仓房实时采集到的温度、湿度数据等,并对异常数据进行告警;通过网络远程控制仓库通风设备,可实现人工远程控制通风窗口启停,以及通过对粮温、粮湿和仓外温度、湿度进行对比分析实现智能通风。

**3. 库区安防管理**

库区安防管理中经常采用视频监控、视频告警的方式。利用信息化技术,可以构建与粮库实际场景等比例的三维立体模型(或二维电子地图),在三维立体模型上可直接查看库区视频监控、仓内视频监控和库区作业车辆等。

另外,在粮库视频监控系统中一旦发生摄像头遮挡告警、入侵告警、移动告警的情况,系统将立即通过短信和邮件的方式通知到相关负责人,从而保证粮库工作人员能够及时察觉库区异常情况。

**4. 粮库综合业务管理**

粮库的一些综合业务也可以通过信息化的手段实现,主要包含经营管理、仓储管理、质量管理、作业调度管理、资产管理和安全生产管理等内容。经营管理为粮库经营管理部门提供市场动态、交易过程等数据支持,包括计划管理、合同管理、客户管理、统计管理和财务管理等功能模块。仓储管理为粮库仓储管理部门提供信息化支撑,对粮食的仓储作业记录、仓储设施、设备档案等信息进行管理。质量管理为粮库的质量管理部门提供信息化支撑。作业调度管理为粮库内的作业调度安排提供信息化支撑,包括作业任务管理、作业调度安排、作业进度跟踪、作业记录查询等功能。粮库内的作业包括粮油出入库、倒仓、中转等业务种类,涉及入库、合同审查、质量检验、称重、筒仓作业等多个环节。作业调度管理可以与自动化作业系统进行对接,实现作业过程自动化。仓储资产管理包括仓储设施管理、仓储设备管理、仓储耗材管理等。安全生产管理保证安全作业管理、安全防火管理、安全防汛管理、安全储粮管理和安全保卫管理的流程信息化、规范化,能够实现过程监控、责任追溯。

## (二) 云计算

"云架构"是以云计算为核心的信息化架构,其实质是"云计算环境下的服务架构"。"云"是运行环境的分布概念,"服务"是通过软件定义业务逻辑的概念。"云"可以帮助业务就近处理业务,而"服务"可以随时根据业务的变化调整逻辑。所以说"云计算环境下的服务架构"是围绕着业务建立的信息化业务体系。云架构与传统架构相比的最大优势在于,没有硬性的系统功能边界,业务需求可以以服务的形式在云平台上实现。

云架构下的信息化效果有以下几个方面:

**1. 业务需求灵活可变**

一方面,柔性的云架构提供了灵活快速响应需求的能力:通过业务解耦,形成可灵活拼装的服务体系,紧密贴合需求变化;通过微服务体系快速拼装应用,两周便可完成一个新应用上线。通过快速响应、灵活调整,信息系统始终紧贴业务需求,避免业务与IT两张皮。另一方面,在云环境下,采用软件定义业务的设计理念,适应业务变革与转型。传统模式下,以"人"为核心定义业务,而软件定义业务,则完全从如何通过软件能力实现业务目的的角度出发,把业务管理者与操作者从业务流程中剥离出来,减少"人"对业务操作的干预,降低"人"的主观因素带来的制约,让业务回归业务的本质。当面对业务变化时,基于软件定义的业务模式与以"人"为核心运行的业务模式相比,将发挥极大的速度优势。

**2. 应用体系协同一体**

在云架构下,依托可自由拼装的微服务体系,业务逻辑不受应用边界的限制,打破了部门壁垒、系统壁垒,形成了协同一体的应用体系,实现管理与业务操作的协同。这种协同不仅体现在办公、OA等基础层次的协同上,更深一步实现了跨部门、跨粮食流通环节的业务协同。以粮食质检为例,基于一套共用的扦样与质检服务,粮库内部质检与检防所质检可以共用一套流程,系统将检防所的检验结果自动分送给粮库。若检验不合格,监督检查部门可自动接收到报送结果,并触发执法监督流程。在此过程中,实现了粮库企业与质检部门、监督检查部门之间的相互协同。

**3. 报告体系自动透明**

依托统一的云平台基础架构,从粮食业务操作、经营,到管理、决策,所有应用均内生于大平台之上。应用及数据之间具备天然的集成性,可彻底改变传统的手工报告模式,实现数据的自动化收集、报告,避免人为干扰,使各级粮食管理者能及时掌握完整翔实、量化精准的业务信息,并以此为基础更高效地贯彻管理措施。

**4. 信息传递通畅互联**

粮食行业是一个多方参与的生态系统。为了保证各参与方的整体协作,需要实现粮食业务与管理信息在各级粮食管理机构之间、粮食管理机构与关联机构之间、粮食管理机构内部各部门之间、粮食管理部门与涉粮企业之间的互联互通。基于"统一标准、统一平台、统一数据库、统一网络"的云架构体系,从技术手段上确保平台框架内,以及跨平台的互联互通。平台框架内的互联互通:通过大平台框架,将传统模式下的粮食监管系统、粮库业务系统、粮食交易系统等孤立系统,通过平台应用体系取而代之,所有应用内生于云平台,将粮食体系以前"系统间"的互通问题变成了"平台内"的集成问题,大幅降低了互联互通的复杂度。跨平台的互联互通:地方粮食系统与国家粮食系统、各级涉粮部门之间的连通性,通过统一、开放、兼容的技术框架和符合行业规范的标准化接口得以保证。

**5. 辅助决策多层智能**

云计算是实现大数据管理与挖掘的技术支撑。随着粮食大数据日益成为决策智能化的关键,对大数据的采集、加工与分析能力成为云架构的突出优势。采用云架构的粮食信息系统,具备广泛的数据采集与高效的数据整合能力、高效灵活的大数据分析与建模能力,不仅能为粮食高层管理者进行粮食宏观调控、应急指挥等各类场景提供智能化的决策支持,也为粮食管理执行层、粮食业务经营与操作层提供日常业务的决策便利。

## 二、推进粮食行业信息化发展的措施建议

### (一)认真开展粮食信息化顶层设计

粮食信息化建设是一项系统工程,包含的信息数量大、范围广,需要深入研究信息与粮食流通的关系,需要将管理、经营、监管、流通等领域的信息实现有机贯通,因此做好信息化建设的顶层设计具有重要的意义。科学、合理、高效的建设方案不仅能够保证信息化建设实现目标,更能够保证粮食流通的稳定、安全、高效、可靠,为实现宏观调控、保障应急奠定坚实的基础。同时要继续加大宣传力度,统一认识,营造粮食流通现代化建设的良好氛围。以物联网为代表的新型信息技术作为我国正在积极推动发展的新兴产业,受到国家高度重视。信息化技术应用在粮食仓储管理和流通过程的探索证明,粮食信息化不仅能够提高粮库经营管理效率,还能提升粮食流通管理效益,实现粮食经营管理效益最大化,为保障粮食安全、实现粮食宏观调控提供支撑。粮食行业必须积极开拓财政经费渠道,将粮食流通信息类建设纳入基本建设中,从管理现代化上要效率、要成效,实现粮食流通管理现代化。

### (二)进一步争取支持建设示范并加强信息技术研究

信息化建设的目的是提高粮食流通效率,实现粮食监督管理精准化,保障粮食安全。信息化本身不会大量产生直接效益,而信息技术的优化应用将提高效率,从而产生间接效益。因此需要加大示范的引导作用,在现有的技术、示范基础上,继续加大投入,在统一、可行、高效的原则上,开展建设,不断提升工作成效,形成具有实际意义的示范,引导全国粮食系统实现信息化。同时,加大研究力度,不断升级,提高精度、拓展监测领域、降低成本、增加耐用性,为粮食行业真正实现信息化提供技术支撑。信息化技术的应用和发展是粮食行业应用高新技术改造传统产业的重大契机,也是提高粮食流通效率、保障粮食安全的重要手段,更是促进粮食管理方式变革的巨大动力。因此,我们要在世界信息技术快速发展的今天,结合行业实际,抓住机遇,谨慎论证,增大投入,加快构建粮食信息化体系,提高粮食信息化水平,促进粮食行业的新发展。

---

**专栏4　　湖北省粮食局:强化科技人才支撑　助推粮食行业创新发展**

近年来,湖北省粮食局坚持以人才为第一资源,以创新为第一动力,深入贯彻实施科技兴粮、人才兴粮战略,推动粮食流通改革创新发展。

一、突出政策支持,在落实项目、加大投入上下功夫

注重争取财政支持,发挥政策性资金引导作用,推动各项规划举措实施。第一,落实科技创新、人才培养专项。每年安排3 000万元专项资金,以奖补方式支持粮食科技创新及成果转化、软科学研究、人才培养等,3年来共支持项目267个。第二,支持企业技术革新。统筹使用2 000万元粮油精深加工贴息资金、5 000万元产粮产油大县奖励资金,将龙头企业开展技术改造和成果转化等列入重点支持范围。第三,强化科技创新引导。每年制定粮食科技创新、成果转化及软科学研究引导目录,突出行业需求,组织企业、科研院所开展针对性研究。去年,湖北省粮食行业获得181项基础类成果、123项应用类成果,获评5个省级科技创新平台。

二、突出科教优势,在搭建平台、借智借力上下功夫

注重利用湖北省科教资源,健全机制,构建"外脑",借势发力。第一,与武汉轻工大学、湖北大学知行学院签订战略协议,建立联席会议等工作机制,强化科技创新、人才培养等合作。第二,充分利用院校专家人才资源,设立粮食加工、仓储物流、信息化、粮油检测等领域专家库,在行业规划、项目建设、科技创新、人才培养等方面彰显"智库"作用。第三,采取购买培训方式,联合院校开展职业技能鉴定,每年培训鉴定特有工种约500人。借助院校师资、设施设备等资源,开展技能大赛,形成培训、练兵、比武、晋级"四位一体"的职业技能提升机制。

资料来源:湖北省粮食局:强化科技人才支撑 助推粮食行业创新发展[J].中国粮食经济,2018(6):22-23。

### (三) 统筹规划,理清粮食信息化发展的方向、目标和重点

粮食行业是传统行业,信息化则是新鲜事物,把两者有机结合,运用先进信息技术改进和提高粮食管理工作,关键要找准定位,统筹规划,把握好粮食信息化建设的方向、目标和重点。一是从社会各界对粮食信息化的需求入手,研究粮食信息化发展方向和要求。通过对各级部门、广大涉粮企业、种粮农民和社会消费者,还有粮食行政管理部门等对粮食信息化的要求入手,全方位进行需求分析,确定粮食信息化的发展要求。通过推进粮食信息化,建设粮食信息化网络管理平台,使其成为党政领导了解各地粮情的主要渠道,粮食行政管理部门开展业务管理工作的有效工具,广大粮农、社会消费者和涉粮企业获取各类粮食信息的重要窗口。二是从粮食系统内部组织结构入手,分析粮食信息化发展内容和规划。通过对粮食行政管理部门、涉粮企业和粮食中介等粮食系统三大主体及其相互关系进行分析,从三个维度确定我国粮食系统信息化的主要内容和发展规划。三是从粮食部门主要领导提出的发展方略入手,把握粮食信息化建设的目标和重点。通过持续实施和推进粮食信息化项目,采取政企合作、多方支持、社会参与等形式,由点成线、由线到面,引领和带动粮食系统政务部门、粮食企业和中介组织三大体系信息化加快发展,全面提升粮食流通科学发展和现代管理的水平。

### (四) 规范管理,确保粮食信息化项目进度和质量

严格加强规范化管理,全力确保粮食信息化建设工作进度和工程质量。一是在项目前

期准备过程中，认真开展需求调研，与信息化项目专业设计咨询单位合作，编写需求说明书、项目建议书和可行性研究报告，并在每个重要阶段均组织专家评审论证，对项目建设内容和风险进行技术评审。二是在项目建设中，强化进度与质量控制，除要求开发单位定期提交工作进度周报和工作质量评估报告以外，还专门聘请信息工程专业监理公司全过程驻场监理，对需求调研、需求确认、概要设计、初步设计、详细设计、测试运行等各重要阶段，督促开发单位形成书面技术文档资料。三是针对项目建设多方协同合作的具体实际，建立定期协商制度，以监理例会形式，组织甲、乙、监理三方代表通报情况，在确定重要技术方案、研究解决技术变更问题时加强沟通协调，对重大问题进行反复讨论，并报请上级领导研究批准，以确保工程顺利进行。四是大力开展操作培训。新系统开发完成后，为尽快运行测试投入使用，组织动员各方力量，通过开办粮食信息化系统应用培训班、试点地粮食信息化培训班等形势为信息化系统应用推广奠定坚实的基础。

# 第八章 增强粮食流通社会化服务能力

拓宽粮食企业经营渠道,提升粮食企业社会化服务水平,是增强粮食企业竞争力,进而提高整个粮食行业经济和社会效益的必由路径,也是新时期粮食流通提质增效、转型升级的内在要求。

## 第一节 供给侧结构性改革与粮食流通社会化服务

粮食流通社会化服务是指粮食行业为社会发展和城乡居民生产生活提供的物质、技术、劳务及信息等服务。粮食企业生产和经营的规模化、集约化和专业化发展必然衍生出与之相适应的社会化服务及其体系;经济社会发展和居民生活水平的提高,促进了消费的升级和多元化,这必然刺激并推动社会化服务需求的产生和增长。而社会化服务需求的不断满足又必将反过来促进经济社会的发展和居民生产生活方式的变化。

"补短板"是推进粮食行业供给侧结构性改革的重要内容构成,是促进粮食供需平衡的关键性问题和长期性任务。而提升粮食流通社会化服务水平,增强其社会化服务能力,又是供给侧结构性改革中"补短板"的关键性内容,是引导粮食生产、优化种植结构、推进乡村振兴、促进经济社会发展、提升居民生活质量的迫切需要,也是粮食流通提质进档、转型升级、提高效益的内在要求。这在很大程度上进一步丰富了粮食行业供给侧结构性改革的内涵。

提升粮食流通社会化服务水平,增强其社会化服务能力,需要积极探索粮食流通社会化服务的思路和方法,掌握经济社会发展和居民生活对粮食流通社会化服务的需求状况,主动为其提供政策咨询、技术支持和信息服务,利用粮食企业现有的仓储、烘干、检测、加工等设施和技术优势开展社会服务业务,并不断拓展服务领域,提高服务质量。

## 第二节 我国粮食流通社会化服务现状和存在的问题

### 一、粮食流通社会化服务的现实状况

近年来,随着农业现代化的快速推进和农村劳动力的大量转移,农村土地流转、农业适

度规模经营占比不断提高,专业种粮大户、家庭农场、合作组织、龙头企业等新型经营主体持续涌现,农业生产服务体系建设快速跟进并取得了一定的成效。例如,黑龙江省优质稻谷生长周期比较长,而本省全年≥10 ℃积温在1 800 ℃~2 800 ℃之间,粮食种植者对水稻浸种催芽服务有着强烈的需求,通过全省统一部署、财政资金补助和社会力量参与的方式,全省水稻育秧大棚、育秧车间建设基本上做到了在水稻主产区全覆盖,实现了水稻生产不误农时并确保品质。该省还在"两大平原"现代农业综合改革试验中探索出"以土地入社为核心,以现代农机为载体,以生产合作为纽带"的综合经营性合作社模式。这类合作社通过代耕等方式,为农民提供深松耕地、精量播种、中耕除草、病虫害无人机喷防和机械化收割等服务,具有农业经营主体和现代农业服务主体的双重特征。吉林省探索出了"技术专家+技术指导员+科技示范户+辐射带动户"的"公益性农业服务组织+农户"模式、"合作社+农户、农资经销商+农户"模式和现代农业服务中心模式。吉林市永吉县供销社和宇丰集团共同投资建设的宇丰现代农业综合服务中心,为当地农民和规模经营主体提供包括农机服务、农资供应、智能施肥、电子商务、物流配送等"一站式、全过程"的服务,在很大程度上促进了粮食生产的降本节耗、提质增效。

  粮食流通社会化服务也取得了一定的进展,具体表现在:(1)积极参与农村土地流转,发展规模化订单农业,提升粮食种植与加工的适配性,保障各级政府"三农"工作各项政策措施的顺利实施,对农业增产和农民增收起到了重要的促进作用。同时,注重创新粮食产后服务模式,服务新型粮食生产主体、专业合作组织规模化粮食烘干、粮食检验和仓储需求,实现加工与粮食产品销售、餐饮、休闲以及其他服务业的有机整合,提升粮油产品尤其是优质粮油产品的供应能力。2013年以来,大力推进粮食储存、物流、加工、消费等各环节的节约减损工作,累计为400多万农户配置科学储粮装具,有效减少了农户在储粮环节的损失浪费。2017年开始实施粮食产后服务体系建设,为粮食生产者提供"代清理、代干燥、代储存、代加工、代销售"等"五代"服务,以及使用收割机收获粮食的除杂服务,在一定程度上保障了种粮农户的储粮安全,提高了储粮农户的粮食流通效率和效益。(2)延伸产业链条,以消费者需求为导向开展粮油产品的精深加工,包括具有自主知识产权加工技术的产品、功能性营养产品、世界领先技术产品等。将粮油及其副产品"吃干榨净",提高粮油产品的附加值,实现粮油资源优势向商品优势、经济优势转化,将更多的特色化、功能化和多元化的粮油产品投向市场,以满足广大消费者不同层次的需求。(3)按照国家循环经济发展战略部署,建立低碳、环保、绿色的循环经济系统,通过技术改造升级,降低产品能耗和物耗,减少污染物排放。建设热源、水源、气源循环和废弃物再利用示范工程,积极拓宽服务社会的渠道,增强服务社会的能力。同时,提升资源使用效率,降低生产成本,提高综合经济效益。(4)积极引入"互联网+粮食"开展网络营销,搭建网络平台或借助电商成熟的销售平台进行网上新兴消费群体的引流,扩大销售范围,实现精准配送,减少中间环节,降低物流成本,增强社会服务能力。(5)广泛开展爱粮节粮公益宣传活动。一是面向广大农村居民开展"兴粮惠农、爱粮节粮"活动,走村入户、深入田间地头,宣传国家粮食政策,深入了解并帮助解决种粮农民存在的困难和问题,推广普及节粮减损相关知识和技术。二是向城镇居民、数千所学校的学生开展粮食科普活动和"健康消费"宣传活动。通过系列活动,面向全社会广泛宣传爱粮节粮理念和科学储粮基本知识,取得了良好的效果。

## 二、存在的问题

粮食流通社会化服务的具体实践在不同地区、不同程度上已尝试多年,但直到2017年才开始实施粮食产后服务体系建设,起步晚,政策措施也不够完善,实施过程中存在一系列的问题,具体表现在以下几方面。

### (一) 未能从全产业链的视角支持和促进粮食流通社会化服务

粮食全产业链运营是指从粮食生产领域到流通领域的"产购储加销"一体化的经营模式。这涉及产前、产后两大领域,须从粮食生产和流通融合的角度不断创新服务方式,提升服务质量;需要农业部门和粮食部门协同行动加以有效推进,绝不是相互撇开单从部门内部做文章。但从目前的实际情况看,在服务体系建设上,农业部门和粮食部门之间缺乏必要的沟通和协调,尤其是粮食部门,把发展粮食产业经济的着眼点完全放在"去库存"和大力发展粮食加工等方面,开展社会化服务也仅在粮食流通几大环节上寻求对策,而对于如何提供产前服务则缺乏必要的思考,这必然影响粮食流通环节社会化服务的质量。

### (二) 从服务供给上看,共性服务较多,层次性、针对性的服务不足

现行粮食流通社会化服务供给大多是共性化服务,无论是产前还是产后服务"共性化"现象均有显著表现。而具有层次性、针对性的个性化服务则明显不足。从服务需求看,共性化服务当然是必要的,但因个体特征、资源禀赋等的不同,粮食生产者、经营者和消费者对社会化服务类别的需求不断增加,并呈现多元化、专业化态势。例如,种粮大户、专业合作社与分散的粮食种植户对产前社会化服务有不同需求;经销商、集团购买与广大消费者对产后社会化服务需求存在明显差别。而现阶段由于受体制机制、经营理念、技术条件、人员素质等多种因素影响,粮食流通社会化服务无论是组织形式、服务方式还是实体产品供给方面都存在诸多的问题,有待进一步创新和提升。

### (三) 粮食流通设施条件、技术水平等制约了粮食流通社会化服务供给

从我国粮食流通设施实际情况看,粮食仓容基本能够满足粮食储存的需要,但结构不平衡的矛盾也十分明显,粮食产区仓容紧张,销区仓容却有一定数量的闲置。这里的关键是,由于事权归属和产销区之间散粮装运接卸设施不能衔接配套,很多粮食无法流动起来。基层粮食企业粮食烘干、质量检测、品质分析设施设备不足,在很大程度上影响了社会化服务的质量和效率。粮食加工技术水平的相对滞后影响了粮油副产品的充分开发利用和深加工粮油产品链的延伸。粮食流通设施条件尤其是技术创新水平不高,直接阻滞了消费者对粮油产品多元化、个性化的需要,特别是对高附加值粮油产品和"名、特、优、绿"粮食品种的需求,也严重影响了粮食流通社会化服务的有效供给。

### (四) 社会化服务渠道过窄,许多具有行业优势的项目未能及时推进

粮食行业开展社会化服务拥有很多优势和特色,例如,利用自身的设施设备条件提供"五代"服务,利用加工技术优势开发高附加值产品,利用点多、面广和身置产地的优势直接组织"名、特、优、绿"粮油产品的购销。此外,还可以发挥行业、企业在人员、设备和技术上的优势开展对外人员培训。因多方面因素的限制,这些粮食行业自身具备的优势远未得到

充分发挥。尤其是农村种粮大户、专业合作组织的出现和粮食市场主体的多元化,其招聘的员工文化水平不高,专业知识和技能更为缺乏,迫切需要粮食行业、粮食企业为其提供培训,以满足企业运营和业务发展的需要。但粮食行业、粮食企业这方面的服务只能说是刚刚起步,其优势和特色并未得到很好的利用。

## 第三节 发达国家粮食流通社会化服务方面的经验

### 一、美国"公司+农场""公司+农户"的服务方式

"公司+农场""公司+农户"的服务方式涵盖了粮食生产的整个过程。其中,"公司+农场"这种服务方式主要体现在粮食加工销售领域。粮食加工销售由私人公司或国有公司负责经营,农场为公司提供稳定的原粮,农场实际上已经被纳入公司之中,相当于公司众多业务中的一个环节,公司与农场之间形成了非常密切的关系。"公司+农户"的服务方式则存在于多个领域之中,既可以体现在产前生产资料的购买上,也可以体现在产后粮食的加工销售上,但其与"公司+农场"的服务方式不同。在"公司+农户"这种服务方式中,公司与农户之间的关系是一种纯粹基于合同形成的互利互惠的商业关系,公司基于合同为粮食生产者提供农业生产资料,或农户基于合同为公司提供原粮等农产品。此外,在美国的粮食流通社会化服务中,合作供销也是一种重要的服务方式。合作供销主要是指各种类型的农业合作社所提供的服务,其中:专业合作社一般只负责采购、销售及物流服务;综合性合作社业务范围相对比较广泛,不仅可以提供采购、销售、物流服务,还可以提供信用合作、互助保险等服务。

美国粮食流通社会化服务供给主体是多层次的,国家层面的政府系统占主导地位,也有社会层面的合作服务机构和私人公司等。

### 二、澳大利亚的粮食质量检测服务

澳大利亚粮食生产者的市场观念、竞争意识和自我发展能力较强,政府只是在市场动态、信息反馈、提高粮食质量上加以引导并提供服务。澳大利亚致力于高标准的粮食质量控制,粮食质量保证计划包含了在谷物处理的各个阶段实行严格的接收标准和质量检验,质量控制贯穿于从农户直至销售给最终消费者的整个过程。

粮食检验均执行原小麦局制定的标准(AWS)。除各地逐层检测之外,澳大利亚小麦局有限公司下属的农产食品科技公司(一个权威的粮食检测中心)再对各地的样品进行全面的质量分析、品质预报或仲裁检验,同时对样品进行应用性试验。该质检中心在粮食收获季节每天要检验600多个小麦样品,其他季节每天也要分析200多个样品,以及时掌握生长期间的小麦样品品质情况。另外,还要常年对各种用于制作面包、馒头、面条、方便面等各种食品的专用小麦进行应用试验研究,研究如何适应不同消费对象对小麦食用品质的需

求,以指导农户按需生产,保证澳麦在国内外市场上数量和质量的持续稳定。

### 三、日本的粮食流通社会化服务项目

日本粮食生产经营规模较小,但其社会化服务具有较强的组织性,服务效率也比较高。农协是提供农业社会化服务的主体力量,在粮食生产的整个过程中为粮食生产者提供全方位的服务。主要服务项目包括:(1)农业生产资料的供应服务。农协在粮食生产者购买农用生产资料过程中扮演中间人角色,农协代表种粮农户与供应商进行谈判,达成协议后,农协直接购入生产资料,再将其按照购入时的价格出售给种粮农户,这样就可以摆脱种粮农民直接在市场上购买所处的弱势地位,价格上也比较优惠。此外,由农协出面直接从供应商手里购买,能够保证农用生产资料的质量。因为农协在购买之前要对农用生产资料进行检验,检验合格后才确定购买,从而能够保证种粮农民的利益不受损害。(2)粮食流通服务。农协在流通领域的服务主要有以下两种方式:一是通过遍布全国的中央拍卖市场销售,这主要是针对一些保质期较短的农副产品;二是通过全国各地的农协分会直接购买,再转卖给超市或商贩。农民也可以直接到市场上出售自己的产品,但对于那些交通不便的种粮农户还是要依赖农协销售自己的产品。(3)农业金融服务。当一般的金融机构不愿意为种粮农户发放贷款时,农协可以为其提供金融服务。农协的金融服务主要是通过自己的信用合作社,信用合作社的资金筹措一般是通过吸收农民和城市小生产者的闲散资金,还可以在证券市场发行"农林债券"募集资金,然后再向需要资金的种粮农民提供低息贷款。另外,日本农协还为种粮农民提供农业保险服务。

### 四、法国的粮食流通社会化服务体系

法国粮食流通社会化服务是以政府为主导,法国农业部全国谷物和水产品局及其他所属机构是社会服务的主体力量。

(1) 政府的粮食生产经营服务。法国农业部及其下属机构承担了公共服务职能,主要为粮食生产基础设施建设、粮食科研、教育等提供信贷和相关服务。还有一些下属机构提供农用生产资料供应以及粮食收购、加工和销售服务。政府公共服务职能是对农用生产资料价格进行一定程度的控制,规范农用生产资料市场秩序,提供粮食生产经营信息等服务。此外,法国政府还通过全国和地区性农业信贷银行为农场主提供金融支持。通过《农业保险法》对小麦、玉米、大麦等主要农作物实行强制性保险。当农业因遭受自然灾害造成损失而影响农场主收益时,法国政府总是能给农场主提供适当的补助。

(2) 农业合作社的粮食流通服务。农业合作社是法国粮食流通的主体,其将分散的粮食生产者联合起来,并为他们提供产前、产中、产后服务,供给农用生产资料,提供种植技术和市场信息服务。农业合作社是在自愿互利的原则下所组成的经营性合作组织,依据法国《1901年协会法》成立,由农民会员联合组成。农业合作社不是法律形态的企业,其享受政府免除所得税和提供低息贷款的优惠政策,又是农民会员组织粮食供销的自主经营、自负盈亏的独立市场主体。法国每年由农业合作社收购的粮食占整个粮食收购量的60%~70%。由于农业合作社规模较大、品种齐全、信誉良好,粮食加工企业也愿意从农业合作社

购买粮食。

粮食出口服务主要由法国粮食出口协会承担。法国粮食出口协会是由法国粮食生产者和粮食出口商组成的一个非营利协会,主要负责对世界粮食市场的研究预测和开拓国际粮食市场,从事法国与各粮食需求国之间的出口贸易,与主要粮食生产国之间进行技术、信息交流和粮食生产、储存、运输、加工等方面的信息沟通,组织粮食企业技术考察、技术研讨,培训技术人员等业务。

(3) 私人企业提供的服务。私人企业是在农产品供销一体化的基础上发展而成的,主要服务粮食流通特别是粮食加工领域,包括"公司＋农场""公司＋农户"等服务形式。私人企业在法国粮食流通社会化服务体系中不占主要地位,但是在粮食收购、加工和销售过程中能够提供专业化服务,是法国农业社会化服务体系的重要组成部分。

## 第四节 增强粮食流通社会化服务能力的措施建议

加快粮食流通转型升级有利于促进粮食行业供给侧结构性改革目标的实现,拓宽粮食流通社会化服务渠道。不断增强流通社会化服务能力是实现粮食流通转型升级、提升粮食行业竞争力的内在要求。结合当前我国粮食行业的实际情况,开展粮食流通社会化服务,不断提升服务水平,可考虑从以下几个方面做好工作。

### 一、从全产业链视角支持和促进粮食流通社会化服务

发展粮食产业经济要求必须从全产业链的视角支持和促进粮食企业、粮食行业开展面向社会的粮食产前、产中、产后服务,探索产销融合的服务模式,以进一步拓宽社会化服务范围,提升服务质量和服务效益。建议政府及有关部门在促进粮食产业经济发展、支持和推进粮食流通社会化服务过程中,协调好农业、粮食和其他相关部门之间的沟通和协作,准确理解和把握"全产业链"和"粮食产业经济"的内涵,从有效满足消费需求和保障粮食品质质量安全出发,优化粮食种植结构,发挥粮食流通对粮食生产的引导作用,为流通社会化服务提供优质粮源;通过不断创新加工技术和产品、延伸产品链,向消费者提供多层次、专业性的服务,满足消费者多元化需要并起到引导消费的作用。

### 二、准确提供信息服务,引导粮食生产者优化种植结构

粮食生产者对粮食行业社会化服务的需求主要表现在产前、产后两大方面。产前服务主要是对粮食种植的品种结构提供信息指导;产后服务则是指对生产者收获后粮食的储藏、检测、加工和运输等经营行为提供帮助。从需求强度来看,对产前的信息指导和产后的技术服务需求是最为强烈的。这既反映了在市场经济条件下,粮食生产者已经认识到信息和技术对粮食生产经营的重要性,也在某种程度上反映出现有的服务还不能满足粮食生产者的需要。粮食种植前,粮食生产者尤其是种粮大户和粮食专业合作组织对粮食价格、供

求、市场行情预测等信息服务需求比较强烈,非常担心种植的品种是否与市场需求对接。粮食行业可采取两大举措帮助其解决这方面的问题。一是利用媒体平台及时发布粮食市场供求、品种、价格等信息,准确释放市场信号,给予粮食生产者、经营者以正面引导,充分发挥市场信息对促进粮食生产的重要作用。二是通过发展订单粮食稳定和促进粮食生产。实施订单收购,引导粮食生产者大力种植"名、优、特、绿"适销对路的粮食品种,形成"订单生产→订单收购→订单加工→超市销售→居民餐桌"这样一个完整链条,既有利于粮食行业掌握优质粮源,同时也解除了粮食生产者怕担风险不敢大面积种植的后顾之忧。

## 三、通过技术支持为粮食生产经营者提供多元化的服务

粮食行业为粮食生产者提供的产后服务主要涵盖以下几个方面:一是加快推进以粮食收储和加工企业为主体,集收购、储存、烘干、质量检测、销售和信息服务等功能为一体的粮食产后服务体系建设,为新型粮食经营主体和种粮大户提供全方位的服务。二是建立健全规范的粮油加工、物流配送渠道,将品质质量安全的粮油产品及时送达消费者手中。三是加强粮食质量监测体系建设,提升粮食流通质量安全监管能力。要想真正建立起粮食质量安全体系,就需要把全社会粮食收购、运销、储存和加工的质量和卫生安全全部纳入粮食行业各级粮油质检范围,尤其是要强化对农户科学储粮的技术指导,做到全程监控、检验。按照从田间到餐桌全过程、可追溯管理要求,进一步落实粮食质量安全属地管理责任,确保监管无盲区。进一步加强粮食标准的制定和修订,加快形成科学合理的新型粮油标准体系。推动建立污染粮食处置长效机制,做好对不符合食品质量安全标准的库存粮食的处置工作,严防其流入口粮市场。探索建立问题粮食召回制度,特别是在目前粮食收购市场化改革、多元主体参与粮食经营的条件下,加强粮食流通各环节质量安全监管显得尤为重要。四是在粮食销售环节进一步完善"放心粮油"供应体系。深入贯彻《中华人民共和国食品安全法》,加快推进"放心粮油"工程的实施,在全国范围内健全规范有序的粮油加工配送渠道和粮油物流配送体系,加强对粮油供应的监督和管理,实现"放心粮油"供应在学校、军营、社区和乡村的全覆盖。有条件的粮食企业可适当延伸产品链,生产早餐食品、方便食品和其他主食食品,直接供应城乡居民。这样做既丰富了市场上放心粮油食品的供应,也使得粮食企业通过拓展服务范围增加经营收入。

## 四、适应消费升级,加大粮食加工技术和产品创新的力度

加工是粮食流通社会化服务和粮食产业经济发展的关键环节,但目前我国粮食加工企业的收储业务却相对薄弱,缺乏对优质粮源的掌控,粮食加工的效率和效益远未得到充分的发挥,与新时期消费升级的需要还存在较大的差距。发达国家粮食加工企业取得良好效益的重要原因就是加工技术和产品创新方面具有较强的实力,同时又掌握着加工高质量产品所必需的优质粮源。美、法等国小麦深加工推出了小麦谷朊粉、小麦膨化食品和小麦胚芽等。以小麦胚芽为例,小麦胚芽被提取后,用于加工小麦胚芽油,制油后的胚芽粕再碾磨成粉,用作饼干、豆浆粉、咖啡等食品的配料,不仅提高了效益,同时也满足了消费者多元化消费需求。再以玉米为例,玉米是全球最具深加工前景的谷物产品,国际上玉米深加工产

品已达 4 000 余种，仅利用玉米的变性淀粉就能开发出上千种工业原料，特别是采用发酵工艺生产的玉米深加工产品，在食品和医药等下游行业形成了庞大的需求，直接拉动了对食品、化工、发酵、医药、纺织、造纸等行业消费升级的需要。而我国玉米加工产品仅 1 000 余种，且多是中低档产品，远不能满足需要。粮食加工企业的加工原料也多是在市场上随机采购，缺乏优质粮源的保证，很难加工出质量过硬的产品。要解决这些问题，一是粮食加工企业应主动与种粮大户、粮食专业合作组织加强联系并建立良好的合作关系。因为种粮大户大多没有自己的粮仓，收获后的粮食储存是个大问题。粮食加工企业（包括国有粮库）在他们最需要的时候提供帮助，把链条衔接起来，就会带来双赢的效果。二是各级政府应建立粮食产业发展引导基金，支持粮食产业链的发展，重点放在粮食加工技术和产品创新上。由财政部门和粮食部门一起，整合以前分散的粮食加工创新方面的资金支持政策并加大支持力度，遴选一批基础较好的粮食加工企业给予帮助，鼓励其加强技术和产品的研发，以具有较强竞争力的技术和产品满足消费升级的需要，不断提升社会化服务的质量和水平。

### 五、主动对接乡村振兴战略，助力乡村产业发展

乡村振兴战略的关键是产业振兴，只有发展乡村产业才能致富农村居民，改善乡村面貌。在促进乡村产业发展方面，粮食行业应以"优质粮食工程"建设为抓手，发挥自己点多面广和设施技术上的优势，主动融入、积极参与，在乡村振兴中扮好"粮食角色"，在服务"三农"中展现"粮食作为"。一是在生产环节引导粮食生产者瞄准市场消费需求，搞好"名、优、特、绿"粮食品种的种植，推进粮食品牌化、优质化、生态化，向市场提供更多的、适销对路的粮油产品，帮助小农户和大市场有机衔接。二是在流通环节拓宽领域、创新手段，适应种粮大户和新型粮食专业组织对粮食仓储技术、质检能力、信贷支持和市场信息的需求，为其提供高效的社会化服务。三是结合乡村振兴中一二三产业的融合发展，粮食加工企业应充分发挥在资金和技术方面的优势，通过开展粮油精深加工、延长产业链，提高产品附加值，提升市场竞争力，构筑"订单种植—精深加工—副产品综合利用—新产品研发—品牌化经营"新型产业链，更好地服务于乡村产业发展。四是在粮食销售环节优化"放心粮油店"的布局，推广网上粮店、主食厨房、农商直供等商业模式，不断创新粮食销售方式，并积极组织高附加值粮食产品出口业务。从目前来看，我国与"一带一路"沿线国家和地区贸易合作正不断深化，为高附加值粮食产品和"名、特、优、绿"粮食品种的出口拓展了空间，粮食行业应抓住这一机遇，加强与种粮大户和农村新型粮食专业组织的密切合作，带动他们将更多的具有竞争力的粮油产品和其他农副产品投放到这些国家和地区的市场。同时，粮食行业应加强与乡村政府的合作，共同打造农产品销售公共服务平台，建设农村电子商务基础设施，在服务乡村振兴中发挥出自己的渠道优势。

### 六、为种粮大户和社会粮食经营单位提供员工培训服务

粮食流通业务具有较高的技术含量，不具备一定的理论知识和专业技能的人不可能胜任这方面的工作。粮食行业、粮食企业应充分发挥自身技术和人才优势，面向社会开展职工培训工作，提供人才培训服务。特别是近年来，种粮大户、新型粮食专业合作组织增多，

粮食经营主体日趋多元化,但其员工多是从社会上招聘的,缺乏从事粮食流通所需要的基本技能,因而迫切需要对其进行培训,使其尽快适应自身业务运营的需要,胜任所承担的工作。粮食行业、粮食企业拥有这方面的资源,完全能够承担这方面的工作。培训的重点是粮食收购、储存、运输、加工中的检验检测、业务操作、质量掌控和标准的把握等。培训方式可以是集中培训,也可以是分散的师傅带徒弟式的一对一传授。同时,也可以面向社会组织粮食工种职业技能鉴定和技能竞赛,符合条件者可颁发相应的资格证书。粮食行业、粮食企业为社会提供员工培训服务不仅能够为整个粮食产业经济发展做贡献,提升粮食产业链的整体实力,也能够在提供培训服务中提高自身的经济效益。

# 第九章 振兴国有粮食企业

## 第一节 供给侧结构性改革与国有粮食企业运营

粮食是人类最重要的食物之一,对人类社会工业和服务业发展起到非常重要的作用。粮食安全问题事关人民生活稳定、经济社会发展以及国家、地区安全,对任何国家、地区而言都具有举足轻重的地位。联合国粮食及农业组织(FAO)发布的2019年11月报告显示:2019年全球谷物产量预计为27.04亿吨,预计比2018年产量高出近4 700万吨,增幅为1.8%[1]。国家统计局数据显示:2018年全国粮食总产量为13 158亿斤,比2017年减少74亿斤,下降0.6%[2],总体保持稳定态势,这标志着我国粮食产量基础十分牢固,为保障国家粮食安全提供了有力保障。当前我国经济发展正如习近平总书记提出的进入了经济"新常态",经济发展速度由高速增长转变为中高速增长,经济形势不断发生深刻变化,增速虽然放缓,但实际增量依然可观,且经济增长更加平稳,增长动力更多元化,协同推进新型工业化、信息化、城镇化、农业现代化,有利于促进我国传统农业向现代农业转型和进一步保障粮食安全。

我国粮食连年增收,不仅确保了把饭碗牢牢端在自己手上,更为新常态下我国经济的平稳健康发展奠定了坚实的物质基础,但我国粮食安全仍面临许多的威胁和挑战,形势十分严峻。各种结构性矛盾积累,农业资源偏紧和生态环境恶化的制约日益显现,耕地后备资源不足、淡水资源状况不容乐观,国外粮食进口迅猛增长等问题不断。此外,随着我国人口密度不断加大,城镇化进程不断加快,人民生活水平不断提高,居民对粮食产品的需求也处于不断变化中,我国粮食安全将长期处于"紧平衡"状态。

2012年11月,国家粮食局、中国农业发展银行联合下发《国家粮食局 中国农业发展银行关于进一步加强合作推进国有粮食企业改革发展的意见》(国粮财〔2012〕205号),要求:大力推动地方国有粮食企业改革和发展,推动国有粮企实行重组模式做大做强;确立现代企业制度的经营发展模式;积极协调与地方政府的关系,争取政策资金支持,为改革发展创造良好环境;改进信贷服务、加大金融支持力度等。2017年9月,国务院办公厅印发《国务院办公厅关于加快推进农业供给侧结构性改革 大力发展粮食产业经济的意见》(国办发〔2017〕78号),要求:培育壮大粮食产业主体,增强企业发展活力;创新粮食产业发展方式,构建产业链;加快粮食产业转型升级,统筹利用粮食仓储设施资源;强化粮食科技创新和人才支撑;完善相关保障措施等。这些为深化国有粮食企业改革,全面落实国家粮食安全战

---

[1] http://www.fao.org/worldfoodsituation/csdb/zh/.
[2] http://www.stats.gov.cn/tjsj/zxfb/201812/t20181214_1639544.html.

略提供了良好的环境。

我国国有粮食企业包括国有粮食购销企业和国有粮食附营企业。国有粮食企业即指国有粮食购销企业,从事国家订购粮、保护价粮、议购粮、中央和地方储备粮、进出口粮的收购、调拨、储存、批发和销售等业务,其经营的粮食包括"政策粮"和"市场粮"两种。2004年粮食购销市场化以来,国有粮食购销企业的性质发生改变,其购销行为有着不同于其他企业的独特特点。一方面,它是国家粮食政策的运行工具,充当国家宏观调控粮食市场的助手,确保国家粮食市场供求稳定;另一方面,它又要成为"自主经营、独立核算、自我发展"的经营主体,必须进行一些以营利为目的的市场业务。

国有粮食企业作为粮食市场的重要供应主体,是国家实行粮食宏观调控,稳定粮食市场的重要载体,一直是粮食流通体制改革的核心。根据国家粮食和物资储备局提供的数据,截止到2018年11月,我国国有粮食企业原粮收购量达1 015.40亿公斤,销售量3 560.00亿公斤。粮食流通市场化改革以来,我国粮食购销市场形成以国有粮食购销企业为主,包括民营企业和粮食加工企业在内的多元市场结构,其中国有粮食购销企业占70%以上。根据2004年国家颁布的《粮食流通管理条例》的相关规定,国有粮食企业"应当转变经营机制,提高市场竞争力,在粮食流通中发挥主渠道作用,带头执行国家粮食政策"。这意味着国有粮食企业的经营目标具有双重属性:一方面作为追求自身经营利润最大化的市场主体,经营"市场粮",另一方面又作为国家宏观调控、稳定粮食市场的主要载体,经营"政策粮"。

国有粮食企业对保障国家粮食安全起到非常重要的作用,它是国家收购掌握粮源、对粮食领域实施宏观调控政策的得力抓手,在促进粮食产量提升、种粮农民收益提高和保障粮食购销价格稳定等方面都具有至关重要的作用,承担着重要的公益性、基础性和社会性职能。因此,研究新常态下我国地方国有粮食企业改革发展如何顺应新形势,应对新挑战,在高起点上实现稳中有进、稳中提质、稳中增效,对确保国家粮食安全水平进一步提高,不断夯实我国经济社会发展的基础有重大现实意义。从现实角度来看,当前粮食供给矛盾发生了较为深刻的变化,由中华人民共和国成立初期的供给不足矛盾转变为现在的粮食产品需求结构性矛盾,国有粮企库存粮食量居高不下、销售渠道不畅通、绿色有机粮食等品种供给不足、粮油深加工转化副产品滞后等问题日益凸显。同时,现有国有粮食企业绝大多数为单一收储模式,过度依赖政策粮生存。因此,研究新常态下国有粮食企业改革发展,可以促进企业走出收原粮卖原粮老模式,发展"产购储加销"一体化模式,有助于帮助其构建适应现代粮食经济发展的粮食产业体系,提升企业发展活力。

《国家粮食局关于加快推进粮食行业供给侧结构性改革的指导意见》指出,国有粮企应彻底打破传统思想束缚,真正打破大锅饭,真正走出国有粮企改革不彻底、改制后的国有控股企业换汤不换药的桎梏,适应国家供给侧结构性改革的政策要求,在国家经济发展的历史长河中,为自己争取一片绿洲。一是转方式、调结构、补短板,推动国有粮企持续健康发展。对于发展较好的粮企,发展粮食物流中心,大力发展"收储加销"为一体的粮食综合产业链,减少粮食流通环节,增加粮食经济附加值,重塑"粮食"新形象。对于经营发展困难的粮企,适时吸收社会资本,发展混合所有制经济,敢于参与社会竞争。补短板,就是努力补齐粮食流通发展的短板,积极借助"粮安工程",加快现代粮食仓储物流设施建设和行业信息化建设,补齐粮食流通短板,降低成本,提升效率,更好地满足粮食资源快速集散、顺畅流通、高效配送的需要。二是找准问题,对症下药,解决制约粮食经济发展的瓶颈。国有粮企大锅饭问题一直是个老大难,不少企业试着改革,实行减员增效,实行岗位工资、绩效工资,最后徒劳而返,原因在于国有粮企总是打不破旧的藩篱,走不出计划经济时期的体制机制。有的国有粮企主要负责同志临时观念强——干不了几年,只求个平安,不想出风头,不愿冒险,不求有功,但求无过,导致企业改革风声大雨点小,最后原地踏步走。有的粮企迫于上级粮食部门压力,搞竞争上岗,也只是走走形式,做无用功,最后基本保持原状。要解决这些问题,就要进行彻底改革,全面实施人才强企战略,改变干好干孬一个样的大锅饭现象。

在各项政策扶持下,在各级粮食部门和国有粮食企业的共同努力下,国有粮企供给侧结构性改革,一定会适应市场需求,获得前所未有的成功。

## 第二节 国有粮食企业改革历程与改革发展成效

### 一、国有粮食企业改革历程

国有粮食企业作为粮食市场的供应主体,一直以来都是粮食流通体制改革的重要内容。新中国成立以来,国有粮食企业一直坚持以实现市场化改革为目标。2004年粮食购销市场化以后,国有粮食企业完成了从计划主渠道向市场主渠道的转变,逐渐成为市场经济下国家实际粮食宏观调控、稳定粮食市场的重要载体。鉴于国有粮食企业改革作为粮食流通体制改革过程中的重点难点,下文根据粮食流通体制改革的阶段性特征将国有粮食企业改革历程分为以下几个阶段:

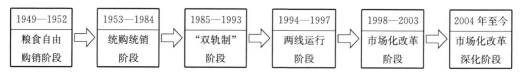

图9.1 国有粮食企业改革阶段

**(一)粮食自由购销阶段(1949—1952年)**

政府行政管制和粮食购销的相对自由是这一时期粮食购销政策的主要特征,粮食流通体制的模式是国有粮食企业领导下的自由购销体制。1949年到1952年,处于新中国成立初期,面对严峻的粮食形势,政府逐步建立了中央、省、市、县各级国有粮食公司和国家公粮库,通过经济手段辅以行政手段,国有粮食企业逐渐取得了市场主导地位,由此建立起了全国性的粮食流通组织结构。1952年9月,在粮食供求紧张、粮食市场十分混乱的情况下,为强化政府宏观调控能力,中央将中国粮食公司和粮食管理总局合并,成立了中央人民政府粮食部,实行政企合一的经营管理体制。

**(二)统购统销阶段(1953—1984年)**

一般认为,粮食流通计划体制确立是以1953年10月粮食统购统销制度的实行为标志的。统购统销是指由国家对粮食市场进行严格控制、统一管理,并由国有粮食企业根据国家相关政策进行垄断经营,即实行计划收购与计划供应,其实质是国家对粮食从生产到消费所有环节的粮食产权实行独家垄断,而国有粮食企业作为国家粮食政策的执行主体必须按照政府计划,将收购的粮食配给到需要粮食的部门和个人手中。1955年,国务院颁布了《市镇粮食定量供应暂行办法》和《农村粮食统购统销暂行办法》,使粮食统购统销逐步形成制度。国有粮食购销企业通过垄断经营,对粮食进行合理分配。在当时物资短缺的情况下,统购统销制度满足了城乡人民生活的基本需求,在稳定粮价、保障社会安定、巩固国家政权方面起到了重要作用。随着家庭联产承包责任制的实行,1984年粮食产量快速增加,由此带来的是农民卖粮难、国有粮食企业储粮难以及国家财政补贴难的问题同时存在,这促使政府接下来不得不采取以提高国有粮食企业效率、减少政府财政负担为主要目标的市场化改革。

### (三)"双轨制"阶段(1985—1993年)

1985—1993年,伴随着改革开放的深入和经济体制的转变,为保证粮食市场供应,国有粮食购销企业通过"合同订购"和"市场收购"两条轨道进行粮源掌握。1992年,为充分发挥市场调节作用,国家开始放开粮食销售市场,并将之前的粮食流通环节的补贴直接转变为对消费者的补贴,使得国有粮食企业逐渐成为真正的市场经营主体,即具有现代企业性质。1993年2月,国务院发文明确了在国家宏观调控下放开粮食价格和经营政策,国有粮食购销企业除保留一定数量的合同订购粮食收购任务外,按照市场经济主体要求,开始积极开展自主经营。但是,这一时间段的改革主要是在企业内部经营管理制度上进行细微的调整,并没有从根本上进行经营机制转换,因此,改革未对政企分开产生实质性影响,国有粮食购销企业经营管理方式主要还是以计划经营的模式为主。

### (四)两线运行阶段(1994—1997年)

1994—1997年这一时期,中央提出了建立社会主义市场经济体制,在国家经济体制改革的大背景下,粮食流通体制改革的立足点是探索市场经济体制形势下加强粮食宏观调控,搞好总量平衡的有效途径。1994年国有粮食企业实行"两条线运行"改革,即国家将政策性业务与营利性业务分开经营,其目的是加强对国有粮食企业经营责任的约束,以避免国有粮食企业用营利性业务挤占政策性业务资源,用企业经营的政策性亏损来掩饰其经营不善导致的商业性亏损。同时,政府规定国有粮食企业的"两线运行"必须以行政统一为原则,强调国有粮食企业必须掌握70%~80%的市场粮源,继续在粮食流通过程中发挥主渠道作用。同时在完成政策性任务的前提下,企业要积极开展各种经营,提高自身效益。但是,由于改革没有触及政企分开的实质,两条线运行所提出的业务无法真正区分,政企不分的矛盾更加突出,国有粮食购销企业出现了冗员过多、亏损严重等突出问题,这项改革没有达到预期的效果。

### (五)市场化改革阶段(1998—2003年)

1998年5月和11月,国务院分别下发了《国务院关于进一步深化粮食流通体制改革的决定》《当前推进粮食流通体制改革的意见》两个指导性文件,把解决国有粮食购销企业政企不分作为这次改革的首要问题,重点实施"四分开一完善"改革(政企分开、中央与地方责任分开、储备与经营分开、新老财务账目分开,完善粮食价格机制)以及"三项政策、一项改革"措施(按保护价敞开收购农民余粮、粮食顺价销售、收购资金封闭运行和深化企业自身改革)。在国家部委文件指导下,2002年11月,四川省人民政府办公厅结合实际出台了《四川省人民政府办公厅关于加快我省国有粮食企业改革的意见》,意见提出:在粮食宏观调控中发挥主导作用,使国有粮食企业初步建立起现代企业制度,完善法人治理结构,通过多种有效方式提高企业市场竞争能力,目的是国有粮食企业能够真正成为适应社会主义市场经济发展要求的健康的市场主体。但是,这一时期改革的成效依然不够理想,国有粮食企业政企不分、经营机制不活等现状没有发生根本性改变。

### (六)市场化改革深化阶段(2004年至今)

2004年以后,国有粮食企业改革进入了新阶段,2004年7月,国家发改委等五部委下发了《国家发展和改革委员会 国家粮食局 财政部 国家税务总局 中国农业发展银行关于进一步深化国有粮食购销企业改革的指导意见》,提出了深化改革的政策措施,至此真正将国有粮食购销企业推向了市场,使国有粮食购销企业与政府脱钩,真正实现"政企分开",有效转换经营机制三个方面的目标成为此次改革的核心。国务院明确要求对国有粮食购销企业采取以下措施进行改革:一是实行政企分开,推进兼并重组;二是消化历史包袱,分流富余人员;三是建立健全法人治理结构,使企业真正成为自主经营、自负盈亏的市场主体。充分发挥粮食流通市场主渠道作用并作为粮食宏观调控的载体,是国有粮食购销企业新时期的主要职能。

总体来看,粮食流通市场化改革至今,国有粮食企业改革取得了一定成效,但改革进展缓慢仍然是一个不可忽视的问题,现行国有企业改革的核心是"建立现代企业制度",但是由于我国粮食问题的特殊性和现阶段市场经济不发达、粮食市场体系不完善、宏观调控体系不健全,实行粮食流通市场化改革后,仍需要国有粮食企业充分发挥其特殊的作用。从整体上来看,目前的国有粮食企业依然未能完全适应市场经济环境,并在新的体制和环境中明确新的社会责任和发展目标。

## 二、国有粮食企业改革发展成效

### (一)国有粮食企业历史包袱得到缓解

减轻国有粮食企业历史包袱,让国资与民资、外资粮食企业处于同一起跑线上。有关各方按照先易后难原则,逐步解决国有粮食企业历史遗留问题。过去长期困扰国有粮食企业"老人、老粮、老账"问题,"十二五"时期基本解决。截至2009年底,国有粮食企业原保护价(含订购价)粮食库存全部消化完毕,"老粮"已成为一个历史名词。

首先,妥善分流安置企业富余职工。各地以人为本,采取增加职工就业岗位、加强职工在岗与转岗职业技能培训、鼓励职工自谋职业等多种方式,从促进职工就业向提高就业能力转变,从扩大就业数量向提升就业质量转变,从被社会企业聘用就业向自主创业转变。1997年全国国有粮食企业职工总数344.7万人,是历史上最多的一年。以此为拐点,往后由于实行粮食购销市场化改革,政策性粮食业务大幅缩减,职工人数相应逐年减少。截至2015年底,全国国有粮食企业职工总数42.0万人,比2010年60.3万人减少18.3万人,减少30%。

> **专栏 1**             宜春市地方国有粮食企业户数和职工人数减少
>
> 宜春市国有粮食企业改革始于2001年,本着"有所为,有所不为"的原则,以"置换企业产权、置换职工身份"为目标,通过采取"资产变现、买断工龄、解除劳动关系、择优返聘上岗"等措施,确保了全市国有粮食企业改革的顺利进行。截止到2009年年底,全市国有粮食企业职工已全部进行了身份置换,企业改制面达到100%,支付改制费用近4亿元。到目前为止,各地实施地方国有粮食企业员工续聘竞岗制度,全系统国有粮食企业实现了"两减三增",即:企业个数减少、从业人员减少、企业效益增加、从业人员收入增加、创建粮食品牌增加。
>
> 从2001年开始的宜春市国有粮食企业改革,截止到2009年年底已基本结束。1998年5月31日,宜春市有国有粮食企业326户,其中地方国有粮食购销企业占比60.4%,共有197户,企业职工总数22 729人,其中在职人员占比83.5%,共计18 975人,离退休人员占比16.5%,共计3 754人。2003年底第一轮改革基本结束时,参与改制的企业数和职工数达到了两个100%,有326户企业进行了改制,实际保留企业户数203户,减少37.7%。离休干部职工58人划归社保局管理,比照行政单位人员发放工资和福利;退休人员补足医疗保险费后全部移交社保局管理,在职人数中有17 853人按标准领取身份补偿金后与企业签订了解除劳动关系的协议,有381人于退休年龄不足五年提前发足退休前的生活费后也与企业签订了解除劳动关系的协议;有312人自愿不领身份补偿费而把人事关系放在县市的人才交流中心保留其身份。截至2005年年底,尚有在职返聘职工人数5 957人,比1998年5月底在职职工人数18 975人减少13 018人,减幅达68.6%。改制四年后,因职工人数减少而减少工资开支2.08亿元,减少四金(养老、失业、医保、住房)开支5 832万元,平均每年减支6 658万元。截至2009年年底,全市国有粮食企业改革基本完成,纳入改革范围的在职职工全部得到妥善安置,其中办理身份置换17 739人,办理内退及协保1 236人,并全部办理了养老保险手续,为完成企业改革任务,全市共筹集改制资金近4亿元,其中财政补助3 317万元、企业自筹2.1亿元、收取返聘职工上岗保证金1.5亿元。截止到2017年年底,全市地方国有粮食企业通过行之有效的职工返聘方案,共返聘职工人数3 022人。

资料来源:郭雯. 新常态下宜春市地方国有粮食企业改革研究[D]. 南昌:南昌大学,2018.

其次,对于粮食财务挂账进行全面清理认定,并大量消化。截至2014年底,全国消化粮食财务挂账金额占粮食财务挂账总额的37%,其中消化政策性粮食财务挂账金额占政策性粮食财务挂账总额的31%,消化经营性粮食财务挂账金额占经营性粮食财务挂账总额的65%。北京、天津、上海等3市政策性粮食财务挂账基本消化完毕。全国粮食财务挂账余额总额中,其中政策性粮食财务挂账、未占用农发行贷款政策性亏损总额占89%,经营性粮食财务挂账总额占11%。

另外,提出解决河南、湖北等10省(区)"开仓借粮"遗留问题的办法。2012年,经国务院批准,国家有关部门明确对于1998年以来河南、湖北等10省(区)"开仓借粮"占用的贷款本息和相关费用,由有关省(区)财政从取消粮食主产区粮食风险基金地方配套置换出来的资金或从部门预算资金中解决。

## (二) 国有粮食企业结构和布局优化

按照做大做强国有粮食企业的目标,各地大力推进企业兼并重组,整合资源。同时,建立政府和企业、中央企业和地方企业、国有粮食企业和民资粮食企业、国有粮食企业和外资粮食企业交流合作平台,促进粮食企业跨地区资产重组,实现粮食企业产权多元化。全国国有粮食企业总数最多的一年是1988年,为60 590个。截至2015年底,全国国有粮食企业总数11 700个,比2010年的16 549个减少4 849个,减少29%。全国现有中央大型粮食企业2个,省级大中型粮食企业136个,地市级和县级中小型粮食企业11 562个。目前,全国国有粮食企业大、中、小型结构相对优化,且功能互补。主要体现在以下几个方面:

一是中央粮食企业兼并。过去中央粮食企业有4个,即中国储备粮管理总公司、中粮集团有限公司、中谷粮油集团公司、中国华粮物流集团公司。中粮集团有限公司在兼并中谷粮油集团公司后,2013年兼并中国华粮物流集团公司,2014年兼并中国华孚贸易发展集团公司。此外,中粮集团有限公司2014年收购荷兰农产品及大宗商品贸易集团尼德拉51%股权,2015年收购香港农产品全球供应链管理公司来宝集团下的来宝农业100%股权,2016年兼并中国中纺集团公司。中国储备粮管理总公司2016年兼并中国储备棉管理总公司。国资委管理的中央企业2003年为196个,2016年减至102个,减少94个,减幅48%。

二是省级粮食企业重组。各省区市成立1至若干个国有粮食企业,采取国有独资或控股形式,进行跨地区、跨所有制重组。2012年,湖南省整合省内国有粮食企业资源,组建了湖南粮食集团、天下洞庭(集团)有限责任公司、军粮集团等3个省级国有粮食企业。

三是县级(包括地市级)粮食企业改制。大多数县(市、区)国有粮食购销企业采取"一县一企、一企多点"形式进行改革,主要承担政策性粮食业务。对于不承担中央和地方储备粮业务、在粮食市场上没有竞争力的国有粮食企业,通过整体转制、股份合作、国有民营等方式,实行投资主体多元化,一部分退出国有粮食企业行列。河北省从2011年开始实施国有粮食企业三年振兴工程,重点推进县级国有粮食购销企业兼并重组,提升县级企业集中度。黑龙江省2012年至2014年落实"一县一企、一企多库"规划,整合基层国有粮食购销企业,构建粮食流通网络新格局。江苏省2013年按照"整合资源、内联外引、转型升级、跨越发展"原则,培育县级骨干国有粮食购销企业。

---

**专栏2　　　　　　　　国有粮食企业改革的"宝应模式"**

2003年起对原基层粮油管理所采取抓大放小的方法,对部分粮源充足、设施较好的粮管所按国有企业的模式运营,其他实行租赁经营。2003—2007年,购销总公司年均实现利税1 000万元以上。2006—2009年,多途径筹措资金,建成了占地近200亩、仓容12万吨、面粉年加工能力15万吨的集粮食仓储、加工、运输为一体的粮食物流园区。收购期间,由物流中心负责全县的收购经营工作,几年来年均储存、调运粮食近35万吨,年均实现利税达1 000多万元。

2011年10月,以县粮食购销总公司为母体,宝应湖粮食物流中心为主体,吸纳骨干粮食企业的江苏宝粮控股集团有限公司正式成立。2012年是宝粮控股组建后的第一年,规划建设粮食产业园,加快融仓储、加工、检测、运输、配送为一体的粮食产业园的建设,打造新的发展平台,实现粮食产业的转型升级,当年企业主营业务收入达17亿元,实现利润2 100万元,其中购销企业利润总额1 700万元,同比增加30%以上,集团主营业务收入及利润总额均实现了历史性突破。

2013年,宝粮集团全年投入200多万元,对广洋湖、射阳湖、小官庄等收购量较大的站点进行了大范围的基础设施维修改造。近几年,集团规划建设了包含年处理小麦15万吨专用面粉生产项目、10万吨大米生产项目、12万吨粮食仓储区、日处理1 000吨原粮大型低温烘干系统及配套设施、岸线长120米的千吨级粮食专用码头和国家有机食品质量监督检验中心等大型粮食产业物流园。2015年度,宝粮集团购销总量57.3万吨,销售收入15.15亿元。其中粮油加工企业生产大米8.54万吨、面粉7.73万吨,实现销售收入9.8亿元;购销企业销售粮食17.2万吨,销售收入5亿元。

资料来源:陈书勤.国有粮企改革的"宝应模式"[N].粮油市场报,2016-01-30(B03).

**(三)国有粮食企业市场控制力增强**

国有粮食企业加快发展方式转变,提高发展质量和水平。一方面,认真执行国家粮食最低收购价、粮油临时收储政策,托市收购价格稳中有升,保护种粮农民积极性。同时,承担粮食宏观调控任务,确保国内粮食市场基本稳定。另一方面,定期与不定期研判国内外复杂多变的粮食市场行情,主动参与市场竞争。2011年至2015年,全国粮食年均总产11 965亿斤,全社会粮食企业粮食年均收购7 058亿斤,占全国粮食年均总产的59%;其中国有粮食企业粮食年均收购3 663亿斤,占全国粮食年均总产31%。国有粮食年均销售4 110亿斤,占全国粮食年均总产34%。

第一,鼓励粮食企业入驻粮食产业园。国有粮食企业结合"退城进郊"向粮食产业园集中,依靠粮食企业集群,充分发挥粮食企业各自优势,形成整体合力,推动粮食产业发展。

第二,支持粮食产业化龙头企业发展。推动粮食产业化龙头企业向粮食生产、收购、加工、销售一体化经营转变,延长粮食产业链。扶持粮食产业化龙头企业建立粮食生产基地,促进土地规模经营,增加市场畅销的优质粮食产量,提高企业对农户的带动力和影响力。2011年以来,陕西等省建立粮食购销网点,大力推进主食产业化工程,促进资产、资源向粮食产业化龙头企业集中。

第三,发展城乡粮油连锁经营。充分利用国有粮食企业仓储设施和场地资源优势,完善城乡服务网络,推进"放心粮油"进农村和社区。以企业为主体,兴建城乡粮油食品配送中心,发展快餐连锁经营。2012年,北京粮食集团有限责任公司以"古船"等品牌为核心,全力打造"放心粮油",切实提高首都粮食市场保障能力。重庆粮食集团2012年建设超市11个;通过改造各区县粮食公司在当地城市中心的粮油门面,2013年至2015年开设超市160个。

第四,做好粮食流通服务工作。建立粮食产业发展融资平台,推动国有粮食企业与中介组织合作,搞活粮食流通。

> **专栏3　　　安徽省深化国有粮食企业改革,市场控制力明显提升**
>
> 近年来,安徽省粮食局围绕国家粮食局和省政府关于国有粮食企业改革的决策部署,瞄定目标不放松,层层压实责任,细化改革举措,不断深化国有粮食企业改革发展,企业整体实力提升,2016年全省粮食加工产值突破2 000亿元,实现利税近100亿元。
>
> 发挥载体作用,市场控制力明显提升。紧紧抓住国有粮食企业服务于粮食宏观调控的社会性、公益性特征,因地制宜、因企制宜推进企业改革,确保粮食收储网络满足宏观调控需要。"十二五"期间,地方国有粮食企业累计新建高大平房仓960万吨,有效仓容增加到2 366万吨,极大缓解了安徽省粮食收储压力,坚决守住了"农民种粮卖得出"的底线,切实保障了农民种粮积极性和丰产丰收。全省地方国有粮食企业的粮食库存占全省各类粮食库存的70%以上,主渠道作用继续发挥。截至2016年年底,全省地方国有粮食购销企业已整合到358个,较上年同期减少121个。土地确权面积继续增加,全省地方国有粮食企业60%的土地已进行出让土地确权,14个县(市、区)全面完成了土地变性确权工作。资产质量不断提高,地方国有粮食购销企业所有者权益达到61.25亿元,同比增加3.76亿元,企业平均净资产达到1 712万元,较上年同期增长42%,增强了企业的融资能力、抗风险能力,为企业参与激烈的市场竞争奠定了物质基础。2011年以来,全省国有粮食购销企业取得了连年盈利和每年盈利亿元以上的良好成绩。2016年度实现利润总额2.85亿元,同比增加6 634万元。切实提高粮油加工业发展质量和效益,启动实施"安徽好粮油行动计划",进一步推进"放心粮油"工程、"主食厨房"工程,全省粮食加工产值突破2 000亿元,实现利税近100亿元。

资料来源:王立成.安徽:深化国有粮企改革"展望腾飞"[N].粮油市场报,2017-05-09(B02).

### (四)国有粮食企业改革和发展环境良好

争取和落实优惠政策,营造良好的改革和发展环境。粮食行政管理部门主动与有关部门协商,争取和落实财政、税收、信贷等政策。

第一,拓宽融资渠道。2012年,国家粮食局、中国农业发展银行联合印发《国家粮食局中国农业发展银行关于进一步加强合作推进国有粮食企业改革发展的意见》,明确要求农发行系统保证地方储备粮食增加储备数量的资金需要,支持国有粮食企业开展粮食收储、科技创新、升级改造等方面的资金需要。同时,各地积极探索以农发行为主,多渠道筹资方式。2011年,河北省与交通银行等9个商业银行建立了信贷合作关系。2012年,重庆粮食集团采取发行企业债券、中期票据、短期融资等方式,年融资10亿元以上。2014年,河南省成立河南省粮食产业投资担保公司,这是全国粮食系统第一个省级担保公司,年融资50亿元。

第二,争取财政资金。积极编制申请财政资金的粮食物流、仓储设施维修改造、粮油精深加工、主食产业加工、粮食产业化发展、放心粮油示范工程等专项,中央和地方财政对国有粮食企业的投入明显加大。黑龙江省从2012年开始每年安排2亿元,专项用于粮油精深加工。"十二五"期间,安徽省安排10亿元用于粮食流通产业项目扶持。湖北省从2012年开始每年安排资金4亿元左右,用于粮食物流、粮食市场等项目建设。

第三,落实免税政策。由于政策性粮食业务免税截止到2012年底,财政部、国家税务总局于2013年印发《财政部 国家税务总局关于部分国家储备商品有关税收政策的通知》《财政部 国家税务总局关于职业教育等营业税若干政策问题的通知》等,出台了政策性粮食业务免税接续文件。各地将国有粮食企业减免税收政策落到实处,浙江、宁夏、安徽等省(区)将军供企业纳入免税范围,河北等省把政策性储备粮食承储企业纳入免税范围。

第四,提高保管费用。为确保储粮安全,财政部于2011年提高中央政策性粮食保管费用补贴标准后,大多数省(区、市)不同程度调高地方储备粮食保管费用补贴标准。山东、江西、福建、海南、重庆、青海、广西、四川等省(区、市)将地方储备粮食保管费用补贴标准提高到每年每斤5分及以上。云南省从2011年开始对承储省级储备粮食的企业实行定期考核,以奖代补。

### 三、国有粮食企业的地位与作用分析

目前,我国粮食供求形势总体上呈现的是紧平衡状态,国有粮食企业承担着干预粮食市场失灵的责任,企业作用主要表现在以下几个方面。

#### (一) 连接粮食生产与销售

由于粮食生产受自然条件因素影响较大,当年气候等自然条件好,粮食就会丰收,反之自然条件不好,则会出现歉收,即自然条件状况直接影响当年粮食产量。而目前社会对粮食的需求量仍然保持着较为平稳的增长趋势,因此必然会带来不同时期粮食供需不平衡局面的出现,进而导致粮食市场价格的上下波动现象。这时,就需要国有粮食企业采取相应措施进行宏观调控来保持市场粮价的稳定。粮食丰收时,粮食市场供过于求,政府可以通过国有粮食企业购入粮食,不仅保护了粮食种植者的利益,同时也稳定了粮食市场。以20世纪90年代出现的粮食大量增长现象为例,市场粮食突然增多,农户手中粮食大量积压,国有粮食企业应政府要求购进市场上多余的粮食,保证粮食市场的稳定。反之,当市场粮食供不应求时,政府通过国有粮食企业增加市场粮食供给,确保市场粮食供给,平抑市场粮价。而对于市场上诸如私营粮商、国外跨国粮商等其他粮食经营主体,由于受资金、企业规模等因素影响,很难对市场价格造成影响,难以调节粮食市场流通。

#### (二) 应对突发事件与救灾备荒

不可预期性是突发事件的重要性质,往往会对社会生活造成极大影响,但粮食是人类生存的基础,人类的一切活动都离不开粮食供给,所以当发生突发事件时,最为迫切也最为需要的是确保粮食供应,因此,为保障粮食安全,政府将国有粮食企业作为应对突发事件的重要工具。以2008年大雪事件为例,南方暴雪持续一个月,受交通影响,粮食供应紧张,粮食价格也因此大幅上涨,但国有粮食企业通过增加灾区粮食供给,避免了粮价的大幅波动。除了自然灾害,像霸权主义、强权政治、恐怖主义等仍然威胁到世界各国的安全,充足的粮

食能够保证一国战争期间的粮食需求。而市场上的其他经营主体一般都是以获得更多的利益为目的,对于与自身利益无关的事件,一般不会过多关注,即使关注,一般也不具备缓解危机的能力,国有粮食企业作为粮食流通的重要渠道,对安定灾区生活、迅速恢复生产、保持社会稳定等方面起到了重要作用。

### (三) 承担政策性与营利性任务

我国国有粮食企业一直在粮食流通中起主渠道作用。国有粮食企业也有其独特之处:它除了与其他经营主体一样寻求市场利润,进行经营管理,同时还拥有政府赋予的其他职能,即政府通过与国有粮食企业之间建立委托-代理关系,承担执行国家政策性任务,并领取政府支付的管理费用。实际上,这两方面的职能总是相互交叉,紧密联系的,加之国有粮食企业长期政企不分,国有粮食企业将长期主导粮食市场。这样的体制对国有粮食企业来说是一把双刃剑,一方面从中获得一定利益,另一方面又受制于此。

## 第三节 国有粮食企业面临的形势和改革中存在的问题

### 一、国有粮食企业面临的形势

国以民为本,民以食为天,食以粮为源。国有粮食企业作为我国粮食宏观调控的载体和流通市场的主体,是国家"粮安"工程建设的主要力量。随着我国粮食流通市场化经营的全面深化和市场竞争的愈发激烈,如何使国有粮食企业,尤其是地方国有粮食企业,在市场化条件下继续发挥主渠道作用,确保宏观调控能力,克服自身"短板",寻求发展新途径,通过深化改革走出困境,提升应对激烈市场竞争压力下的生存能力,使企业立于不败之地,这仍将是地方国有粮食企业目前需要思考和解决的重点课题。在当今市场竞争激烈的环境下,地方国有粮食企业尚需进一步认清新市场经济形势,找准企业面临的问题与挑战,为推进企业改革发展选择方向、寻求途径。

新常态下经济增速放缓,经济结构从失衡转向优化再转向平衡,尤其是国家实施"保护价"收购等一系列粮食宏观调控政策的落实,导致当前国内粮食价格处于全球"高地",加之进口粮食的涌入,品种及品质结构的原因,导致阶段性粮食过剩特征明显。截至2015年底,伴随国内粮食产量迎来连续12年增长,全国12个粮食主产区、8个主销区以及其他平调区的中央粮食储备均达到历史最高峰。对此,党和国家综合研判国内外经济新常态,作出了供给侧结构性改革的重大决策。去库存、调产能、调结构成为粮食流通市场改革的主体思想,并对部分粮食品种取消"保护价收购政策",代之以"市场化收购"与"粮食直补"相结合的新机制。为保证我国粮食市场改革的平稳过渡,占市场主体地位的国有粮食企业就必须从要素驱动、投资驱动转向创新驱动,加快体制、机制以及企业经营管理方面的改革进程,在确保主渠道作用不改变的同时,找准定位,发挥引领作用。

## 二、国有粮食企业改革中存在的问题

### (一) 经营规模不断调整

随着国有粮食企业改革的不断推进,各地不断加大对企业产权制度改革的力度,其中,一部分仅从事商业性经营的企业逐渐退出国有粮食企业的行列。同时,各地根据实际,通过兼并重组整合等形式,重新建立了一批新型国有粮食企业骨干主体,这样,国有粮食企业的数量开始逐年减少。截至2013年底,全国国有粮食企业总数有12 255个(其中购销企业9 737个),比1998年粮食流通体制改革时的国有粮食企业53 240(其中购销企业30 434个)减少了40 985个,减幅76.98%(其中购销企业减少了20 697,减幅68%),国有粮食企业数量减幅较大。目前,国有粮食企业总数在800家以上的省份只有3个,分别是江苏省、江西省和河南省。国有粮食企业总体数量的减少并不意味着企业实现了规模的扩张,国有粮食企业规模多为中小型企业。

表9.1 2014年国有粮食企业数量调查表　　　　单位:个

| 省区市及三大国有粮食 | 企业数 | 改制企业数 | | 省区市及三大国有粮企 | 企业数 | 改制企业数 | |
|---|---|---|---|---|---|---|---|
| | | 当年改制企业数 | 现有企业中已改制企业数 | | | 当年改制企业数 | 现有企业中已改制企业数 |
| 北京 | 177 | 0 | 12 | 广东 | 790 | 57 | 346 |
| 天津 | 66 | 0 | 39 | 广西 | 599 | 30 | 509 |
| 河北 | 436 | 35 | 366 | 海南 | 50 | 1 | 45 |
| 山西 | 556 | 28 | 213 | 重庆 | 7 | 0 | 5 |
| 内蒙古 | 167 | 17 | 157 | 四川 | 556 | 90 | 556 |
| 辽宁 | 336 | 7 | 249 | 贵州 | 171 | 9 | 122 |
| 吉林 | 32 | 0 | 32 | 云南 | 207 | 57 | 207 |
| 黑龙江 | 587 | 29 | 587 | 西藏 | 92 | 4 | 4 |
| 上海 | 147 | 0 | 132 | 陕西 | 300 | 42 | 300 |
| 江苏 | 1 070 | 143 | 1 070 | 甘肃 | 208 | 23 | 208 |
| 浙江 | 243 | 1 | 243 | 青海 | 53 | 1 | 46 |
| 安徽 | 566 | 29 | 548 | 宁夏 | 27 | 1 | 27 |
| 福建 | 358 | 1 | 197 | 新疆 | 187 | 7 | 85 |
| 江西 | 877 | 214 | 877 | 中储 | 617 | 0 | 0 |
| 山东 | 440 | 9 | 438 | 中纺 | 33 | 0 | 0 |
| 河南 | 1 633 | 122 | 1 287 | 中粮 | 27 | 0 | 2 |
| 湖北 | 261 | 25 | 261 | 总计 | 12 238 | 1 012 | 9 338 |
| 湖南 | 362 | 30 | 168 | | | | |

数据来源:《中国粮食年鉴2014年》。

表 9.2　2014 年国有粮食购销企业改革情况调查表　　　　　单位:个

| 省区市及三大国有粮食购销企业 | 企业数 | 改制企业数 当年改制企业数 | 改制企业数 现有企业中已改制企业数 | 省区市及三大国有粮食购销企业 | 企业数 | 改制企业数 当年改制企业数 | 改制企业数 现有企业中已改制企业数 |
| --- | --- | --- | --- | --- | --- | --- | --- |
| 北京 | 37 | 1 | 4 | 广东 | 567 | 0 | 187 |
| 天津 | 32 | 0 | 14 | 广西 | 447 | 0 | 30 |
| 河北 | 317 | 30 | 317 | 海南 | 44 | 0 | 43 |
| 山西 | 231 | 32 | 231 | 重庆 | 7 | 0 | 34 |
| 内蒙古 | 156 | 3 | 138 | 四川 | 476 | 4 | 428 |
| 辽宁 | 225 | 7 | 207 | 贵州 | 97 | 8 | 85 |
| 吉林 | 22 | 0 | 22 | 云南 | 193 | 2 | 193 |
| 黑龙江 | 384 | 39 | 131 | 西藏 | 86 | 2 | 2 |
| 上海 | 126 | 0 | 90 | 陕西 | 226 | 0 | 226 |
| 江苏 | 1 019 | 73 | 534 | 甘肃 | 153 | 0 | 153 |
| 浙江 | 128 | 0 | 131 | 青海 | 50 | 0 | 50 |
| 安徽 | 492 | 29 | 471 | 宁夏 | 23 | 0 | 23 |
| 福建 | 185 | 4 | 93 | 新疆 | 106 | 7 | 78 |
| 江西 | 618 | 0 | 618 | 中储 | 617 | 0 | 0 |
| 山东 | 321 | 0 | 319 | 中纺 | 0 | 0 | 0 |
| 河南 | 1 455 | 62 | 1 411 | 中粮 | 27 | 0 | 2 |
| 湖北 | 170 | 119 | 170 | 总计 | 9 216 | 429 | 6 599 |
| 湖南 | 179 | 7 | 164 | | | | |

数据来源:《中国粮食年鉴 2014 年》。

### (二) 盈利水平依然很低

2013 年全国共有 12 255 家国有粮食企业,企业利润总额为 77.29 亿元,盈利企业数为 6 164 家,占企业总数的 50.3%。全国国有粮食企业统计,2007 年实现利润 1.67 亿元,是 1961 年以来 46 年首次实现利润,盈利省份达到 17 个。至 2013 年,国有粮食企业已连续 7 年盈利,彻底改变了计划经济以来长期亏损的状态。通过整理、统计 2013 年全国 30 个省份的国有粮食企业经营状况,发现有三分之一以上的省份其盈利企业数占全省企业总数的比重低于 50%,特别是部分主产区的国有粮食企业,例如,河南省 1 644 家国有粮食企业,仅有 331 家企业盈利,仅占 20%,重庆市仅有的 5 家国有粮食企业全部亏损,这说明仍有相当部分企业在独立经营和政府补贴后无法盈利,企业存在较大面积的亏损。根据 2013 年底国有粮食企业利润总额,计算得到平均每家企业盈利约为 63 万元,若排除其中份额较高的中储和中粮,2013 年全国平均每家企业仅盈利约 25.6 万元。因此,从上述分析来看,目前国有粮食企业虽然存在盈利,但总体利润水平较低,且还有相当一部分企业未能实现盈利。现阶段国有粮食企业较低的盈利水平说明国有粮食企业未能充分实现企业营利性目标,而改制后的国有粮食企业要求独立经营、自负盈亏,进而现状及未来发展的需要促使国有粮食企业继续寻求增加利润的途径。

**表 9.3　2014 年国有粮食企业经营状况**

| 省区市 | 企业数/个 | 利润总额/元 | 盈利企业数/个 | 省区市 | 企业数/个 | 利润总额/元 | 盈利企业数/个 |
|---|---|---|---|---|---|---|---|
| 北京 | 177 | 568 071 408 | 118 | 湖北 | 261 | 67 763 610 | 162 |
| 天津 | 66 | 83 467 766 | 18 | 湖南 | 362 | 110 366 044 | 290 |
| 河北 | 436 | 128 409 322 | 231 | 广东 | 790 | 301 560 877 | 267 |
| 山西 | 556 | 16 730 828 | 278 | 广西 | 599 | 72 109 249 | 278 |
| 内蒙古 | 167 | 21 562 695 | 69 | 海南 | 50 | 1 265 099 | 20 |
| 辽宁 | 336 | 39 335 224 | 146 | 重庆 | 7 | 125 387 167 | 3 |
| 吉林 | 32 | −454 349 763 | 27 | 四川 | 556 | 1 234 452 | 356 |
| 黑龙江 | 587 | 241 975 942 | 426 | 贵州 | 171 | 28 881 428 | 56 |
| 上海 | 147 | 164 816 729 | 48 | 云南 | 207 | 68 242 622 | 157 |
| 江苏 | 1 070 | 384 249 053 | 601 | 西藏 | 92 | 23 380 420 | 61 |
| 浙江 | 243 | 122 513 911 | 141 | 陕西 | 300 | 42 737 205 | 143 |
| 安徽 | 566 | 221 722 715 | 410 | 甘肃 | 208 | 23 210 920 | 119 |
| 福建 | 358 | 68 498 445 | 277 | 青海 | 53 | 9 714 515 | 31 |
| 江西 | 877 | −7 883 295 | 371 | 宁夏 | 27 | 15 206 380 | 4 |
| 山东 | 440 | 390 186 968 | 282 | 新疆 | 187 | 101 445 680 | 66 |
| 河南 | 1 633 | −67 413 924 | 666 | | | | |

数据来源：《中国粮食年鉴 2014 年》。

### 三、市场竞争力不强

国有粮食企业改革后,以中储粮、中粮、华粮、中纺以及地方政府收储的国有粮食企业为代表的大型国有粮企集团和国有粮食企业共 12 255 家,这些企业以市场经营为主,主要从事的业务包括粮食收储、粮食流通和开展粮食国外贸易,不享受国家政策性补贴,真正成为"四自一独"企业,基本上已实现市场的充分竞争。粮食市场化改革之后,市场主体呈现多元化特征,粮食市场主体包括国有粮食企业、民营企业、外国企业等,这里主要从盈利方面对国有粮食企业和非国有粮食企业之间进行比较分析。截至 2013 年,国有粮食企业连续 7 年盈利,由最初的利润额 1.67 亿元增加到 77.29 亿元。而国家粮食局数据显示,2008 年粮油加工企业利润总额为 213.2 亿元,2013 年利润总额达 639.6 亿元,是同一时期国有粮食企业利润总额的 8.28 倍;同时粮油加工企业中平均每家企业利润水平约 322 万元,是同一时期平均每家国有粮食企业盈利额的 12.58 倍。因此,根据上述分析,目前国有粮食企业的市场竞争力远远低于非国有粮食企业。

### 四、队伍老化、经营日益困难

企业普遍存在"老人、老粮、老账"等突出问题,企业员工平均年龄 53 岁以上,45 岁以下的仅8人,每家企业实际只有一名负责人,管理薄弱,且随着退休人员的逐年增加,人员减少和老化趋势日益严重。由于粮食购销政策性强,利润薄,风险大,受近年粮价波动大以及粮食企业经营不善、人员老化等因素的影响,企业粮食购销业务不仅难开展,也不敢开展,企业自营购销业务已基本处于停滞状态,企业市场经营收益缺失,无形中为政府增加财政负担。由于购销开展难,企业粮食经营盈利能力低,尤其是因中心储备库有自有仓容,储备粮任务和补贴逐渐向其集中,其他的粮食企业收入慢慢转向主要依靠旧仓库物业出租的租金和自有资金外借利息生成,收入渠道明显缩减。中心储备库储备粮储量占全区的9成。但企业前几年的购销经营中发生经营事故,造成负债,导致企业职工与系统其他企业相比,收入低、差距大,承储任务和责任重,职工工作积极性差,抵触情绪大,同时面临着仓库管保员陆续退休、队伍老化、管理弱化等问题。由于职工收入低,也难以将其他企业人员调整充实进中心储备库,无形中给地方储备粮油的安全管理埋下隐患。

---

**专栏4　　新常态下宜春市国有粮食企业改革中存在的主要问题**

1998年实行粮食企业改革以来,宜春地方国有粮食企业在中央、省、市政府和各级粮食行政主管部门的正确指导下,取得了一定的成效,但明显尚未改革彻底,仍有许多历史遗留问题有待解决。现有地方国有粮食企业的市场竞争力不够强,还不足以充分发挥粮食流通主渠道作用,与国家粮企改革的最终目标相比,还有很大的差距。

1. "三老"仍然存在,企业包袱没有彻底化解

以解决"三老"问题为核心的经营机制改革取得阶段进展,"老粮""老账"基本得到解决,但地方国有粮企历史包袱依然没有彻底化解,仍有许多遗留问题成为企业发展的沉重包袱。例如:在许多地方国有粮食企业对富余劳动力的安置中,一些外飘人员、内退人员仍然由企业承担其正式退休前的工资待遇,虽然比正式员工低,但是由于基数大,成为国有粮食企业改制后的沉重负担;返聘上岗职工众多,均面临(离、退休)职工社会保障成本过高问题,企业社会保障"包袱"繁重。

2. 没有成为真正独立的市场经营主体

经过几轮改革后,目前宜春市地方国有粮食企业运行模式基本上采用"一县一企,一企多点"模式,即每个县(市、区)各组建一个粮食(油)购销公司,成为独立法人单位,管理全县辖区范围内所有的地方粮管所、储备库、粮站等国有粮食企业,统一任命粮管所所长、库主任等管理人员,财务上也实行统一报账管理。但是,各地的粮食(油)购销公司实质上仍属所在地粮食行政管理部门下级单位,地方粮食局拥有人事任命权,企业管理层干部由粮食局统一安排,粮食局向企业借调职工等现象也屡见不鲜。此外,各地的粮食(油)购销公司拥有的土地、仓库等资产虽然登记在其名下,但实质是国家划拨性质,购销公司仅有使用权,资产配置权仍归当地政府所有,因而无法进行资产合理优化。政企不分、政资不分,地方国有粮食企业没有成为真正独立的市场经营主体。

### 3. 经营结构单一,市场竞争力弱

宜春市地方国有粮食企业经营的业务基本为代储中央、省、市储备粮,依托近年来粮食最低收购价政策,赚取储备粮保管费、轮换费等费用,经营模式仅限于"买原粮""卖原粮",效益依赖原粮市场价格,没有与粮食生产、加工、贸易有效融合,与国家提倡的建立粮食流通"产购储加销"一体化产业链对比还相距甚远,无法将风险转化至上下游粮食产业链,无法从根本上适应日益激烈的粮食市场竞争,在与民营粮食加工企业的竞争中处于劣势。同时,全市地方国有粮食企业资金来源主要靠农发行贷款,涉粮企业融资渠道窄、难度大,严重制约了企业进一步改革发展,动力严重不足。

### 4. 缺乏高素质的经营管理人才和良好的经营管理制度

地方国有粮食企业的管理层基本都是改制前粮食系统的老职工,思想观念转变滞后,对市场经济的认识不够充分,没有真正站在市场经济经营管理者的角度考虑问题,缺乏长远经营理念。他们对打造粮食品牌、延伸粮食产业链等经营方式不能理解,也不愿花心思,而是持得过且过的态度,沿用原来的老方法经营管理,对市场的把握和对未来趋势的判断都不够精准,致使地方国有粮食企业市场竞争力差,抵抗风险能力弱。同时,地方国有粮食企业经营模式仍保留着改制前的方式,无论是外部还是内部业务流程,都远跟不上市场化运作的速度,企业运作效率相对低下,再加上费用管理上还不够精细化,使得国有粮食企业很难适应市场,经营管理成本偏高,急需进行深入调整。

### 5. 国有资产管理主体不明确

粮食国有资产管理的主体不明确,地方政府对于国有资产监管措施不到位,资产运作不合理,造成了国有资产流失问题严重。一些国有粮食企业在转制前,有着很好的商业经营业务,在企业改制时,这部分本来优良资产被剥离出去,表面上看是为了体现政企分离,实际上在这部分国有资产被划分出去时,存在着很多不合理评估的问题,部分管理者钻空子,将部分国有资产低价出售,谋取私利,导致国有资产流失。而这些优良的商业资产被划分出去后,往往也不能被很好地经营,最终纷纷倒闭。

资料来源:郭雯.新常态下宜春市地方国有粮食企业改革研究[D].南昌:南昌大学,2018.

## 第四节 深化国有粮食企业改革的路径

原国家粮食局出台了《国家粮食局关于加快推进粮食行业供给侧结构性改革的指导意见》,就粮食行业供给侧结构性改革提出了政策性的指导意见,给粮食行业加快供给侧结构性改革指明了方向,提出了要求。国有粮企要积极参与其中,有所作为,要认真学习研究党和国家的路线方针政策,跟上时代步伐,认真学习贯彻指导意见,结合企业实际,在思想上实现较大飞跃,观念上实现较大转变,彻底打破传统思想束缚,改变观念认识上的偏差,真

正打破大锅饭,真正摆脱改革换汤不换药的桎梏,适应国家供给侧结构性改革的政策要求,跟上国家经济发展形势,在促进国家经济发展中建功立业。

## 一、加强国有粮食企业顶层设计

地方粮食流通企业改革应由地方政府组织动员各级各部门,筹措改制成本,建立具有专业素质的人才队伍,整合区域性资源,发展粮食产业化,发展混合所有制企业。加大招商引资和项目建设力度,打造粮食物流产业园区,以此做平台,建基地,保粮源,扩加工,拉链条,转变发展方式,建立现代企业管理制度,打造从田间地头到餐桌的粮食全产业链。国有粮企进一步深化改革成本很高,难以筹足资金,地方政府应统一筹措改制成本,利用土地、房屋等资产变现,或给予土地出让金返还,或财政给予补助,保证职工权益。同时加强国有粮食企业进一步改革的顶层设计,提供土地、房屋、税收优惠政策,为深化改革转型发展提供坚强的保障。

## 二、转变发展方式,增强企业活力

通过参股、控股、融资等多种形式,放大国有资本,减少巧妇难为无米之炊情况的发生。通过放大资本,在多个环节开展经营,提高企业竞争能力,通过良性竞争,企业兼并重组优化产业结构,为人民和社会提供更加强有力的保障。多渠道开发现有国有粮食企业仓储设施用途,为新型农业经营主体和农户提供粮食服务。由农业经营主和农户用企业提供的种子进行种植,并接受专业人士指导,专心种植,不必担心粮食收获后的销售问题。为加工企业提供仓储保管服务,可以大幅减少加工企业的成本,还可更加有效地利用仓容,并促进储藏粮食的流动性,更好地保障储备粮的质量。为期货市场提供交割服务。为"互联网+粮食"经营模式提供交割仓服务,实现本地交易,异地存粮和取粮,减少物流的成本。为城乡居民提供粮食配送服务,本着服务城乡居民的目标,为城乡居民提供优质健康的粮食,并进行配送。实现机制创新:一是创新适应市场竞争的决策机制。粮食企业实现股份、股权多元化后,要进一步完善法人治理结构,规范董事会和经理层的职责,及时了解和掌握信息,对企业人流、物流、资金流的合理利用做出科学的、高效率的决策。二是加强队伍建设,强化人才支撑。粮食企业职工年龄、技能、观念老化现象突出,要大力实施"人才兴粮"战略,建立科学、长效的人才发展机制,采取教育培养和引进人才等方式,培养和引进有技能、懂管理、善经营、会创新的人才,完善干部能上能下、职工能进能出的管理机制。三是健全激励机制和约束机制,理顺分配关系。建立按劳分配和按生产要素分配相结合的分配制度,充分调动投资者、管理者、专业技术人员及劳动者的积极性和创造性。四是建立健全技术管理创新机制。要通过建立和应用信息化、大数据平台,把生产运作、新产品开发、采购供应、产品配送、市场营销和售后服务等作为一个系统来运作,并将其与多个企业联合,延伸企业价值链,实现资源共享和共赢。

## 三、发挥优势,拓展服务范围

首先是创建一批国有粮食产业化龙头企业;其次是以突破性发展粮食加工型龙头企业

为突破口,以建设规范性粮油专业合作组织和规模化绿色优质、特色粮食原料种植基地为重点,以完善"龙头企业＋专合组织＋基地＋农户"的粮食产业化经营模式为目标,大力促进粮食产业经济发展;最后是精准研究市场需求变化,大力促进主食产业化,加大推进米面、玉米、杂粮及薯类主食制品工业化生产、社会化供应力度,大力推广"生产基地＋中央厨房＋餐饮门店""生产基地＋加工企业＋商超销售""作坊置换＋联合发展"等模式,多渠道、全方位培育粮食企业新的经济增长点。如今的国有粮食企业仍然是国家粮食宏观调控的重要载体,仍有诸多优势和潜力,我们可充分利用粮食企业的仓储资源优势、人才资源优势,通过参股、控股、融资等形式放大国有资本功能,扩展粮食仓储业服务范围,多渠道开发粮食企业仓储设施用途,为新型农业经营主体和农户提供粮食产后服务、为农村电商提供配送服务、为期货市场和"互联网＋粮食"经营模式提供交割服务。

### 四、认识新形势下的改革发展定位,抉择改革发展方向

在国家推进国有企业混合所有制改革行业中,粮食企业也被列入了改革的重点领域和国资主导类企业。而粮食的特殊性决定了改革的分层性,即对于以担负国家储备业务为主的企业,要求保持国有资本独资或控股的地位,对于以储备业务为辅、市场化经营为主的企业,就要全面推向市场化,应对市场激烈竞争的冲击。因此,在国企改革的新要求下,地方国有粮食企业如何确立改革发展定位,如何选择改革发展方向,应是当下要思考的主要问题。随着国资监管从"管企业"向"管资本"方向的转变,粮食行政主管部门作为国有粮食资产监管机构也要改变监管思路,利用国有粮食资产组建"国有资本投资运营公司"是实现"管资本"的重要组织形式,即将以前"粮食行政部门—国有粮食企业"两层管理经营结构转变为"粮食行政部门—国有资本投资运营公司—国有粮食企业"三层管理经营结构。在这个结构性改革过程中,结合企业自身现状,可以引进行业外企业或民营企业组建混合所有制粮食经济新体制,从而激发企业活力,增创企业效益。

### 五、稳定发展主业,推进产业结构多元化建设

在粮食流通市场化的新形势下,国有粮食企业的主渠道作用主要体现在以下五个方面:一是在国家粮食宏观调控方面起载体作用;二是在粮食收购方面起主导作用;三是在粮食市场价格方面起引导作用;四是在粮油市场供应方面起稳定作用;五是在维护粮油市场秩序方面起带头作用。地方国有粮食企业要围绕上述五个方面发挥作用,深化企业改革发展路子,确保企业稳定发展主业,实现稳定收益。同时,要结合企业实际情况,在稳定发展主业的基础上,选择适合发展自身产业与业态的项目,实现企业多渠道、大范围经营,争创最佳经营效益。

### 六、实施优先发展战略,完善企业运营体系

一些地方国有粮食企业在深化改革中,以县或市乃至于以省为区域单位,通过结构重组、主体重组、功能重组组建了不同体量的粮食企业集团实施优先发展战略,实现了跨区域、跨行业多渠道经营甚至出国拓展业务。作为身处传统行业的地方国有粮食企业,在组

建新的运营体制实施企业业务扩展前,应科学制定方案,确保在体制、机制上完善运营管理体系。企业可实施信息化战略,以 ERP 信息系统重塑业务流程,提高管理层面的信息化和自动化程度,使得管理更加透明、业务更加高效。对以面向农村为主的基层国有粮食企业,主要应立足农村,随着农村经济朝着社会化大生产方向的发展,要从发展单纯的粮食收购向粮食商品化生产和流通全过程渗透,实施多元化经营,提升企业经营效益。

### 七、完善激励机制,推进人才队伍建设

推动人才队伍建设,控制管控风险,需要激励制度与考核制度相结合来建立一支优秀企业家、高水平技术人才、高技能职工队伍,打破"大锅饭"的平均主义,激发企业活力。首先,要建设好一支优秀的企业家队伍。企业管理要科学化、民主化、现代化,首先要为企业的经营者提供更有效的激励,从而最大限度地激发其积极性和创造性,促使其更努力地做好上层规划,为提高企业的生产效率和经营效益贡献力量。其次,调动职工参与企业经营管理的积极性。借鉴外企经验,学习其他国有企业职工参与企业经营管理的好做法,探索职工参与企业经营管理的方式,大胆创新。以人为本,将"政治动员"转变为满足职工内在需求。新的人力资源管理方式要求在个人期望行为与个体需要满足之间建立某种稳定关系,引导职工从追求自身需要的动机出发,选择有利于企业目标的行为。同时,又要大力提倡应用现代化的管理工具,如 ERP 数据、OA 办公平台等先进的信息化工具提升效率,最大限度地优化人力成本。

综上所述,粮食是特殊重要的商品,是当今世界三大经济安全的重要构成之一。保障粮食安全对我国具有特殊的重要意义。在过去几十年里,国有粮食企业经营已经实现粮食购销市场化,站在新的历史高度展望,国有粮食企业改革发展的路还很长。国有粮食企业深化改革不仅是对传统企业发展模式的创新,也是新形势下公有经济和非公有经济共同发展、繁荣的保证,对中国经济的高速、稳定和健康发展,具有较为深远的影响和意义。

# 第十章　优化粮食行业组织结构

## 第一节　供给侧结构性改革与粮食行业组织结构

供给侧结构性改革是我国提出的一种新的改革方向,旨在调整经济结构,使要素实现最优配置,提升经济增长的质量和数量。需求侧改革主要有投资、消费、出口"三驾马车",供给侧则有劳动力、土地、资本等要素。2015年中央经济工作会议指出,推进供给侧结构性改革,是适应和引领经济发展新常态的重大创新,是适应国际金融危机发生后综合国力竞争新形势的主动选择,是适应我国经济发展新常态的必然要求。2017年中央一号文件对深入推进农业供给侧结构性改革做了全面部署,必须准确把握推进农业供给侧结构性改革的内涵要义、主攻方向和根本途径,加强科技创新引领,加快结构调整步伐,加大农村改革力度,加快实现农业向提质增效、可持续发展转变,开创农业现代化建设新局面。因此,从粮食市场的供求角度来研究,要着力加强农业供给侧结构性改革,提高农业供给体系质量和效率,使农产品供给数量充足、品种和质量契合消费者需要,真正形成结构合理、保障有力的农产品有效供给。我国是农业大国,尽管我国粮食产量已实现"十二连增",但受到全球经济发展状况不佳、全球需求疲软等影响,我国粮食出现了高产量、高库存量的现象。在新形势下,我国农业发展环境发生重大变化,农业的主要矛盾转变为结构性矛盾,突出表现为阶段性供过于求和供给不足并存,矛盾的主要方面在供给侧,所以推进农业供给侧结构性改革是当前和今后一个时期"三农"工作的主线。因此,进行农业供给侧结构性改革,应从粮食供求方面入手,只有充分了解粮食市场的供给与需求状况,才能找到矛盾所在,才能采取相应的解决措施。

近年来,国内粮食领域出现了高产量、高收购量、高价格、高进口、高库存"五高"叠加现象,供求结构性矛盾突出。当前,国内粮食市场运行多重矛盾交织、新老问题叠加,部分粮食品种阶段性供过于求特征明显,粮食流通服务和加工转化产品有效供给不足,粮食"去库存"任务艰巨,现行收储制度需加快改革完善,等等,充分说明我国粮食领域的主要矛盾已经由总量矛盾转变为结构性矛盾,矛盾的主要方面在供给侧。

自2012年起,我国三大主要粮食作物供过于求,粮食库存处于持续增长状态,到2015—2016年度三大主要作物的期末库存共计达到2.4亿吨,其中玉米期末库存约为1.53亿吨,稻谷期末库存约为6 900万吨,小麦期末库存也达到1 800万吨。这又导致了粮食品种结构供求失衡,主要表现为,玉米积压较多,大豆严重短缺。据统计,我国玉米和稻谷产量连年增加,产需有余。再加上价格低廉的高粱、大麦、木薯干等玉米替代品大量进口,以及各种低价大米的进口,挤压了国内市场,加剧了稻谷、玉米的结构性供求矛盾。另外,从粮食的区域供求来看也出现了不平衡现象。一方面,南北方供求失衡。长久以来,我国粮食主产区逐渐从东南向东北移动,粮食从南方运向北方的现象已转变为从北方向南方运输,所以南方粮食供给不足,北方粮食供给充裕。另一方面,主产区粮食过剩,而主销区略显不足。

造成高进口量的原因是,一些粮食品种的经济效益欠佳,种植面积开始不断减少,从而使得供给满足不了需求。加之一些粮食品种的种植成本高于国外,价格相应比国外的价格高出不少。

对国家粮食收储政策进行深化改革,粮食将主要由市场定价,然后国家补贴。这样的改革能使农民的农作物有更多的销售量和利润,能使我国粮食价格以市场为导向,农民可跟随市场需求进行粮食生产,这样可以有效缓解粮食库存和进口压力。面对国外的粮食价格对我国的进口产生的影响,我们要坚持"立足国内、以我为主"的原则,协调国内外农产品的进出口,把握好农产品进出口的适度范围,防止过度进口打击国内市场,以免对国外市场形成依赖。

农业是国民经济基础产业,粮食则是国民经济基础的基础。在当前高库存背景下,加快部分粮食品种去库存,是粮食行业贯彻"三去一降一补"的重要任务。粮食具有公共物品和一般商品的双重属性,相应地,粮食行业也具有"配置资源保安全、发展产业活经济"的两大使命。保持合理的粮食库存,优化储备粮品种结构和区域布局,既减轻国家财政负担,又能确保国家粮食安全。发展粮食产业经济,提供社会需要的产品,这是目前与粮食行业最为契合的改革内容,是直接的供给侧结构性改革。

粮食行业推进供给侧结构性改革不仅要"调结构""转方式""强产业",补流通"短板"也是必需的一课。补流通"短板"就是提升服务水平,要从统筹推进粮食仓储设施建设、加快粮食现代物流体系建设、全面推动行业信息化建设、加强粮食应急供应能力建设等方面入手补上粮食流通的"短板"。要从推进建设粮食产后服务中心、完善"放心粮油"供应体系、完善粮食质量安全保障机制、提升市场信息服务水平等方面着手,加快提升粮食流通社会化服务水平。

如何充分发挥流通对生产的引导和反馈作用,推动粮食种植结构调整优化,也是粮食行业供给侧结构性改革的重点任务。因此,改革完善粮食收储制度,也是粮食行业供给侧结构性改革的重要举措。改革完善粮食收储制度,实质就是进一步理顺价格形成机制,让价格真正由市场供求来决定,同时建立健全生产者补贴制度,切实保护好农民种粮积极性。对于东北三省和内蒙古自治区的种粮农民来说,2016年玉米临时收储政策已经调整为"市场化收购"加"补贴",即农民随行就市出售玉米,财政给予生产者一定的补贴。改革完善收储制度,落实粮食安全省长责任制是关键举措。要推进落实地方保障区域粮食安全的主体责任,更好地调动地方积极性,使地方政府能够统筹规划粮食生产、收储、运输、加工、销售等各环节工作,使之实现协调发展。

粮食行业作为对国民经济影响较大的行业,在这一轮的改革周期里,如何解决好促发展和抓调控两个矛盾,成为现行粮食行业发展的主要任务。而要有效解决这一矛盾,对现有的粮食行业进行组织结构的优化和调整是十分必要的。

在当前粮食高库存背景下,任何单一的措施都难以从根本上解决去库存问题。要去库存必须多措并举,采用市场化的手段,发挥市场在资源配置中的决定性作用。从供给和需求两端发力:在供给端控制粮食增量,加大粮食供给侧结构性改革;从需求端消化库存,促进粮食一二三产业融合发展,延伸粮食产业链。这就倒逼粮食行业进行组织结构的调整,加强粮食流通体系建设,降低粮食流通成本,发展现代粮食物流系统。

## 第二节 粮食行业组织结构的现状及存在问题

### 一、粮食行业组织结构的现状

前文已经明确粮食行业结构是指粮食行业各主要构成要素之间内在的、有机的联系,包括粮食行业业务结构、粮食行业组织结构、粮食产品结构和粮食系统人员结构四个方面。粮食行业结构是粮食企业生产经营的基础和前提条件,是粮食商品流通运行的重要保证。合理的粮食行业结构格局、完善的粮食行业结构体系可以促进粮食企业经营管理的科学化、规范化,也有助于提高整个粮食流通的效率和效益。这其中粮食行业组织结构的变革是一项重要工作。粮食行业组织结构是指粮食行业组织的基本架构,是对完成粮食行业组织目标的人员、工作、技术和信息所作的制度性安排。粮食行业组织结构包括粮食经营组织、行政管理组织、粮食储备组织和粮食企业组织等。

按照《深化党和国家机构改革方案》,2018年4月4日,国家粮食和物资储备局举行挂牌仪式。国家粮食和物资储备局是国家发展和改革委员会管理的国家局,为副部级。其主要职责包括起草全国粮食流通和物资储备管理的法律法规草案、部门规章,研究提出国家战略物资储备规划、国家储备品种目录的建议,管理国家粮食、棉花和食糖储备,负责中央储备粮棉行政管理,拟订粮食和物资储备仓储管理有关技术标准和规范并组织实施等十项内容。国家粮食和物资储备局设9个内设机构(副司局级)。与原国家粮食局机构设置相比,除办公室外,其余8个业务司局均为新设机构,包括粮食储备司、物资储备司、能源储备司、法规体改司、规划建设司、财务审计司、安全仓储与科技司和执法督查局。

这一调整充分体现了中央对国家粮食安全和国家储备安全的高度重视。新组建的国家粮食和物资储备局,整合了原国家粮食局的职责,国家发展和改革委员会的组织实施国家战略物资收储、轮换和管理,管理国家粮食、棉花和食糖储备等职责,以及民政部、商务部、国家能源局等部门的组织实施国家战略和应急储备物资收储、轮换和日常管理职责,旨在加强国家储备统筹规划,构建统一的国家物资储备体系,强化中央储备粮棉监督管理,提升国家储备应对突发事件的能力。

相应于国家粮食行业机构的调整,各省区市也及时调整了粮食行业的组织结构。按国家粮食和物资储备局的职能划转和机构设置,成立省级粮食和物资储备局,为省发改委管理的行政机构,副厅级建制。即在审批实施的市县机构改革方案中,市县粮食和物资储备局多为发改局的挂牌机构,尤其在县区更是如此。市县级受党政机构限额限制,又不能设置事业局,粮食和物资储备局单设的可能性不大,市级多为发改局的内设机构,县区为发改局的挂牌机构,下设粮食和物资储备中心,承担具体业务工作,原县区粮食局工作人员,连人带编划转到新成立的粮食和物资储备中心。

与此同时,一大批大型骨干企业组成的新型粮食企业群体正在成型。特别值得重视的是,一批大型粮油骨干企业正在发展壮大,成为行业的排头兵。在中央管理一级企业中,有中储、中粮、中纺、华粮、中谷等骨干企业;在各省、市地方企业中,上粮、津粮、浙粮、万福生科(湖南)农业开发股份有限公司、安徽绿一粮油集团、北京粮食集团有限责任公司、佳木斯正大有限公司、吉林粮食集团有限公司、深圳市粮食集团嘉丽米业有限公司、中谷粮油集团公司、江苏江海等有实力的集团不断壮大。在油脂行业,出现了四海争辉(南海、东海、北海、黄海)、鲁花、华农竞艳的局面。在面粉加工业,河南金苑、河北五得利、天津利金、山东华瑞等应运而生,跨越式发展。在碾米业,湖南金健、黑龙江北大荒米业集团、黑龙江绿都集团是其佼佼者。在粮机行业,佐竹、布勒双雄并峙,牧羊、正昌双星争辉。

现已形成国有企业(包括国有参股、控股企业)、民营及个体企业、中外合资及外商独资三者并峙、互相竞争、互相促进的新态势。

## 二、粮食行业组织结构存在的问题

近年来,随着供给侧结构性改革的推进,我国粮食行业供给侧结构性改革的步伐也不断加快,特别是在组织机构调整方面,从2018年4月合并组建国家粮食和物资储备局开始,新一轮的组织机构调整正在进行中。与此同时,我们也发现在体系建设中仍然存在着一些亟待解决的问题。

### (一)这一轮的粮食机构调整,导致基层粮食行政管理部门面临人员不足

按国家粮食和物资储备局的职能划转和机构设置,成立省级粮食和物资储备局,而市县机构改革方案中,市县粮食和物资储备局,受党政机构限额限制,又不能设置事业局,多为发改局的内设机构,县区为发改局的挂牌机构,下设粮食和物资储备中心,原县区粮食局工作人员,连人带编划转到新成立的粮食和物资储备中心。实际运作中,各地方粮食局和什么单位合并,取决于当地政府的实际情况。如:云南省一些县级粮食局正在推行这样的模式,即粮食局合并到发改局,精简人员成立粮食管理科,但粮食局的牌子仍然保留。贵州省县一级的粮食局在合并到经贸局后,一个副局长分管粮食工作,下面有一个粮食管理科,3个人的编制。宁夏西吉县粮食局被并入当地发改局,成为二级机构,编制5个,公务员4个,工勤人员1个,局长一名(兼任西吉县发改局副局长)。除了云南、贵州这些粮食主销区,一些粮食主产省的部分地区也在进行着粮食机构的调整。河北省黄骅市粮食局已并入商务局。人手少了,但仍保留粮食局的牌子,这就出现了粮食基层行政管理部门人手不足的现象,将会影响到基层粮食行政管理的效率和效果。

## (二)粮食收储主体的政策性职能和经营性职能混淆不清

国家既是交易规则的制定者、维护者,又是具体交易的参与者,这就很难实现公平、公正、公开的交易。于是,代表国家的一些国有企业走向了前台,代替国家参与交易。国有粮食企业既是具有独立利益的经济实体,又承担着国家对粮食市场的宏观调控任务。如定位为国家的"大粮仓"的中储粮总公司,是非营利机构,在国家计划、财政中实行单列,稳拿国家财政补贴,中央财政每年为此支出高达几十亿元。国家花费巨大成本维持中储粮运转。与此同时,中储粮又是属于国资委的下属企业,与石油石化、电网、通信等公益性的央企一样,国资委每年都要对中储粮进行考核,要求其每年完成利润,增加指标。中储粮要盈利要赚钱,也就只能在粮食收储之外,加快扩展粮食加工和贸易业务的步伐,逐渐模糊了自身在"政策性"和"经营性"之间的界限。国有粮食企业实施政策性购销,追逐盈利,导致宏观调控工具失效。在2010年以前,中储粮系统公司独家控制粮食托市收购,由于中储粮系统的库点较少,它有权委托其他企业参与托市收购,而且托市收购的收购费用和保管费补贴由市级农发行一次性下拨给中储粮直属库,再由直属库根据各延伸收购库点的收购粮食入库情况陆续拨付,这就令中储粮公司掌握了资金的调配权。这也为滋生腐败提供了"土壤"。尽管从2010年开始,国家引进了中粮、中纺、华粮三大粮油类央企参与托市粮食收购,使粮食托市收购主体由"单一"改为"多元",但粮食收购市场的垄断格局并未彻底打破。这不利于市场发展和价格形成,而且会降低要素的配置效率。

## (三)粮食企业封闭性现象严重,"小马拉大车"现象导致国有粮食企业不堪重负

目前,粮食企业实行三级管理体制,即国家性的粮贸公司、省粮贸公司或粮食集团、县粮贸公司。但这些公司或集团却是各自为政,自求发展,相互之间没有经济利益关系,所有层次的公司、集团单位都各自遵从市场的价格调节。而这种分层次设公司、断层管理的形式,缺乏统一的市场分配,不符合中国的粮情。因为中国的商品粮生产是由上亿户的农户完成的,而每户所交售的粮源却很少,只能积少成多,然后再次分散供应到城镇消费者手中。以上集中、分流的各个环节都是环环相扣、紧密联系的。而分层设公司、集团,实行断层管理体制,导致收购成本和销售成本大幅度提高,削弱了国有粮食企业的整体竞争力。同时,各地为了维护自己的利益,大搞地区封锁,对外地经营单位进入本地市场人为设置障碍。

在储备环节,过多的粮源集中在政府手上,储备企业人员、设施等资源不足,导致"小马拉大车"现象。

## (四)粮食企业尚没能做好抵御国际竞争的准备,缺乏组织创新的意识

随着国内市场的逐步开放,大批跨国粮商(ADM、邦吉、嘉吉和路易达孚)进入的步伐加快,使得国家粮食调控能力和方式面临更加复杂的局面。特别是,跨国粮商正利用资金、品牌、管理等优势,加强了对粮源、流通、终端市场的控制,并频繁冲击内资粮企。外资进入的速度日益加快,不仅给国内粮食流通领域的批发商、零售商带来了冲击,也给长期在计划经济下运作的粮食企业带来了极大的压力。面对如此严峻的局面,很多粮食企业尚未做好有效应对的准备,加之缺少跨国经营的人才和缺乏国际经营理念,在参与全球一体化的竞争中还需要不断的磨炼。在未来相当一段时间,粮食企业需加紧练好内功

以应对外来的竞争。

**（五）行业协会建设还比较滞后，功能未得到充分发挥**

国外发达国家都有组织完善、功能强大的行业协会组织，成为代表行业利益、促进内部自律、沟通政府与企业关系的桥梁，在市场准入、市场份额的分配、价格等方面都起到很强的协调和保护作用。我们现有的粮食行业协会、企业并没有能成为协会主体，功能相对较弱，作用还没有得到充分发挥。企业间、地区间的粮食交易纠纷单靠粮食行业协会无法得到有效解决，粮食行业协会在代表行业利益参与相关规则和决策制定方面、协调政府和粮食企业关系方面做得都不够。

## 第三节　调整和优化粮食行业组织结构的构思

### 一、供给侧结构性改革下我国粮食行业组织结构调整的思路

随着供给侧结构性改革的推进，作为粮食供给侧结构性改革的源头，农业供给侧结构性改革势必会影响到粮食行业的结构改革。当前还有很多人存在着种种误解，认为推进农业供给侧结构性改革就是压缩粮食生产，这是非常危险的事情，绝不能搞运动式调整，务必要保住粮食生产能力。粮食生产要尊重市场规律、顺应供求变化，适时适度调整粮食种植结构，稳定水稻和小麦生产，适当调减非优势区玉米种植。要加快划定永久基本农田，实施耕地质量保护和提升行动，大规模开展高标准农田建设；要实施现代种业提升工程，加快粮食作物新一轮品种更新换代，把粮食生产的良种良法运用好；要划定粮食生产功能区，支持粮食主产区建设粮食生产核心区，加大对主产区的转移支付力度，完善利益补偿机制，真正使稳定粮食生产、提高粮食产能的责任落实，举措落地。这些举措的落实必将对粮食行业的发展带来影响。

在这一背景下，我国粮食行业必须从战略高度进行定位，着眼于提高粮食流通效率和保证粮食安全，逐步建立起适应经济发展要求的粮食行业组织体系。

若没有合理的、高效运行的组织结构，粮食行业的竞争实力将会被削弱。从目前粮食行业的管理来看，还没有一个现成的机构能够对整个粮食行业实施管理。事实上，我们对粮食行业的管理是处于严重的分割状态的。显然，这种状态根本不可能实现粮食行业发展的战略目标。为此，笔者提出如下设想：

第一，建立一个全国性的粮食指导协调机构，该机构覆盖粮食行业的生产、加工、储备、消费等诸环节，主要负责粮食行业的政策（或条例）制定、行业规划、信息协调，以及全国性的应急管理（主要是与粮食相关）。基于当前粮食行业的现状，可以考虑以现有的国家粮食和物质储备局为基础，结合各粮油学会、粮食经济学会的力量和部分职能，建立粮食行业的监督协调机构。或者建立粮食领导协调小组，由该小组牵头组织协调现有的各环节或部门的工作。

第二，进一步完善粮食储备体系，充分发挥其功能，保证粮食安全。粮食储备是国家和地方政府掌握的后备物质力量，是粮食商品流通宏观调控最直接、最有效的手段之一，在关键时刻，要依靠粮食储备来平抑市场，满足供应。

重点改革粮食收储制度。现在的粮食收储政策设计中，粮权归国家，企业要盈余，粮食收储主体的政策性职能和经营性职能混淆不清。应按照"有限目标、优化结构、多元参与"的思路，进一步健全粮食储备政策。将粮食中央战略储备、市场调控储备和商品贸易粮的管理机制相互剥离，合理划分战略储备、调节储备和商业周转储备之间的责任。鼓励粮食加工和流通企业参与粮食储备。通过政府购买服务的方式，逐步建立适应我国粮食市场特点的社会化粮食储备服务机制，引导和支持具备条件的多元化市场主体参与粮食储备和流通，以分散储备成本，激发市场活力。

尽管当前中央储备粮体系已相对比较完善，但地方储备粮体系的建设尚未完全到位，其功能还有待进一步开发。其实，粮食除了基本满足食用外，它还是很多工业过程的原料和辅料。这样，粮食又要作为一般商品进入周转和流通过程。随着社会经济的发展，这种需求会日益增长，即粮食日益发挥出一般商品的经济作用，这种作用是对传统粮食功能的拓展，甚至粮食还作为重要的战略物资参与到国际政治舞台的竞技中，如一些发达的粮食富余国利用粮食对另一些国家施加压力和冲击，引发这些国家的动乱，严重的甚至造成政权更迭。粮食在这里已经具有重要的战略防御性质，具备战略职能。这就要求我们必须进一步完善中央战略专项储备与调节周转储备相结合、中央储备与地方储备相结合、政府储备与企业商业最低库存相结合的粮油储备调控体系，增强国家宏观调控能力，保障国家粮食安全。从目前中国粮食市场所面临的环境来看，目前中国粮食安全所面临的压力主要来自库存的持续增加及农民增收问题，而此前各方发出的声音更多地在于供给侧结构性改革，即削减面积，调整种植结构，鲜有对需求领域进行改革。根据市场反馈，笔者认为，粮食供给侧结构性改革的概念正在逐渐延伸至消费领域，从而从根本上解决供需矛盾问题。

## 二、供给侧结构性改革下我国粮食行业组织结构优化的基本设想

中国粮食行业必须立足于国际竞争大环境，从战略高度进行定位，着眼于提高粮食流通效率和保证粮食安全，逐步建立起适应市场经济发展的粮食行业组织体系。进一步健全政府粮食储备制度，优化中央储备功能定位和结构布局，完善地方粮食储备运行机制。支持经营性涉粮央企做强做优做大，加快培育壮大一批地方国有粮食骨干企业，择优纳入粮食市场调控体系。健全粮食产销合作机制，建立全国粮食产销合作平台，组织举办中国粮食交易大会。鼓励龙头企业跨区域建立商品粮生产和收储基地、加工园区、销售网络，倡导粮食产销区地方政府建立常态化、机制化协作关系。强化粮食统计工作，优化统计直报体系和分工协作，完善统计调查机制，创新调查方式和手段，确保数据真实准确及时。健全粮食市场信息预警监测体系，完善分析研判机制，及时发现"三性"问题。适时发布权威信息，充分发挥服务决策、引导市场的积极作用。

### (一)我国粮食行业组织结构优化的总体设想

若没有合理的、高效运行的组织结构,粮食行业的竞争实力将会被削弱。从目前粮食行业的管理来看,还没有一个现成的机构能够对整个粮食行业实施管理。事实上,我们对粮食行业的管理是处于严重的分割状态的。显然,这种状态根本不可能实现粮食行业发展的战略目标。为此,笔者提出如下设想:建立一个全国性的粮食指导协调机构,该机构覆盖粮食行业的生产、加工、储备、消费等诸环节,主要负责粮食行业的政策(或条例)制定、行业规划、信息协调,以及全国性的应急管理(主要是与粮食相关)。基于当前粮食行业的现状,可以考虑以现有的国家粮食和物资储备局为基础,结合各粮油协会、粮食经济学会的力量和部分职能,建立粮食行业的监督协调机构。

为确保粮食安全,政府还应对粮食流通市场掌握导向主动权。为了形成合理有序的竞争氛围,政府部门应大力鼓励民营企业的发展,引入社会资源,改善中储粮与中粮集团两大国有粮食企业占据市场的局面,为此,需要采取以下措施:一是要启动相关配套资金,鼓励民营企业的发展;二是出台相关政策措施,鼓励现有的民营企业做大做强;三是为国有企业与民营企业之间搭建相互交流的平台,实现优势互补。

### (二)我国粮食行业组织结构优化的基本框架

#### 1. 粮食行业行政组织结构的优化

粮食行业的最高行政机构是国家粮食和物资储备局,是国家发展和改革委员会管理的负责全国粮食流通宏观调控具体业务、行业指导和中央储备粮行政管理的行政机构。粮食行业行政组织结构的优化要从它入手。在政府实行粮食行政管理职能与粮食企业经营的分离后,各级粮食行政管理部门要切实转变职能,真正实行政企分开,做好全社会粮食流通和地方储备粮的监督管理和行业指导,配合发展改革(计划)部门搞好粮食宏观调控;要认真履行指导、协调、监督、服务的职责,把工作重点放在贯彻落实国家粮食方针、政策、法规上来,研究制定粮食行业发展规划,落实粮食安全应急预案,确保粮食安全,指导国有粮食企业改革,加强粮情监控,搞好粮食质量监督和信息服务(见图10.1)。同时,树立大粮食产业概念。所谓大粮食产业就是把粮食的生产、储备、加工集成一个系统。从管理层面进行组织创新,沿着大部制的思路,可以在国家粮食和物资储备局下设一个农粮联络部(见图10.2),把农业部、国家粮食和物资储备局整合在一个系统平台,通过对粮食的生产、储备、加工和流通过程的信息交流,来消除原来分割造成的弊端。当然,现实的情况是这些环节分属于不同的行业,要协调运作难度是可想而知的。笔者建议可以采用虚拟联盟或者战略联盟的形式,打破部门之间相互隔断、封锁的状态,建立必要的合作联盟,通过契约把各行业联系在一起,从对国家有利的角度安排部门的工作,与邻近或相关产业进行协调。比如农业生产部门,如果他们能够了解到现有粮食的储备状况,包括质量、数量、品种、结构等,农业部门就可以更好地安排农业生产;反过来,如果粮食储备部门能够了解农业生产的实际情况,也可以有针对性地进行储备条件准备,甚至指导(建议)农业生产部分进行生产结构调整。

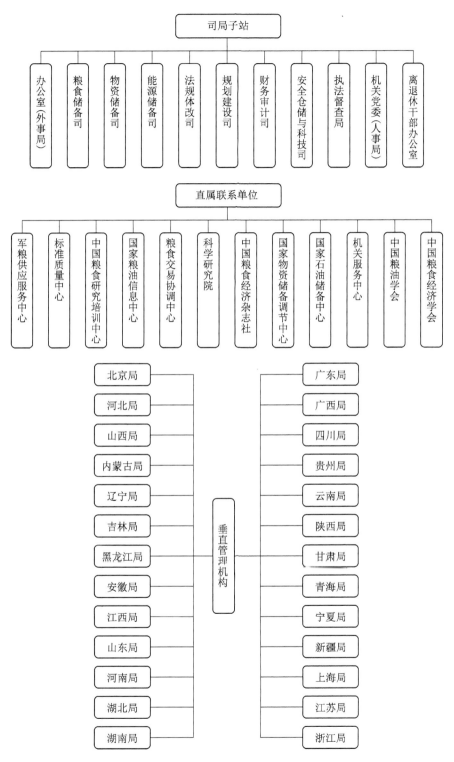

图 10.1 国家粮食和物资储备局

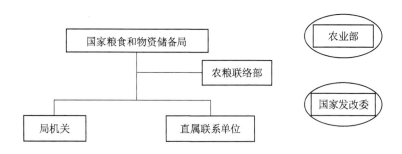

图 10.2　调整后的国家粮食和物资储备局组织结构图

**2. 粮食行业储备组织结构的优化**

当前国家粮食储备存在中央储备和地方储备两级。中央储备粮管理体系相对于地方储备粮体系而言比较完善,而且规模、档次较高。事实上,中央储备粮管理公司集成了很多地方粮库,实现了直接的或间接的管理。中储粮总公司实行两级法人、三级垂直管理体系(见图 10.3)。现时在全国设立 24 个分公司,人员、机构和业务覆盖全国 31 个省、自治区、直辖市,另有全资或控股的二级子公司 5 家。分公司根据总公司的授权委托,负责管理辖区内的中央储备粮和直属库。直属库是第三级管理单位,是独立核算、自负盈亏的法人实体,其领导人员、财务和国有资产由总公司统一管理。

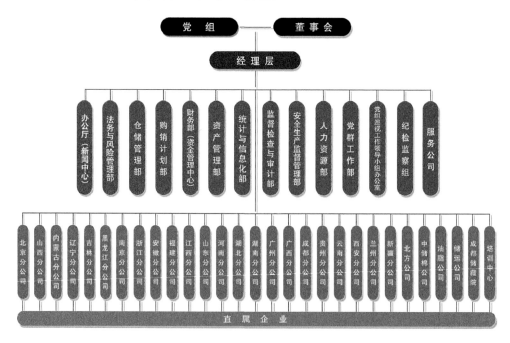

图 10.3　中储粮总公司组织结构

中储粮总公司实行"三级架构、两级法人",下一步的思路是把这些公司进行改造,成立公司制企业。国家对企业的经营管理享有全部权力,同时对企业的债务负有无限清偿的责任。在管理方面,实行董事会领导下的总经理负责制。董事会由以下几个方面人选组成,即由国家粮食和物资储备局或公司所在粮食局的代表、企业职工代表及有关方面代表、专家组成。这种体制的优点是,既可适应政府宏观调控的需要,保证专储粮购得进、储得好、调得出,又能在推行"代理制"的基础上,搞活经营,提高经济效益。

扩建国家粮食储备集团。目前,我国已正式纳入编制、列入财政预算的国家和省两级粮食储备公司规模较小,满足不了国家提出的要保证本级6个月销量的要求。而市县储备还不稳定,有部分省(区)的市县两级还没有建立(或已取消)粮食储备公司;有的虽已建立,但因未正式纳入事业编制,没有地方财政作保障,其结果是有名无实,形同虚设。要彻底改变这种状况,一方面要适当扩大国家和省(区)两级粮食储备规模,另一方面要将市县两级粮食储备公司纳入国家粮食储备法定体系,即纳入本级事业编制,列入本级财政预算,以确保形成逐级储备、逐级抗险、逐级保安的格局。

在确定了新的组织体制后还要对粮食储备的运行系统进行调整,变封闭系统为半开放系统。在该系统下,粮食储备系统是一个半开放的系统,它面对的客户群是有限群体:粮食生产联盟、粮食加工企业,或者是国家政府部门。在该系统中,应确定分级储备体系的构成,明确最低储备量,作为保障粮食安全的底线。其实,这也是一个粮食运作的预警体系,根据储备粮量的多少、结构、品质等,发出预警信号,采取相应的管理措施。当储备量下降到某一个危险的警戒值时,宣布进入紧急状态,实施紧急状态的管理;否则,采取常态管理即可。

**3. 粮食行业协会组织结构的优化**

应当确立行业协会独立法人实体地位。从现实情况看,行业协会与其他法人组织相比,存在着组织体系相对松散、日常活动时松时紧、领导成员多为兼职等特点。但是,按社团管理办法规定,粮食行业协会作为社会团体,必须注册登记为法人组织,就应该符合《中华人民共和国民法通则》的起码要求,具有独立承担民事责任的能力;就应该在时代意识、组织结构、人力物力等方面具有胜任社会所赋予的各项职能的能力,决不能办成只挂牌子、不办实事的空壳协会。粮食行业协会优化后的组织结构如图10.4所示。

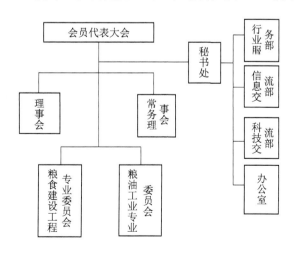

图10.4 粮食行业协会组织结构示意图

**4. 粮食企业组织结构的优化**

中国粮食批发经营的80%和零售经营的1/3至1/2是由粮食企业来进行的。经过几十年的发展,国有粮食企业已经形成了一个庞大而完整的体系,但是国有粮企确实存在许多不适应之处,面临空前挑战。对粮食企业组织结构进行调整,要按照《中华人民共和国公司法》的要求进行重组,形成粮食经营集团。要建设以全国级、世界级的大型集团为龙头,以区域性、专业性骨干企业为支柱,以中小企业为基础的,布局合理、结构优化、分工合作、高效运转的企业群与企业集群带,以便更好地为确保国家粮食安全提供服务。只有这样才能在国际市场竞争中、在经济全球化的浪潮中处于有利的地位,不致受制于人,陷于被动。要做到这一点,关键是要有全国性的、世界性的龙头企业、领军企业。因此,粮食企业的组织结构优化问题不容忽略。

(1) 要加快重组国有粮食新型超级集团

推进粮食企业组织结构创新,发展粮食产业化经营和新型的国有粮食企业,必须彻底打破计划经济时期粮食企业"一镇一所"的传统组织结构。以县(市)为单位或以龙头企业为核心,大力调整粮食企业的布局和结构,改变"小而全""小而散"的格局,促进有限资源向优势企业聚集,提高行业的集中度和整体效能。鼓励和提倡企业通过兼并、控股重组及组建企业集团等多种形式进行联合,结成并延长产业链,构建新型公司模式。如中粮集团的组建就是适应这种组织机构改革要求而产生的新型经济实体,其组织结构也是分三级架构(见图10.5)。

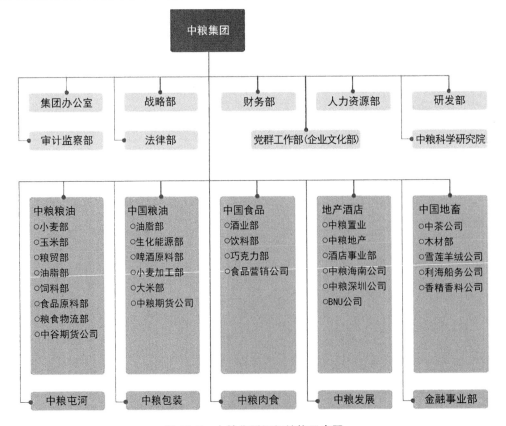

图10.5 中粮集团组织结构示意图

这种新型经济实体的建立应以三个方面的因素为基准:一是企业如何发展经济才能确保国有资产保值增值;二是企业如何发挥主渠道作用以保障粮食安全和职工队伍的基本稳定;三是如何保证"三农"问题的解决和不出现卖粮难挫伤农民种粮积极性问题。具体操作方式为:①保持体系。从国家到县要逐级成立经营公司,分别承担本级粮食购销、加工等任务,以形成强大的粮食经营网络体承。②合并做大。国家应对现有粮食企业进行高度整合,可根据东西南北中各经济区和战备区的需要,成立4~6个直属综合超大公司,每省(区)成立1~2个直属综合公司,各市(县)成立1个直属综合公司,保证国有粮食经营企业具有一定规模。③转换体制。改变过去国企独自经营的格局,成立"国有＋私营"的新型股份制企业,从而搞活国企,壮大实力。④改革经营。允许国有粮食企业打破行政区域疆界,进行跨区经营,相互兼并,强强联合,以促进国有粮食企业做大做强。

基于上述三种因素,粮食企业的组织模式可以选择两种基本经济形式,即股份有限责任公司和整体租赁型的国有民营独立性公司。这两种经济形式由于内在关系不同,也存在着各自的利弊关系及不同的基本模式。

① 股份有限责任公司的利弊关系及基本模式

股份制公司是全部资本分成等额股份,股东以其所持股份为限对企业承担有限责任,企业以其全部资产对公司债务承担有限责任的企业法人。其特点是:第一,公司组织具有资格性;第二,资本募集具有公开性;第三,公司资本具有股份性;第四,股份责任具有有限性;第五,公司经营具有独立性。在粮食行业其优点是:第一,使国有企业的外部指标强制性机制变为内部利益激励性机制,能够推动企业追求更大的增值和壮大;第二,企业行为由单一的行政管理变为多层约束,有利于企业行为合理化;第三,使投资主体单一化变为多元化,有利于促进资源优化配置;第四,劳动主体和资本主体同一化,有利于调动职工的积极性。缺点是:第一,国家以资产入股的形式成为大股东向企业派遣管理者控股控权,可能会出现庸者治企的现象;第二,政府派遣的管理者可能会出现依赖国有资产不思进取的消极因素。对于这些缺点,政府应以控股不控权,直接管理者要在非国有股的大股东中产生,政府只派监事,国家股坐享其成的办法来解决。应建立的基本模式是:企业以股份有限责任形式吸收职工股、法人股,与国家股并行,职工股以现金形式入股,法人股以原积累的所有者权益性资本入股,国家以评估后的净资产入股,如确有需要再吸收一部分社会的现金股本作为资本的合理组合,同时要将无力支付的债务以债权转股权的形式,吸收为股本并参与分红。这样做有利于原粮食职工控股和直接参与企业的经营管理,有利于社会闲置资金流入粮食企业发挥经济作用,也有利于债权人权益的确立。

② 租赁企业的利弊关系及基本模式

租赁企业是把企业的有形资产、无形资产整体租给经营者使用的一种经济责任制度。它可以通过灵活的租金确定办法规定出租金额和收益分配方法。其有利因素是:第一,易操作并有助于落实企业所有权与经营权的分离,使企业相对独立,达到政企分开的目的;第二,可用法律形式确定国家、企业、承租者和职工个人的责任权利,使责任和利益有法律保障;第三,能更好地促进人才合理流动;第四,有利于国有资产的保值增值和财务挂账的有序消化;第五,有利于国家实行由对企业的直接管理向间接管理为主的转化。不利因素是:

一方面不利于企业多方筹资和经济形式多元化,另一方面不利于企业形成集团化经营。从这些利弊关系上看,租赁性公司应有两种形式:一种是将一个省、区、市(县)内一部分企业组成股份制公司,剩余企业可以租赁形式租给经营者,作为对地方经济形式的一种补充,让这些企业以其灵活的经营方式占领市场,把市场搞活,并承担起国有粮食企业主渠道作用。另一种是以一个省、区、市(县)为单位,将小、穷、亏企业出售后成立一家租赁型公司,整体承租国有资产搞集团化经营。这两种形式应因地制宜,其租金可以国有资产形式分两种情况确定:一种是只确定年租金,一种是确定基本租金加收益分成。但不管是以哪种形式都要考虑到原企业下岗职工的安置问题,能安置原职工的公司可给予租金上的优惠,否则要以社会公允价为计算依据来确定租金。

随着粮食流通体制深化改革的进行,到底以哪种经济形式组成新型企业,企业是内部改制还是整体出售将成为直接影响粮食安全和社会稳定的内在因素。所以,什么样的组织形式最有利于粮食企业的发展,有利于保障粮食价格基本稳定和粮食安全,有利于保障下岗职工实现再就业,已成为业内人士高度重视的大事。找准粮食企业发展的出路,选准新型经济形式的着陆点,对社会稳定及粮食经济发展具有十分重要的意义。

(2) 各级粮食企业的组织结构调整

根据粮食是特殊商品的特点,国有大中型粮食企业及肩负政策性业务的企业,应当改组为单一投资主体的独资公司,属商业性经营的比较小的粮食企业,可以考虑改组成多个投资主体的公司制企业。

将大中型粮油加工厂和国家储备库以外的粮库、运输企业,改造成国家控股的有限责任公司,这比较适合于粮食企业的一般发展状况。

对中型面粉厂、油厂、米厂、粮油食品厂、中小型粮库,以及规模较大、功能较全的城市粮店,逐步推行股份合作制。大中城市还要保留部分骨干粮店。骨干粮店由国家控制,以便及时有效地承担国家抛售粮食、平抑粮价的任务。

(3) 推进粮食企业组织结构创新

调整后的粮食企业究竟以何种组织结构形式组成新型企业,要本着最有利于粮食企业的发展,有利于保障粮食价格基本稳定和粮食安全,有利于保障职工就业为原则。在此,笔者提出以下两种新模式以供探讨。

① 网络型组织模式

网络型组织结构以契约关系的建立和维持为基础,可将其理解为一种建立在现代信息技术基础上的,由各独立企业、法人或组织为实现各自目标利益而形成的暂时性的联结与合作关系。被契约联结在这一结构中的各经营单位之间并没有正式的资本所有关系和行政隶属关系,只是以相对松散的契约为纽带,按照互惠互利、相互信任和支持的机制进行合作。网络型企业组织结构不仅适用于大型企业集团公司,也适合于中小型企业。粮食企业改革的一个重要方面是改变目前企业小而散的状况,通过兼并、收购等资本运作形式,壮大企业规模,增强企业实力,使其发展成为龙头企业。但是,企业规模的扩大又面临着管理人才缺乏和管理成本上升的矛盾,采用网络型组织结构模式可以较好地解决这个矛盾。

随着全球经济一体化进程的加速,中国的粮食市场对外开放,允许国外的投资者来投资,允许国外的公司来中国粮食市场经营已成现实,中国的粮食市场与国外的粮食市场在业务上的联合也将越加广泛,而协作网络在全球范围内优化资源配置、销售商品和服务也将是大势所趋。网络型组织结构,克服了时间上和空间上的局限,是一种将企业集权与分权活动有效结合的企业组织形态,是不同企业出于对各自战略目标的考虑而结成的一种联盟与合作关系。所以,其又可被称为战略联盟组织。

② 管道化组织模式

企业组织结构的管道化模式是指企业在其业务流程的设计和运行过程中,有从垂直烟囱型向水平管道型转变的趋势。通常中小型企业组织内部都是以职能部门作为其运作经营的独立单位,形成自下而上的层层汇报以及自上而下的层层指挥,也就是通常所称的垂直烟囱式结构。这种结构虽然有利于企业各职能部门的独立运作和管理,却不利于企业业务流程的运作。各职能部门间的封闭式管理会导致企业业务进程的脱节和不连贯。此外,这种模式也容易引起各职能部门间因各自利益所得而互相推诿、互相推卸责任情况的发生。所以,近年来,企业组织结构设计有水平化发展的趋势,即通过跨职能工作团队的建立,打破原有的垂直分工体系,形成从上游供应商至最终客户的完整业务流程。而粮食产业化经营把粮食生产、加工和销售等环节连成一体,形成有机结合、相互促进的组织形式和经营机制,把千家万户的农民同千变万化的市场联系起来,可以有效解决稳定家庭经营与实现规模经营、集约经营的矛盾,农户分散经营与采用先进技术、现代设备的矛盾。

国有粮食企业组织结构改革就是鼓励国有粮食企业实施跨行业、跨区域重组,培育若干个具有国际竞争力的国有粮食企业;积极培育和发展多种所有制粮食市场主体从事粮食经营活动,搞活粮食流通;积极发展农民专业合作组织,提高市场组织化程度;培育农村粮食经纪人队伍,推进粮食经纪人职业资格培训,提升从业人员素质;引导多元主体投资粮食市场建设。粮食企业采用管道化模式不仅有利于企业对外部信息的把握和反馈,而且有利于企业内部学习型组织的形成。

企业选择何种形式的组织结构,除了要考虑其自身的规模大小,最主要的还要考虑企业的目标、战略、技术、生命周期和所面临的环境。值得提出的是,我们列出上述组织结构形式,并不意味着它们都适合粮食企业未来的组织发展,每个企业的组织形式的选择要根据自身的特性和发展的需要而定,绝不能盲目追逐时髦和走形式主义。要把推进粮食行业组织结构改革作为一项重要战略来抓,通过制度创新、组织创新和政策引导,争取取得突破性进展。

# 第十一章　提升粮食行业人员素质

## 第一节　供给侧结构性改革与粮食行业人员素质

### 一、粮食行业人员素质的提升是确保供给侧结构性改革成功的本质要求

人才兴则企业兴、人才兴则事业兴。粮食行业高素质人员作为我国人才队伍的重要组成部分,是保障国家粮食市场供给、确保国家粮食安全的重要力量,是粮食行业立业的根本,是粮食安全稳定的基石。粮食流通体制深化改革后,粮食行业人员素质情况发生了重大变化,其中粮食行业人员素质发展的整体水平无法满足粮食流通事业发展需要的矛盾十分突出,具体表现为:高素质人员和技能人才短缺,企业技术力量流失严重,专业技术人员日益减少,大批基层粮食业务优秀人才被下岗分流。随着以市场为导向的粮食流通体制改革的不断推进,如何建设粮食行业高素质人员,打造一支"懂业务、懂经营、懂管理"的优秀员工队伍,实现人力成本优化,并充分发挥高素质人才的关键核心作用,为行业最大化地创造价值和利润,成为当前粮食行业发展工作的重要内容。

当前,国内粮食市场运行多重矛盾交织、新老问题叠加,比如:部分粮食品种阶段性供过于求特征明显,粮食流通服务和加工转化产品有效供给不足,粮食"去库存"任务艰巨,现行收储制度需加快改革完善,等等。我国粮食领域的主要矛盾已经由总量矛盾转变为结构性矛盾,矛盾的主要方面在供给侧。

推进粮食行业供给侧结构性改革从本质上讲就是要不断优化行业人员结构,为此必须从以下几方面入手:改进人才培养支持机制,建立产学研用相结合的专业技术人才培养模式和产教融合、校企合作的技术技能人才培养模式,实施粮食行业百千万创新人才工程和高技能人才培养工程;积极通过市场机制培养和发现优秀粮食企业经营管理人才,实施粮食经纪人队伍培育工程;以提高领导水平和执政能力为核心,实施党政人才能力提升工程,加强粮食行政管理机构建设并充实人员;实施开放的人才引进机制,更大力度引进粮食行业急需的紧缺人才。

因此,从这个意义上讲,粮食行业人员素质结构合理化是确保我国粮食安全的内在需求和本质体现。

### 二、供给侧结构性改革为粮食行业人员素质提升提供了战略机遇

在党中央、国务院对粮食工作的高度重视下,我国粮食宏观调控能力进一步加强,粮食

市场监测、应急体系不断完善,国内粮食市场基本稳定;粮食仓储设施和物流体系建设加快发展,粮油仓储管理规范化持续推进,粮油加工业不断壮大;粮油流通体制市场化改革不断深化,统一开放、竞争有序的粮食市场体系基本形成;粮食科技创新能力明显提高,整体水平迈上新台阶;国有粮食购销企业继续发挥主渠道作用,结构和布局进一步优化,经营管理水平和竞争力明显提高;粮食法规标准体系、监督检查体系和检验监测体系逐步健全和完善。

2016年初,国家粮食局发布《国家粮食局关于加快推进粮食行业供给侧结构性改革的指导意见》,明确指出粮食行业供给侧结构性改革的目标。(1)粮食安全保障能力明显增强。加快推进粮食收储制度改革,充分发挥流通对生产的引导和反馈作用,推动粮食种植结构调整优化;健全完善相关制度保障体系,保障农民种粮的合理收益,促进粮食生产稳定发展;着力提升粮食流通社会化服务水平,加强粮食科技创新,加快构建更高层次、更高质量、更高效率的国家粮食安全保障体系。(2)粮食流通能力现代化水平显著提升。加快实施"粮安工程",加强现代粮食仓储物流设施建设和行业信息化建设,补齐粮食流通短板,降低成本,提升效率,更好地满足粮食资源快速集散、顺畅流通、高效配送的需要。(3)粮食产业经济持续健康发展。以粮食加工转化为引擎,促进产收储加销有机融合,激发粮食产业经济发展活力,推动粮食行业转型升级、提质增效,加快实现抓收储、管库存、保供应、稳市场和强产业、活经济、稳增长、促发展"双轮驱动"。(4)粮食产品供给结构更加优化。以市场需求为导向,加快产品供给结构调整,强化中高端产品和精深加工产品等有效供给,提供适销对路、品种丰富、质量安全、营养健康的粮油产品,满足人民群众日益增长的优质粮油产品消费需求。

这为当前和今后一个时期,粮食行业人员素质结构优化提供了难得的机遇。加快现代粮食流通产业科学发展,全面实现国家粮食安全的战略目标,为进一步做好行业人才工作提供了宝贵的机遇和舞台,对粮食行业人才的发展也提出了更高更紧迫的要求。随着经济全球化的深入发展,各种生产要素特别是人才要素的流动将更加频繁,人才竞争日趋激烈。在新的历史起点上,必须进一步认清行业人才竞争的严峻形势,切实增强责任感和使命感,坚定不移地走人才兴粮之路,科学规划、重点突破、整体推进,努力开创人才辈出、人尽其才的新局面。

### 三、提升人员素质是确保国家粮食安全的重要举措

现有研究认为,影响国家粮食安全的主要因素涉及三个方面,即粮食加工、储备和物流。首先,就粮食加工而言,刘兴信(2005)提出,发展以粮食为原料的食品加工业,有助于建设节粮型社会,缓解粮食生产的资源约束矛盾。其次,就物流因素而言,孙洪磊等(2006)指出,中国粮食加工技术和粮食储藏技术进步很快,但现有粮食物流体系建设水平低下、产销衔接不畅、运输成本高,给国家粮食安全和粮食市场价格都带来负面影响。综上所述,要解决当前我国面临的粮食安全问题,就是要解决加工、物流和储备等环节上存在的问题,要有效解决各环节存在的问题,以及将各环节有效衔接,关键是要解决人员配置的问题。应从流程优化和凸显各个流程环节价值的角度合理配置相应管理、技术和一般操作人员,真

正实现人员结构优化,从人员结构优化中释放粮食安全的正能量。

从粮食系统人员结构看,我国粮食行业已经形成了一支庞大的职工队伍,截至2017年底,粮食行业在岗职工总数近200万人。从职工年龄构成看,中青年职工所占比例较大,45岁以下职工占粮食职工的绝大多数;从业务环节看,从事粮食加工、收储工作的职工人数居前两位,其次是从事营销工作的职工;从职工文化程度看,基本上是初中、高中及以上学历,通过近年来的培养和引进,具有大专以上学历的职工数量明显增加,专业技术人员比重有所上升,例如在粮油加工企业120多万在岗人员中,专业技术人员就有15.5万人,还有31万多技术工人。经过岗位培训,职工的业务技术熟练程度增强,自身素质有了一定程度的提高,为粮食流通各业务环节的顺畅运转提供了必需的人员要素条件。

为此,必须全面落实人才兴粮战略,不断深化粮食行业人才发展体制机制改革,坚持高端引领、整体开发,以高层次、创新型人才为先导,以应用型人才为主体,分类指导、统筹推进,大力激发粮食行业人才创新创造活力。推进人才管理体制改革,全面落实用人主体自主权。这将为粮食行业全面落实供给侧结构性改革和确保国家粮食安全提供坚实的人力资源保障。

## 第二节 粮食行业人员素质结构及存在问题

粮食行业人员素质结构是指粮食行业中按照年龄、学历、技术等级、职称、企业性质、岗位性质等人员特征对所有从业人员进行的分类及其内在联系。人是所有生产要素中最具能动性的,人员的数量与质量直接影响土地、资本、信息等其他生产要素的产出效率。粮食行业在计划经济中并不严格区分行政、事业、企业三大领域,因此,粮食行业人员分布在粮食局、粮食企业、粮食类协会、粮食类科研院所等广泛的从业领域之中。

从2006年正式启动粮食行业职业技能鉴定工作以来,国家粮食局从夯实基础入手,立足质量,锐意进取,逐步构建起一套完善的工作体系,提高了鉴定管理水平,拓宽了人才成长渠道,实现了培训鉴定范围的逐年扩大、人数的逐年递增,显著提高了行业技能人才的数量和质量,改善了技能人才队伍的结构,为深化粮食流通体制改革提供了坚实的人才保障。鉴定工作从无到有,逐步探索,逐步推进,培养了大批技能型人才。据统计,截至2014年12月,50 086名粮食行业职工参加了职业技能培训和鉴定,39 786人获得了职业资格等级证书。"十一五"期间,高级工的比例上升了1.93%,初级工的比例下降了0.16%,无等级人员比例下降了3.81%。"十一五"期间,粮食行业建设完成了技能人才培训、鉴定考核体系:《国家职业分类大典》共新增了粮油购销员、粮油信息员、粮油竞价交易员、粮油保管员、粮仓机械员、粮库中央控制室操作工、粮油质量检验员、制米工、制粉工和制油工等10个粮食行业特有工种;制定了7个职业(工种)的国家职业标准,编写出版了7个职业的培训教程,填补了粮食行业职业技能培训教材的空白;编写完成了粮油保管员和粮油质量检验员技师、高级技师职业技能培训教材和《操作技能考试手册》,建立了这两个职业完整的培训教材体系;开发了包括6个职业2万多道鉴定试题的职业技能鉴定国家试题库粮食行业分库,实现计算机的随机组卷,保证鉴定考核命题标准统一、难易程度相同,确保职业技能鉴定工作客观、公正、科学;在全国范围内建立了2个国家高技能人才培养示范基地,57个粮食行业职业技能培训基地和52个粮食行业职业技能鉴定站。"十一五"期间,粮食行业共产生了19名全国技术能手、96名全国粮食行业技术能手,3个单位获全国技能人才培育突出贡献奖,1名个人获全国技能人才培育突出贡献奖,9个单位获全国粮食行业技能人才培育突出贡献奖,6名个人获全国粮食行业技能人才培育突出贡献奖。

近年来,粮食行业大力实施"人才兴粮",深化粮食行业人才发展体制机制改革,吸引大批优秀人才投身粮食行业。

## 一、粮食行业从业人员素质总体分析

### (一)从业人员在岗情况分析

截至2017年年末,全国粮食行业从业人员总数194.1万人,较上年增加2万人。其中,在岗职工190.8万人(长期职工171.4万人,临时职工19.4万人),占从业人员总数的98.3%(见图11.1);其他从业人员3.3万人。其中,女职工61万人,占总人数31.4%;少数民族6.5万人,占总人数3.3%;中共党员24.8万人,占总人数12.8%。

长期职工中公务员2.3万人,占比1.3%;事业单位管理人员1.7万人,占比1.0%;企业经营管理人员27.6万人,占比16.1%;专业技术人员22.7万人,占比13.2%;工人117.1万人,占比68.3%。与上一年度相比,公务员、企事业单位管理人员占比均有小幅下降,专业技术人员、工人占比有所增加。

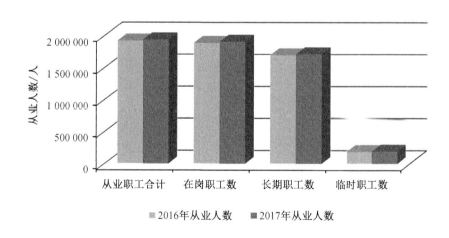

图11.1 2017年与2016年粮食行业从业人员比较

2017年年末长期职工学历分布情况如图11.2所示,其中具有研究生学历的18 427人,大学本科学历193 902人,大学专科学历326 439人,中专学历288 596人,高中及以下学历886 221人。相比2014年年末,高中及以下从业人数比例大幅下降,减少近30万人;具有大学本科、大学专科和中专学历的从业人数比例大幅增加,研究生学历的从业者也明显增加。

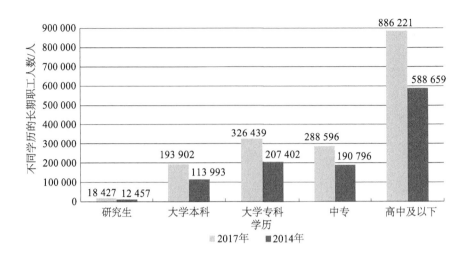

图 11.2 粮食行业长期职工学历分布情况

2017年年末粮食行业长期职工年龄分布情况如图11.3所示，其中35岁及以下590 377人，占比34.45%，较上年减少0.1%，相比2014年年末提高4个百分点；36~45岁601 233人，占比35.08%，较上年减少0.3%；46~54岁418 233人，占比24.41%，较上年增加0.2%，相比2014年年末略有下降；55岁及以上103 742人，占比为6.05%，较上年增加0.2%，相比2014年年末有一定降幅。

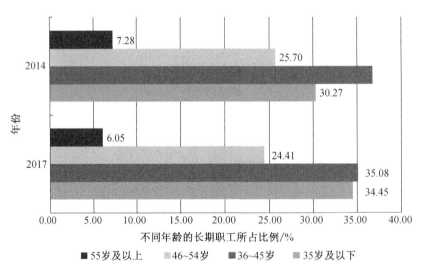

图 11.3 粮食行业长期职工年龄分布情况

## （二）国有粮食系统人员分布情况分析

国有粮食系统从业人员队伍发展不均衡，公务员人数减少较多。当前粮油加工企业按照生产对象可划分为稻谷加工、小麦加工、食用植物油加工、玉米加工、粮食食品加工、杂粮及薯类加工、饲料加工以及粮机设备制造等八类，从表11.1可以看出，从业人员在上述各类企业中分布的数量和内部结构都存在不同程度的差异性。

表 11.1　国有及国家控股粮食企业从业人员情况表　　　　　单位:万人

| 项目 | 从业职工合计 | 在岗职工 | 专业技术人员 | 技术工人 | 经营管理人员 |
|---|---|---|---|---|---|
| 稻谷加工业 | 25.5 | 21.6 | 3.4 | 5.6 | 3.2 |
| 小麦加工业 | 19.5 | 17.5 | 2.4 | 4.5 | 1.8 |
| 食用植物油加工业 | 18.6 | 16.4 | 2.5 | 4.7 | 1.8 |
| 玉米加工业 | 20.1 | 19 | 1.9 | 5.8 | 1.2 |
| 粮食食品加工业 | 22.9 | 21.1 | 1.4 | 4.5 | 1.7 |
| 杂粮及薯类加工业 | 4.2 | 3.8 | 0.5 | 0.8 | 0.5 |
| 饲料加工业 | 25 | 22.5 | 2.9 | 4.8 | 2.5 |
| 粮机设备制造业 | 2.1 | 2 | 0.4 | 0.7 | 0.2 |

国有粮食系统职工学历层次进一步提高。2017年底,国有粮食系统职工中,研究生学历占总数的1.08%,比2014年略微下降;大学本科学历占总数的11.32%,比2014年有所增加;大学专科学历占总数的19.05%,比2014年的18.63%略微增加,总体表现为高学历层次职工数量增加(见图11.4)。

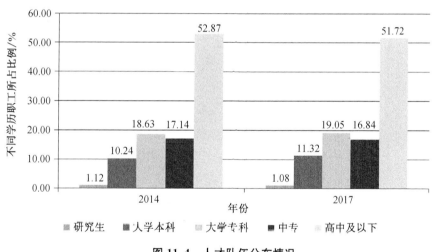

图 11.4　人才队伍分布情况

## 二、粮食行业技能人才结构现状

(1) 专业技术人才和技能人才队伍稳步壮大,但比例仍然偏低。从2011—2014年这四年的情况来看,专业技术人才队伍从114 722人增长到134 126人,增长16.91%,增长较快的前五位是中粮集团、黑龙江、江苏、河南和安徽;技能人才队伍从150 802人增长到187 624人,增长达24.42%,增长较快的前五位是江苏、黑龙江、中粮集团、中储粮总公司和四川(见图11.5)。这反映了行业专业技术人才和技能人才队伍不断壮大,人才工作得到行业的广泛重视,尤其是黑龙江、江苏等省级粮食行政部门及国有粮食企业大力培养专业技术人才、技能人才,成绩显著。但是,专业技术人才和技能人才比例仍然偏低。2014年底,专业技术人才 134 126 人,仅占在岗职工的 12.40%;技能人才 187 624 人,仅占在岗职工的 17.35%(见图 11.6)。从对国有粮食单位的座谈所了解的情况和表格数据对比可以看出,在岗职工中高层次人才缺乏,大学专科及以上学历的人员中有相当一部分是从业后通过党校、函授或其他途径取得学历,所学专业中,学习粮食经济管理、粮食工程等专业的较少。

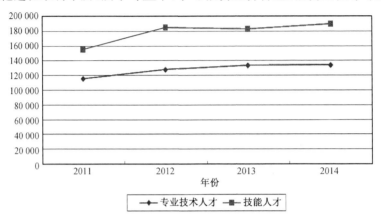

图 11.5　2011—2014 年粮食行业专业技术人才、技能人才队伍建设情况

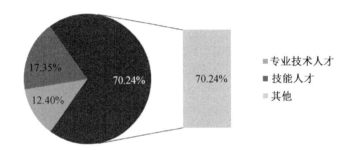

图 11.6　2014 年专业技术人才和技能人才占比情况

表 11.2　2014 年中储粮总公司技能人才队伍职级结构

| 技术等级 | 高级技师 | 技师 | 高级工 | 中级工 | 初级工 | 普通工人 |
| --- | --- | --- | --- | --- | --- | --- |
| 人数/人 | 79 | 289 | 724 | 1 897 | 2 189 | 4 896 |
| 占工人总数比例/% | 0.78 | 2.87 | 7.19 | 18.83 | 21.73 | 48.60 |

表 11.3　2014 年中粮集团技能人才队伍职级结构

| 技术等级 | 高级技师 | 技师 | 高级工 | 中级工 | 初级工 | 普通工人 |
| --- | --- | --- | --- | --- | --- | --- |
| 人数/人 | 20 | 63 | 250 | 1 024 | 1 836 | 17 692 |
| 占工人总数比例/% | 0.10 | 0.30 | 1.20 | 4.90 | 8.79 | 84.71 |

表 11.4　2014 年华粮物流集团技能人才队伍职级结构

| 技术等级 | 高级技师 | 技师 | 高级工 | 中级工 | 初级工 | 普通工人 |
| --- | --- | --- | --- | --- | --- | --- |
| 人数/人 | 8 | 40 | 64 | 262 | 461 | 2 007 |
| 占工人总数比例/% | 0.28 | 1.41 | 2.25 | 9.22 | 16.22 | 70.62 |

(2) 高层次人才比重不断提高。截至 2017 年底,专业技术人员 22.7 万人,高级职称 1.3 万人,占比 5.7%,与上年持平(其中:正高级职称 3 913 人,比上年增加 135 人);中级职称 6 万人,占比 26.4%,比上年增加 0.4%;初级及以下职称 15.4 万人,占比 67.8%,比上年减少 0.5%,专业技术人才队伍规模进一步扩大(见图 11.7、图 11.8)。工人队伍中技术工人 40.8 万人,占比 34.8%,比上年增加了 0.5%,技能人才队伍规模持续扩大。其中,高级技师 7 797 人,占比 1.9%,较上年增加 0.1%;技师 2.1 万人,占比 5.1%,较上年下降 0.2%;高级工 5.1 万人,占比 12.5%,较上年增加 0.5%;中级工 8.7 万人,占比 21.3%;初级工 24.2 万人,占比 59.3%。

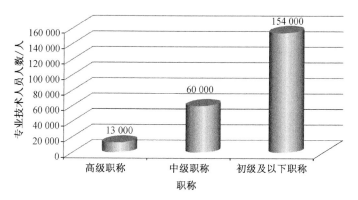

图 11.7　2017 年专业技术人员分布情况

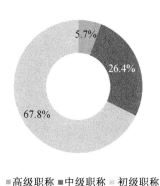

图 11.8　2017 年专业技术人员结构比例

(3) 年龄老化压力较大。从 2010—2014 年这五年情况看,国有粮食系统党政人才队伍中,45 岁以下中青年职工呈现减少趋势,与此同时,企业经营管理人才、专业技术人才和技能人才三支队伍 46 岁以上人数明显增加。其主要原因有两点:一是党政机关、事业单位分配机制不灵活、工资待遇偏低,留不住人才;二是进人渠道不畅,在年龄自然增长的情况下,后备力量得不到及时补充(见图 11.9、图 11.10)。

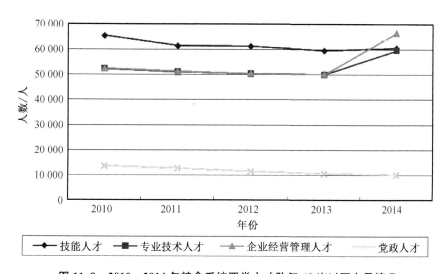

图 11.9　2010—2014 年粮食系统四类人才队伍 45 岁以下人员情况

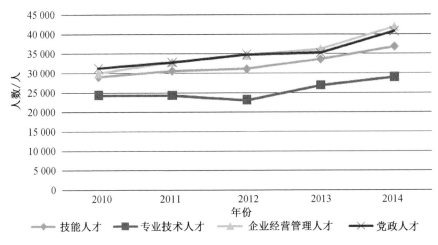

图 11.10　2010—2014 年粮食系统四类人才队伍 46 岁以上人员情况

（4）行业管理者素质明显提升。"十二五"期间,原国家粮食局以竞争上岗为主要方式,以加强领导班子建设为重点,大力深化干部人事制度改革。竞争上岗已成为原国家粮食局机关、事业单位选拔任用的主要途径,至"十二五"期末,正司级及其以下领导岗位全部实行了竞争上岗。通过竞争上岗,一批政治上靠得住、工作上有本事、作风上过得硬、干部群众信得过的同志被选拔到各级领导岗位,优化了领导班子和干部队伍结构,提高了选人用人公信度。以健全聘用制度和岗位管理制度为重点,不断深化事业单位人事制度改革。经过5年努力,原国家粮食局所属事业单位全部完成岗位设置,新进人员全部实行公开招聘,所有职工全部签订了聘用合同,初步建立起以领导班子任期制、处级干部聘任制和一般干部聘用制为基础的干部选任制度体系和以工作业绩为基础的收入分配体系。

### 三、存在问题及原因分析

从上述基本情况中反映出:一是职工年龄结构相对老化,46 岁及以上在岗职工占所有在岗职工人数的 35%;二是职工知识结构不平衡,专业层次较低,专业技术人员中专业技术理论和业务相对较弱;三是培训力度还不够大,职业技能培训人次相对较少。就其原因可以归结为以下几个方面:

（1）人才管理机制不灵活。一是制度不完善。没有形成完备的能者尽其才、人才自由流动、公开考录的新型人员调配制度,提供招聘的就业岗位和应聘人员整体层次普遍偏低。二是人才流动较少。部门之间的人才流动存在着关卡多、流动难、阻力大的现象,没有形成规范化、制度化的人才流动机制。三是吸引人才措施较少。没有制定切实可行的关于人才引进方面的政策,对急缺人才情况不熟悉,企业对人才引进工作重视程度不够。

（2）人才培养观念不先进。一是重视程度不足。人才队伍建设周期长,需要投入的时间、精力、金钱等较多,但产出却相对较少,容易使人忽视。部分企业只把眼光放于经济指标、业务成绩等,对引进人才、培养人才和使用人才在粮食经济发展中的重要性缺乏长远的认识。二是缺少竞争意识。部分企业仍存在"等、靠、要"的思想,吃"储备粮"和"国家最低收购价"政策的饭,市场经济意识和竞争意识淡薄,缺乏危机感和紧迫感。

（3）人才发展环境不佳。一是资金投入不足。人才队伍的建设需要大量的资金做后盾，但基于粮食系统目前的经济实情，资金投入较少，一些必要的知识更新教育难以进行，造成了队伍知识结构老化。二是培训设施不够完善。缺少专业的培训场所和师资力量，难以取得预期的学习教育效果。

国家立足于国民经济发展的战略高度，以改革开放促进生产力提高、优化资源配置。粮食行业关系国计民生，但其市场化与国际化的进程滞后于其他行业，长期以来行业内人员结构变化不大。2001年，我国正式加入WTO，粮食流通体制改革不断深化，旧的粮食行业人员素质结构已经不能适应产业结构调整需要，不能适应参与国际粮食市场竞争的需要。粮食行业业务结构、组织结构的优化指明了未来人员结构优化的方向，而且人员结构优化也是粮食产业升级的保证。

# 第三节　粮食行业人员素质提升策略

解决粮食行业人员素质结构问题，从人事管理角度来看，主要是需要为粮食事业提供各类人才，通过实施"人才兴粮"战略，保障粮食安全，推动粮食流通产业科学发展。

## 一、增强粮食行业综合实力，优化人才引进观念与机制

首先，通过提升粮食行业综合实力，增强人才兴粮的物质基础，"筑巢引凤"，提高粮食行业对各类人才的吸引力。一是探索管理创新。各级主管部门对目前直属的基层单位，改行政式管理为服务式管理，改直接式管理为间接式管理。二是注重配好配强领导班子，帮助分析内外部竞争因素，确立改革发展方向，争取政府政策支持，化解历史遗留问题，协调外围矛盾等，使他们迅速成为市场"弄潮儿"。三是树立"大粮食"观念，利用政策优势，加强对社会涉粮单位的监管。如：在确保粮食安全的前提下，探索储备粮油"招拍挂"机制，引入社会粮油购销企业参与竞争，既用好用活各级储备粮油，提高政策性粮油"红利"，又能加强对社会涉粮单位的管理。

其次，树立科学人才观念。一是牢固树立"以人为本"的理念。以《国家粮食行业人才发展"十二五"规划》为指导精神，将人才工作摆上突出位置，开展经常性的人才工作专题调查研究，及时掌握人才队伍状况，主动与各级各类人才加强沟通与联系，了解他们的思想、生活状况，加强与他们的感情交流，关注他们的需求。二是健全激励机制。评选、表彰政治素质高、专业技术硬、乐于奉献的行业带头人，进行精神和物质层面的双重鼓励。要通过树立人才王牌，充分发挥其典型示范作用，不断扩大各类人才在行业中的影响力，增强优秀人才的成就感、自豪感、荣誉感。

最后，积极广泛引进各类优秀人才。一是建立健全人才选拔、使用机制。加大对专业高层次人才的引进，优先招录高学历、经验足的优秀人才。全面推行竞争上岗、公开选拔、公开选聘制度。二是切实改善工作环境。由于工作性质，粮食企业的工作环境在短时间内

难以得到彻底改变,但有些职业的从业环境是可以改善的,例如增加绿化、升级加工设备、加装通风除尘或降温设备等等,尽量改善职工的工作环境。三是提高职工薪酬福利待遇。粮食企业在注重企业自身发展的同时,还应适当提高职工的工资待遇,增加职工福利。在无法大幅度提高工资的情况下,可以通过提高福利待遇予以弥补。在尽量做到待遇留人的同时,也要注重感情留人。积极推动企业文化建设,使职工真正认同企业,愿意为企业的发展做更多的贡献。四是要加大培训资金投入。要针对自身的专业技术状况开展不同层次、不同领域、专业性强、有实效的培训,加大培训资金投入,争取在2016—2020年达到省局各类储备粮承储企业保管员、检验员等工种持证上岗率达100%的要求,为企业的发展壮大提供人才支撑。

## 二、加强人员培养使用,营造人才成长环境

各级粮食行政管理部门要把人才培养经费列入财政预算,予以重点保证,并随着财政资金的增长逐步提高,保证人才规划的贯彻落实,保证重大人才工程的顺利实施。在重点科研项目和重大项目建设经费中要安排一定比例的资金用于人才开发和高层次人才培养。在各级党委、政府的统一领导下,加强与机构编制、发展改革、人力资源社会保障、财政、教育等部门的沟通协调,积极争取政策、项目、资金等方面的支持。粮食行业企业应按国家有关规定提取职工培训经费。各单位、各部门要积极拓宽人才投入渠道,建立健全政府、单位、社会和个人相结合的多元化的人才投入机制,保证人才工作的必要投入。此外,还要同时做好以下几方面的工作。

一是开展党政干部全员业务知识培训。有计划地组织粮食行政管理部门的党政干部参加各级党校、行政学院和高等院校的学习。省市粮食局可以联合举办进修班,同时建议省粮食局联合相关高校,对党政干部分类实施粮食业务培训,争取2016—2020年内各级从业人员至少进行为期一个月的脱产业务学习。同时,积极利用考察学习、挂职培养等多种方式加强党政干部的实践锻炼,不断提高党政干部的业务素质和工作能力。二是开展大规模经营管理人才专业知识培训。依托高校、党校等平台,开展大规模的经营管理人才培训,组织优秀经营管理人才接受现代粮食业务培训,积极推荐优秀经营管理人才参与国家及省粮食和物资储备局举办的高层次粮食企业经营管理人才培训班。发挥粮食行业协会在人才工作中的桥梁和纽带作用,适时举办粮食企业家沙龙或论坛,邀请专家、学者进行相关业务知识讲座,全面提高经营管理者的能力素质。三是紧扣产业升级培养粮食专业技术人才。围绕粮食流通产业转型升级"五个一"工程、"数字粮食"工程、粮油质量监测体系等重点项目,大力培养在粮食仓储、粮油机械、粮油食品生产、质量检测、粮食经济研究、粮食物流、信息工程、统计监测、财务管理等方面的高水平专业技术人才。重点推进有条件的企业与高校联合建立研发中心,建立形式多样的产学研战略联盟,建设技术人才创业平台,加速科研成果的转化,努力形成科技领军型、学科技术带头型和科技后备型阶梯性人才结构。四是积极探索粮食行业技能人才培养新途径。在抓好党政干部基层管理、专业技术人员培训的基础上,将基层普通职工纳入粮食行业人才培训范围,建立以粮食企业为主体、职业院校为基础,学校教育与企业培养紧密联系、政府推动与社会支持相结合的全粮食系统行业

技能人才培养机制。围绕粮食行业特有工种开展培训竞赛,通过培训提高普通职工实际操作能力,通过竞赛在生产一线发现人才。五是加强人才培养交流基础建设。整合行业培训资源,依托粮食院校、科研院所、大中型企业和培训机构,搭建行业、企业、学校多方联动平台,促进相关院校加强粮食专业建设,培养优秀教学团队。依托高等院校、职业院校、技师学院和大型骨干企业,有计划、有重点地建设一批全国粮食行业人才培训基地和实训基地。到2020年,建设3个面向党政人才、专业技术人才和企业经营管理人才的行业教育培训基地。在主要粮食购销区域的职业院校、科研院所和大型企业重点建设50个高技能人才培训基地和40个高技能人才实训基地,构建资源共享、品牌示范和辐射带动的行业人才培养基地网络。依托粮食行业组织搭建人才信息服务平台,构建粮食行业人才信息服务网。建设粮食行业人才数据库,利用现代信息技术,建立以业绩档案、专业背景为主要内容的高层次粮食行业人才信息平台,并实现企业、科研院所、职业院校共享。组织粮食行业人才供需见面会、座谈会或招聘会,促进人才交流、合作和流动。

### 三、完善人员流动机制,加强人才激励考评

围绕保障国家粮食安全,贯彻落实粮食行业供给侧结构性改革,以提高行业科技支撑力为目标,加快粮食行业人才流动、激励、考评工作。一是加大力度引进国内外高层次人才。从改革发展的需求出发,以优惠的条件吸引各方人才来粮食行业干事创业。全国粮食行政管理部门要加强与组织人事部门的沟通,优先招录具有大学本科及以上学历的和具有基层工作经历的优秀人才,充实到粮食行政管理部门,优化公务员队伍结构。深化国有粮食企业干部制度改革,全面推行竞争上岗、公开选拔、公开选聘制度,通过市场化方式选聘国有粮食企业的领导人员,并积极推行职业经理人制度,改善国有粮食企业经营管理队伍素质。以加强国有粮食购销企业建设为重点,引进具有粮食科技、仓储物流、财务管理、市场营销等方面知识的高学历实干型人才。引导粮食物流园、产业化龙头企业及具有竞争优势的油脂加工、饲料工业、粮机产业加大高层次人才引进力度。引导企业"招商引资"与"招才引智"并举,在引进项目资金的同时,采取项目聘用、管理合作等方式灵活引进各类人才。探索"柔性引才",鼓励有条件的企事业单位设立"特聘专家"岗位,创造条件建设"技能大师工作室"。到2020年,从粮食行业高等院校、科研院所和大型企业引进50名能够突破粮食行业重点领域关键技术、发展粮油食品高新技术产业、带动相关学科发展的高层次人才。二是健全人才评价激励机制。坚持"尊重知识、尊重人才、尊重劳动、尊重创新",注重以业绩和贡献评价人才,建立健全公正客观、透明高效的人才评价激励制度,完善符合粮食行业特点和企业发展状况的业绩考核和奖惩机制。加强与人事劳动部门联系,积极落实各项专业技术职称政策,鼓励企事业单位积极聘任专业技术人才,国有粮食购销企业要加大对专业技术人员的使用力度,对于取得一定技术职称的人员要优先列入后备人才培养队伍。指导企业建立健全以职业能力、岗位职责和工作业绩为核心的技能人才薪酬考核办法,鼓励多劳多得,按贡献论报酬。坚持物质奖励和精神鼓励相结合,研究制定优秀人才奖励办法,定期开展人才评比奖励活动。积极探索荣誉激励制度,对有突出贡献的优秀粮食行业人才,授予荣誉称号,并使其享受特殊津贴等。对优秀基层粮食经营人才在入党、提拔,推荐

参选代表、委员中适当予以优先考虑,增强他们的政治荣誉感。对行业各类人才要在政治上爱护、事业上支持、生活上关心,确保人才引得进、留得住、用得好,形成人才集聚效应。三是搭建人才培养交流建设平台。依托粮食院校、科研院所、大中型企业和培训机构,搭建行业、企业、学校多方联动平台,有计划、有重点地建设全市粮食行业人才培训基地和实训基地,开展订单招生、定向培养。依托粮食行业组织搭建人才信息服务平台,构建粮食行业人才信息服务网。建设粮食行业人才数据库,利用现代信息技术,建立以业绩档案、专业背景为主要内容的高层次粮食行业人才信息平台,并实现企业、科研院所、职业院校共享。不定期组织粮食行业人才供需见面会、座谈会或招聘会,促进人才交流、合作和流动。

## 四、构建人才分类管理体系,逐步优化人才层次结构

第一,党政人才队伍建设。按照加强党的执政能力建设和先进性建设的要求,以提高领导水平和执政能力为核心,以粮食行业各级领导干部为重点,建设一支政治坚定、精通业务、勇于创新、勤政廉洁、求真务实、奋发有为、善于推动粮食事业科学发展的高素质党政人才队伍。到2020年,力争使各级粮食行政管理部门领导干部轮训一遍。实施粮食局局长培训项目,每年培训1 000名各级粮食局局长。举办行政执法人员培训班,每年培训2.5万人次。开展干部自主选学试点,鼓励各级党政人才在职参加学历学位教育。进一步加强粮食行业上下之间、地区之间的干部双向挂职锻炼。到2020年培养一批政治素质高、法制观念强、粮食业务精的各级党政人才。

第二,企业经营管理人才队伍建设。按照提高现代经营管理水平和企业核心竞争力的要求,以企业高端经营管理人才为重点,培养造就一批具有全球战略眼光、市场开拓精神、管理创新能力、社会责任感的粮食行业优秀企业家和一支视野开阔、知识丰富、业务娴熟、能力突出的企业经营管理人才队伍。到2020年,企业经营管理人才总量达到27万人,其中国有及国家控股粮食企业经营管理人才总量达到11.5万人。着力培育造就10名具备国际视野和战略眼光,能够引领粮食企业跻身中国企业500强的战略企业家。着力在粮食产业化龙头企业中培养500名具有市场开拓精神和管理创新能力的优秀企业家。加大粮食行业职业经理人队伍的开发力度。到2020年,培养5 000名管理能力突出、实践经验丰富的粮食企业职业经理人,培训1万名懂管理、熟悉粮食行业的企业经营管理人才。

第三,专业技术人才队伍建设。根据现代粮食流通产业发展的需要,以提高专业水平和创新能力为核心,以高层次、创新型人才和紧缺人才为重点,培养和造就一支适应粮食行业发展需要的专业技术人才队伍。到2020年,专业技术人才总量达到21万人,占从业人员的12%,高级、中级、初级专业技术人才比例为1:4:5;重点培养10名国内顶尖、国际知名的粮食科技创新领军人才。着眼于提高粮食行业科技水平,增强粮食科技人才队伍的整体素质。到2020年,依托国家重点科研项目、重大工程和企业重点研发项目,在一些重点领域培养100名具有国内先进水平,保持学科优势的杰出人才,提升粮食科技创新水平;培养1 000名具有较高学术水平、起骨干或核心作用的学术技术带头人;依托高等院校、科研院所和大型粮油企业,积极开展专业技术人才知识更新工作,培养1万名发挥基础支撑作用的粮食科技后备人才。

第四,高技能人才队伍建设。适应粮食流通产业结构优化升级的要求,以提升职业素质和职业技能为核心,以技师和高级技师为重点,形成一支门类齐全、技艺精湛的高技能人才队伍。到 2020 年,高技能人才总量达到 15.4 万人,占技能劳动者的比例达到 28%,其中技师、高级技师达到 3.9 万人。到 2020 年,新增粮食行业特有工种技师、高级技师 1.8 万人,培训粮食经纪人 13 万人次。

以江苏省为例,着力培养 260 名管理能力突出、实践经验丰富、能够取得显著经济效益的国有粮食购销企业法人代表,培养 1 000 名懂管理、会经营的粮食企业经营管理人才。专业技术人才和技能人才总量均达到 6 000 人,较好地满足粮食流通产业发展需要。人才素质明显提升,人才结构趋于合理。受过高等教育的干部占党政干部队伍的 90%,高级、中级、初级专业技术人才比例为 1∶3∶6;高技能人才占技能劳动者的比例从目前的 14% 上升到 20%。各类储备粮承储企业保管员、检验员等工种持证上岗率达 100%,国有粮食购销企业持证上岗率达到 50%。全省高技能人才总量达到 1 200 名,其中技师、高级技师达到 240 人,粮食物流园(产业园)、省级示范库和中心库高技能人才不低于职工总数的 10%。培养选拔 10 名省级以上技术能手。

## 五、完善粮食行业科技创新人才服务保障机制

首先,加强组织领导。坚持党管人才原则,加强政治引领和政治吸纳,充分发挥党组织凝聚人才的重要作用。要健全人才工作领导机构,增强工作力量,把人才工作作为一项基础性、全局性的重要工作,与其他业务工作同步考虑、同步部署、同步考核,与实施行业重大战略同步规划、同步推进。

其次,加强经费保障。各级粮食行政部门要主动作为,积极协调同级财政部门,把必要的人才经费列入财经预算,建立稳定的经费投入渠道。各用人单位要坚持人才优先发展的理念,进一步增加人才投入,提高人才经费的比重。拓宽人才工作投入的渠道,建立政府、企业、社会相结合的多元化投入机制,完善对高层次创新人才、高技能人才和优秀团队提供长期稳定的经费支持的保障机制。

最后,加强信息服务。加强粮食行业人才信息平台建设,及时发布粮食行业人才供求信息,建立人才信息交流、共享机制。充分利用各种渠道宣传科技兴粮、人才兴粮,宣传粮食行业科技领军人才、创新创业人才、高技能人才等优秀人才的典型事迹,努力营造粮食行业尊重劳动、尊重知识、尊重人才、尊重创造的良好氛围,不断推进粮食行业科技创新人才队伍建设。

# 参考文献

[1] 白美清,2010.让粮油企业从整合、联合、融合中走向强大[J].中国粮食经济(1):27-28.

[2] 蔡贤恩,2008.我国粮食收购价格政策评析及完善思路[J].价格理论与实践(8):32-33.

[3] 曹华,1994.1993年粮价上涨透析[J].农村实用工程技术(2):2.

[4] 曹阳,2014.依靠科技创新减少粮食产后损失[J].中国农村科技(7):41.

[5] 陈明,2019.我国农业供给侧结构性改革对策研究[D].沈阳:沈阳工业大学.

[6] 陈廷煊,1996.建国以来粮食流通体制的演变[J].改革(6):109-116.

[7] 陈锡文,罗丹,张征,2018.中国农村改革40年[M].北京:人民出版社.

[8] 陈锡文,1993.中国农村改革:回顾与展望[M].天津:天津人民出版社.

[9] 陈锡文,2016.农业供给侧结构性改革的几个重大问题[N].中国经济时报,2016-07-15(A12).

[10] 陈玉洁,张平宇,刘世薇,等,2016.东北西部粮食生产时空格局变化及优化布局研究[J].地理科学,36(9):1397-1407.

[11] 程国强,朱满德,2013.中国粮食宏观调控的现实状态与政策框架[J].改革(1):18-34.

[12] 程国强,2016.我国粮价政策改革的逻辑与思路[J].农业经济问题,37(2):4-9.

[13] 程玉,曾伶,2016.储粮害虫磷化氢抗性分子遗传学研究进展[J].粮食储藏,45(1):5-10.

[14] 邓国清,2018.中国粮食供给侧结构性改革研究[D].武汉:武汉大学.

[15] 冯志峰,2016.供给侧结构性改革的理论逻辑与实践路径[J].经济问题(2):12-17.

[16] 高鸣,寇光涛,何在中,2018.中国稻谷收储制度改革研究:新挑战与新思路[J].南京农业大学学报(社会科学版),18(5):131-137.

[17] 高小蒙,向宁,1992.中国农业价格政策分析[M].杭州:浙江人民出版社.

[18] 顾莉丽,郭庆海,2011.中国粮食主产区的演变与发展研究[J].农业经济问题,32(8):4-9.

[19] 郭玮,赵益平,2003.威胁粮食安全的主要因素及应对政策[J].管理世界(11):98-102.

[20] 国家粮食局,2016.2016中国粮食发展报告[M].北京:中国社会出版社.

[21] 国家粮食和物资储备局,2018.2018中国粮食发展报告[M].北京:经济管理出版社.

[22] 国家粮食局,2016.关于加快推进粮食行业供给侧结构性改革的指导意见[EB/OL].

http://www.gov.cn/xinwen/2016-07/19/content_5092715.htm

[23] 国家粮食局,2016.粮食行业科技创新发展"十三五"规划[EB/OL].http://www.gov.cn/xinwen/2017-01/04/content_5156343.htm

[24] 国务院,2015.国务院关于建立健全粮食安全省长责任制的若干意见[EB/OL].http://www.gov.cn/gongbao/content/2015/content_2814772.htm

[25] 中共中央、国务院,2015.关于推进价格机制改革的若干意见[EB/OL].https://www.ndrc.gov.cn/fggz/tzgg/ggkx/201510/t20151023_1078181.html

[26] 国务院新闻办,2019.中国的粮食安全[R].白皮书.http://www.scio.gov.cn/ztk/dtzt/39912/41906/index.htm

[27] 韩长赋,2016.着力推进农业供给侧结构性改革[J].休闲农业与美丽乡村(5):4-7.

[28] 韩长赋,2016.推进农业供给侧改革重点抓三件事:玉米、大豆、牛奶[J].中国乳业(3):34.

[29] 贺伟,朱善利,2011.我国粮食托市收购政策研究[J].中国软科学(9):10-17.

[30] 贺伟,2010.我国粮食最低收购价政策的现状、问题及完善对策[J].宏观经济研究(10):32-36.

[31] 侯立军,等,2016.供给侧结构性改革与粮食安全[M].南京:东南大学出版社.

[32] 侯立军,2013.基于粮食安全视角的粮食行业结构优化研究[J].农业经济问题,34(4):81-88.

[33] 侯立军,2014.粮食行业结构优化研究[M].南京:东南大学出版社.

[34] 黄季焜,王晓兵,智华勇,等,2011.粮食直补和农资综合补贴对农业生产的影响[J].农业技术经济(1):4-12.

[35] 蒋和平,2018.粮食政策实施及其效应波及:2013~2017年[J].改革(2):64-74.

[36] 蒋辉,张康洁,2017.粮食供给侧结构性改革的当前形势与政策选择[J].党政干部参考(2):7-8.

[37] 蒋庭松,2004.加入WTO与中国粮食安全[J].管理世界(3):82-94.

[38] 柯炳生,1994.农业生产中的价格问题[J].北京物价(6):29-30.

[39] 孔祥智,2016.农业供给侧结构性改革的基本内涵与政策建议[J].改革(2):104108.

[40] 李丹丹,李浩杰,张志雄,等,2015.我国氮气气调储粮研发和推广应用进展[J].粮油仓储科技通讯,31(5):37-41.

[41] 李稻葵,2014.什么是中国与世界的新常态[J].金融经济(19):19-20.

[42] 李光泗,郑毓盛,2014.粮食价格调控、制度成本与社会福利变化:基于两种价格政策的分析[J].农业经济问题,35(8):6-15.

[43] 李琳凤,2013.我国粮食产业安全问题研究[D].北京:北京交通大学.

[44] 李韬,2014.粮食补贴政策增强了农户种粮意愿吗?:基于农户的视角[J].中央财经大学学报(5):86-94.

[45] 李伟,2016.以供给侧结构性改革提升中国粮食和食品安全保障能力[J].中国经济报告(12):10-12.

[46] 李修彪,2012.粮食价格形成机制与粮价调控政策研究[D].郑州:河南工业大学.

[47] 李芝芬,姬便便,2013.我国粮食价格形成机制研究[J].陕西农业科学,59(6):166-168.

[48] 梁世夫,2005.粮食安全背景下直接补贴政策的改进问题[J].农业经济问题,26(4):4-8.

[49] 刘松,2016.推进粮食供给侧结构性改革要统筹把握六大关键点[J].中国粮食经济(3):22-24.

[50] 刘伟,蔡志洲,2016.经济增长新常态与供给侧结构性改革[J].求是学刊,43(1):56-65.

[51] 刘兴信,2005.发展以粮食为原料的食品加工,建设节粮型社会[J].粮食与食品工业,12(4):1-3.

[52] 刘妍杉,2016.关于对粮食供给侧结构性改革的几点思考[J].中国粮食经济(2):34-36.

[53] 娄源功,2004.基于粮食安全的国家粮食储备规模与布局研究[D].北京:中国农业大学.

[54] 卢锋,1999.应当实事求是地认识粮食过剩问题:对"粮食无过剩"观点的质疑[J].管理世界(3):168-175.

[55] 罗必良,2003.中国农产品流通体制改革的目标模式[J].经济理论与经济管理(4):58-63.

[56] 穆月英,小池淳司,2009.我国农业补贴政策的 SCGE 模型构建及模拟分析[J].数量经济技术经济研究,26(1):3-15.

[57] 钱加荣,赵芝俊,2019.价格支持政策对粮食价格的影响机制及效应分析[J].农业技术经济(8):89-98.

[58] 秦中春,2003.中国粮食流通体制:宜管? 宜导? 宜放?[J].中国农村经济(3):18-23.

[59] 盛洪,1991.从计划均衡到市场均衡[J].管理世界(6):30-38.

[60] 宋锋,许先进,李超,等,2017.粮食仓储设施和现代物流体系建设的调查与思考:以湖北荆门市为例[J].粮食科技与经济,42(1):54-56.

[61] 宋洪远,2016.关于农业供给侧结构性改革若干问题的思考和建议[J].中国农村经济(10):18-21.

[62] 孙洪磊,李钧德,王晓明,2006.谨防物流"拖累"粮食安全[J].瞭望(43):50-51.

[63] 谭砚文,杨重玉,陈丁薇,等,2014.中国粮食市场调控政策的实施绩效与评价[J].农业经济问题,35(5):87-98.

[64] 汤敏,2017.中国农业补贴政策调整优化问题研究[J].农业经济问题,38(12):17-21.

[65] 陶昌盛,2004.中国粮食定价机制研究[D].上海:复旦大学.

[66] 汪希成,吴昊,2016.我国粮食供求结构新变化与改革方向[J].社会科学研究(4):130-135.

[67] 王柏茹,2016.如何理解供给侧结构性改革[J].质量探索,13(4):81.
[68] 王大伟,刘彦随,卢艳霞,2005.农业结构调整对全国粮食安全的影响分析:以粮食主产区为例[J].中国人口资源与环境,15(2):65-68.
[69] 王德文,黄季焜,2001.中国粮食流通体制改革:双轨过渡与双轨终结[J].改革(4):99-106.
[70] 王济光,1997.中国粮食问题:国内贸易政策协调与流通体制改革[J].经济研究,32(3):40-45.
[71] 王晶,2013.黑龙江省粮食行业从业人员继续教育的必要性[J].现代交际(10):46.
[72] 王立锋,董艳玲,2017.粮食安全视角下农业供给侧结构性改革问题研究[J].现代管理科学(11):21-23.
[73] 王瑞芳,2009.统购统销政策的取消与中国农村改革的深化[J].安徽史学(4):70-81.
[74] 王士海,李先德,2012.粮食最低收购价政策托市效应研究[J].农业技术经济(4):105-111.
[75] 王双正,2008.粮食流通体制改革30年:回顾与反思[J].财贸经济(11):111-124.
[76] 王顺生,2010.粮食生命线工程系统构造与演化研究[D].天津:天津大学.
[77] 吴凤水,张长增,2006.加大措施强化管理努力做好新形势下的粮食仓储管理工作[J].粮油仓储科技通讯,22(5):8-10.
[78] 吴雄周,曾福生,2008.中国粮食政策补贴转变的制度经济学分析[J].湖南农业大学学报(社会科学版),9(4):26-29.
[79] 武舜臣,王金秋,2017.粮食收储体制改革与"去库存"影响波及[J].改革(6):86-94.
[80] 肖国安,2005.粮食直接补贴政策的经济学解析[J].中国农村经济(3):12-17.
[81] 谢小蓉,2013.我国粮食安全的多维观察[J].企业经济,32(2):133-136.
[82] 徐志刚,习银生,张世煌,2010.2008/2009年度国家玉米临时收储政策实施状况分析[J].农业经济问题,31(3):16-23.
[83] 杨光焰,2006.粮食最低收购价格政策的效应分析[J].价格理论与实践(6):35-36.
[84] 叶兴庆,2016."十三五"时期农产品价格支持政策改革的总体思路与建议[J].中国粮食经济(1):28-32.
[85] 叶兴庆,2002.改粮食保护价收购为直接补贴农民:我国农业保护政策的重大调整[J].中国农村经济(7):4-8.
[86] 叶兴庆,2017.日本大米支持政策的改革动向及启示[J].农业经济问题,38(12):93-98.
[87] 易小兰,张婷,李喜朋,2018.江苏省粮食仓储物流设施建设现状、问题与对策研究[J].粮食科技与经济,43(1):98-100.
[88] 詹琳,蒋和平,2015.粮食目标价格制度改革的困局与突破[J].农业经济问题,36(2):14-20.
[89] 张大龙,2011.对保障我国粮食安全问题的思考[J].西部财会(5):76-79.
[90] 张琳,2013.当代中国粮食安全问题研究[D].长春:吉林大学.

[91] 张瑞娟,任晓娜,2016.粮食价格形成和波动机制研究:文献综述与评析[J].中国农业大学学报,21(1):141-146.

[92] 张淑杰,孙天华,2012.农业补贴政策效率及其影响因素研究:基于河南省360户农户调研数据的实证分析[J].农业技术经济(12):68-74.

[93] 张曙光,1995.放开粮价,取消粮票:粮食购销制度变迁研究[J].中国社会科学季刊(香港)(13)

[94] 张涛,李娜,杨振和,等,2017.粮堆坍塌事故安全隐患分析与防范管理[J].粮油食品科技,25(1):88-91.

[95] 张桃林,2015.加快"十三五"农业科技创新提升农业科技创新效率[N].农民日报,2015-11-24(2).

[96] 张瑜,2015.我国农产品深加工的现状和建议[J].福建农业(7):19-20.

[97] 张越杰,王军,2017.推进粮食产业供给侧结构性改革的难点及对策[J].经济纵横(2):110-114.

[98] 张照新,徐雪高,彭超,2016.农业发展阶段转变背景下粮食价格支持政策的改革思路[J].北京工商大学学报(社会科学版),31(4):33-39.

[99] 赵德余,顾海英,2004.20世纪90年代中国粮食市场化改革理论研究进展与评述[J].农业经济问题,25(2):7-12.

[100] 赵德余,2016.1966—1976年间我国粮食统购统销政策的制定及其效益[J].华南农业大学学报(社会科学版),15(2):1-11.

[101] 赵德余,2010.解释粮食政策变迁的观念逻辑:政治经济学的视野[J].中国农村经济(4):20-29.

[102] 赵发生,1988.当代中国的粮食工作[M].北京:中国社会科学出版社.

[103] 赵发生,1989.当代中国粮食工作史料[M].商务部内部发行.

[104] 郑文慧,2016.粮食行业供给侧结构性改革[J].市场经济与价格(9):38-39.

[105] 郑有贵,2016.1978—2012年中国农村发展变迁及其原因[J].中国农史,35(4):115-123.

[106] 钟钰,陈博文,孙林,等,2014.泰国大米价格支持政策实践及启示[J].农业经济问题,35(10):103-109.

[107] 周迪,2010.未来10年中国粮食储备合理规模预测[J].安徽农业科学,38(26):14655-14657.

[108] 周浩,向长琼,陈世军,2017.国内外粮油储藏科学技术发展现状及趋势[J].粮油仓储科技通讯,33(5):1-3.

[109] 周洁,段联峥,2016.关于推进我国粮食供给侧结构性改革的思考[J].长江丛刊(29).

[110] 周洁,2017.中国农业供给侧结构性改革研究[D].昆明:云南农业大学.

[111] 周洲,石奇,2017.目标多重、内在矛盾与变革循环:基于中国粮食政策演进历程分析[J].农村经济(6):11-18.

[112] 朱晶,李天祥,林大燕,等,2013."九连增"后的思考:粮食内部结构调整的贡献及未

来潜力分析[J]. 农业经济问题,34(11):36-43.

[113] 朱荣,等,1992. 当代中国的农业[M]. 北京:当代中国出版社.

[114] 朱守银,1998. 农业税费制度改革试验研究报告[J]. 管理世界(2):143-153.

[115] 朱喜安,李良,2016. 粮食最低收购价格通知对粮食价格的影响:基于事件分析法的研究[J]. 社会科学家(5):60-64.

[116] Ajmal Qureshi, 2008. Food security in China success and challenges[J]. Harvard Business Review(9):15.

[117] Boland A, 2000. Feeding fears: competing discourses of interdependency, sovereignty, and China's food security[J]. Political Geography, 19(1):55-76.

[118] FAO, 2006. The state of food insecurity in the world 2006[R]. Rome.

[119] FAPRI, 2007. Agricultural Outlook 2000[EB/OL]. (2007-03-11). http://www.fapri.iastate.edu/outlook2000.

[120] Glenn Richey R Jr, Chen H Z, Upreti R, et al, 2009. The moderating role of barriers on the relationship between drivers to supply chain integration and firm performance[J]. International Journal of Physical Distribution & Logistics Management, 39(10):826-840.

[121] Nord M, Andrews M, Carlson S, 2004. Household food security in the United States[R]//. ERS Food assistance and nutrition research report No. 42. USDA, Washington DC.

[122] Owusu V, Abdulai A, Abdul-Rahman S, 2011. Non-farm work and food security among farm households in Northern Ghana[J]. Food Policy, 36(2):108-118.

[123] Pinstrup-Andersen P, 2009. Food security: definition and measurement[J]. Food Security, 1(1):5-7.

[124] Tyers R, Anderson K, 2010. Disarray in world food markets: a quantitative assessment[M]. Cambridge: Cambridge University Press.

[125] WFS, 2008. Assessment of the world food security and nutrition situation[S]. Committee on World Food Security(10).

[126] Zulauf C, Dicks M, Vitale J, 2008. ACRE (average crop revenue election) farm program: provisions, policy background, and farm decision analysis[J]. Choices, 23(3):29-35.